AF402276

ESSAIS

D'ÉCONOMIE SOCIALE & AGRICOLE

ESSAIS

D'ÉCONOMIE SOCIALE ET AGRICOLE

PAR

M. E. SEIGNOURET

PRÉSIDENT DU COMICE AGRICOLE DE L'ARRONDISSEMENT DE LESPARRE
ANCIEN ÉLÈVE DE L'ÉCOLE POLYTECHNIQUE

PARIS

GUILLAUMIN ET Cⁱᵉ

ÉDITEURS DU JOURNAL DES ÉCONOMISTES

14, RUE RICHELIEU, 14

1897

PRÉFACE

En publiant ces Essais, j'obéis à un désir formulé par
leur auteur. M. E. Seignouret avait commencé à les revoir.
Il eût désiré les offrir lui-même à ses amis. La mort ne lui
a point permis d'achever son travail. Il me l'a confié : j'espère l'avoir mené à bonne fin.

Les études réunies dans ce volume sont au nombre de
dix. Elles s'appliquent à des sujets divers : la liberté
du travail ou du commerce, le privilège de la Banque, l'organisation du crédit, la condition de l'agriculture, etc...
Composées de 1864 à 1867, elles ont été en partie publiées
par la Société d'Économie politique de la Gironde.
Mais, malgré cette date ancienne, on pensera qu'elles
offrent quelque intérêt. Les questions qu'elles traitent n'ont
pas vieilli. On se plaignait alors, comme aujourd'hui, de
la cherté de la vie et on accusait le libre-échange et l'économie politique de tous les malheurs. Les moralistes
déploraient l'abandon de la terre et les propriétaires le

retrécissement de leur fortune. Les contribuables reprochaient à l'État de vider leur bourse et de ne pas défendre
la sienne. Je ne sache pas que nous ayons beaucoup changé.
Je crois même que nous sommes en progrès, à entendre les
doléances qui s'élèvent autour de nous, le seul accord,
d'ailleurs, qui sonne juste dans la confusion universelle.

Comme aujourd'hui aussi, les théoriciens proposaient
leurs remèdes. M. E. Seignouret a indiqué quelques-unes
de ces réformes qu'il croyait utiles à la bonne marche des
affaires et au relèvement de l'agriculture. Il pensait que,
sans être économiste, un homme sensé peut avoir des
idées sur l'économie politique et qu'à cette science suffisent la raison et l'expérience. A vrai dire, il ne faut pas
chercher de système dans ces Essais. Ils renferment moins
une doctrine que des aperçus. Mais ces aperçus conservent
aujourd'hui encore toute leur valeur. M. Seignouret a dit
que le grand mal de la société moderne était l'excès d'individualisme, que tôt ou tard, nous serions amenés à modifier
nos idées sur la liberté absolue, règle du travail ou des échanges. Il a voulu une large décentralisation du crédit, une organisation meilleure des marchés, des mesures efficaces de
l'État pour arrêter la dépopulation des campagnes, l'émiettement infini de la propriété, les entreprises de l'agiotage.
En un mot, il a cru que notre régime de concurrence
devait peu à peu céder la place à un régime d'harmonie,
d'union étroite pour la vie.

Ces idées sont encore vivantes. Nous les retrouvons au

tour de nous et il est intéressant de voir quelle expression
leur a été donnée en 1864. M. E. Seignouret avait été dis-
ciple de A. Comte. On retrouvera l'influence du maître
dans quelques-unes des thèses, surtout dans la forme du
livre. On croyait alors à l'Humanité, au Progrès ; tout au
moins en parlait-on volontiers avec la dévotion un peu
naïve qui s'attache aux grands mots encore plus qu'aux
grandes choses. Mais ce vernis même ne donne que plus
de prix aux Essais que nous publions. Ouvrons-les donc
avec l'estime qui est due à une pensée sincère, honnête
avec elle-même, et à une bonne volonté. M. Seignouret
n'eût pas désiré autre chose. Nous sommes sûr que ce
modeste hommage ne lui sera pas refusé.

IMBART DE LA TOUR.

Bordeaux, 31 décembre 1896.

LA LIBERTÉ DU TRAVAIL

(1865)

LA LIBERTÉ DU TRAVAIL

DANS LA CONDUITE

DES INTÉRÊTS DE LA SOCIÉTÉ

———

CONFÉRENCE

Messieurs,

Je viens vous soumettre quelques considérations sur la marche à donner aux intérêts matériels de la société et rechercher sommairement avec vous quelles sont, dans l'intérêt général, les restrictions utiles, indispensables, que comporte le principe trop absolu de la Liberté du travail.

Ce grand mot de Liberté a des racines tellement profondes dans le cœur de tous, que parler de restrictions, que s'occuper de lui fixer des limites, c'est froisser, je le crains, bien des convictions respectables, bien des théories en apparence solidement établies. Je m'y exposerai cependant, car la bonne marche du Progrès social, le bonheur de mes concitoyens me semblent devoir l'emporter sur toute autre considération. Telle est mon excuse, votre générosité voudra bien, je l'espère, l'apprécier favorablement.

Je dis donc que si la Liberté, dans l'ordre intellectuel et moral, peut diriger ou dominer nos aspirations individuelles, dans l'ordre économique et dans les questions de travail, il ne peut en être de même et que, dans ce cas, la liberté absolue est une erreur fatale, une cause de ruine certaine.

Vous savez tous combien la nature est avare de ses dons, combien peu d'hommes pourraient subsister des quelques fruits, racines ou animaux sauvages dont elle veut bien spontanément nous gratifier. Dans sa rigoureuse parcimonie et par elle-même, elle ne donnera place sur la terre qu'à quelques peuplades misérables, dont l'état matériel et moral est la honte de l'humanité civilisée. En fait, la société n'a pu sortir de cet état d'enfance et de dégradation que par le travail, et le travail le plus rude, le plus acharné. Donc, sous peine de décadence et de retour à la barbarie, l'organisation et le développement du travail s'imposent; il ne peut être question, en l'abandonnant à lui-même, de le laisser fatalement péricliter.

Par conséquent, au nom des sociétés civilisées, dont nous nous honorons de faire partie, on est amené à déclarer que le travail n'est pas absolument libre, qu'il est une nécessité de notre état social perfectionné. D'après cela, chaque citoyen digne de ce nom, est implicitement tenu de remplir, durant sa vie, une fonction utile, fonction du reste très variée, en présence de l'extrême multiplicité des besoins créés et des aliments nouveaux donnés à l'activité humaine.

En résumé, l'organisation sociale actuelle exige que chaque individu utilise ses forces d'une manière profitable à sa vie matérielle et intellectuelle et par suite, d'une manière profitable à l'ensemble de la société. D'où, par contre, tous ceux qui, à un titre quelconque, dirigent ou gouvernent la société, ont pour mission expresse de veiller à ce que ce devoir puisse s'accomplir dans les meilleures conditions possibles; s'en désintéresser, comme ils le font trop souvent, est une faute sans excuse, j'oserai dire un crime national.

Ces principes nous éloignent grandement des théories de la Liberté absolue dans la question du travail, mais ils sont indiscutables et nous devons en rechercher les conséquences pratiques.

En thèse générale, ces conséquences doivent être aussi multiples et variées que le travail lui-même. Les établir est l'œuvre de tous, et chacun est tenu d'y apporter ses connaissances et ses investigations particulières. Pour ma part, je vous soumettrai les observations générales suivantes, tout en comprenant qu'elles puissent donner lieu à des recherches plus étendues ou plus précises.

Si le travail utile est une obligation, une nécessité sociale, n'est-il pas évident que ceux qui dirigent la société doivent avant tout agir et s'inspirer des principes suivants :

1° Éviter, prohiber même tout travail inutile ou improductif. Si cela est difficile à obtenir des individus isolés, cela est possible pour les associations ou groupes d'individus. Que d'entreprises ruineuses auraient pu être évitées par un contrôle sérieux du gouvernement. Que de filouteries à peine déguisées auraient dû ne pas pouvoir s'étaler au grand jour et entraîner la ruine d'un grand nombre d'entre nous. Se désintéresser ainsi de toute surveillance, de tout contrôle efficace, est une faute grave qui ne peut plus, ne doit plus être tolérée.

2° Il faut mettre la plus grande somme de travail possible à la disposition des travailleurs et éviter qu'ils soient jamais exposés à en manquer. Bien remplir cette mission n'est pas facile assurément ; mais y a-t-on jamais songé ? Croyez-vous, par exemple, que les théories libre-échangistes, soutenues par certains de nos gouvernants, procla-

mant qu'il faut avant tout faire vivre le peuple à bon marché et qu'il faut alors aller chercher les produits usuels
dans le monde entier au meilleur marché possible, croyez-
vous, dis-je, que ces théories soient favorables au développement du travail national. Si vous prenez au loin vos
céréales, vos vins, votre bétail, vos huiles, vos bois, etc.,
que doivent faire les cultivateurs de leurs terres et de
leurs bras? Ne les conduisez-vous pas sûrement à la pauvreté, à la misère, à laquelle ils ne peuvent échapper que
par l'émigration et l'exil? Vous arriverez ainsi à la dépopulation, à l'amoindrissement du pays.

En vérité vous sacrifiez sans scrupule le Droit au travail. On en a beaucoup parlé jadis pour n'en saisir que
le côté plaisant ou ridicule, mais n'a-t-il pas véritablement
sa raison d'être, n'est-il pas le corollaire direct d'un droit
à la vie, droit immuable de l'humanité. Il faudrait aussi
en finir avec les théories creuses et suspectes de Liberté
des échanges, Liberté de la concurrence, Liberté de l'intérêt, Liberté de la spéculation et des jeux de Bourse,
Liberté testamentaire, Libertés des marchés et des grèves,
Liberté de la presse, Liberté de la boucherie et de la boulangerie, Liberté des théâtres, et quantité d'autres Libertés
secondaires. — Toutes ces Libertés ne peuvent être abso-
lues; il faut les étudier avec soin et les réglementer en vue
de la bonne marche du travail et de ses lois fondamentales. Ainsi la concurrence portée à ses dernières limites et
telle qu'on la pratique souvent n'est-elle pas un principe
fatal et anti-chrétien? Ruiner son semblable par le travail
et souvent se ruiner sottement avec lui, n'est-ce pas quelque chose de monstrueux qui ne devrait pas être toléré.
En tout cas, cela nécessite assurément une réglementation
spéciale atténuant ou arrêtant ces effets ruineux.

3° Enfin une autre série de principes qu'on ne doit pas

perdre de vue dans la conduite de la société est que toutes choses doivent être arrangées, coordonnées de manière que nul ne puisse, étant valide, s'affranchir régulièrement de la loi du travail ou ne puisse se dispenser d'unir ses forces à l'activité commune.

C'est incontestablement la partie la plus délicate du problème, et *a priori*, il semble impossible d'avoir, en pareille matière, une action quelconque sur la volonté ou l'inertie des individus. C'est une erreur. Allez aux États-Unis, vous y trouverez l'esprit public mettant à l'index toute personne qui ne se réclame pas d'une profession avouable et bien définie. Dans toutes les Écoles le premier soin est de parler aux jeunes gens de la nécessité d'une carrière, d'une occupation lucrative devant leur mériter le titre envié de *smait mace* (homme capable). Y songe-t-on beaucoup dans les nôtres? J'en doute. La profession de rentier semble celle que l'État, en France, ait le plus à cœur de développer; il favorise le plus qu'il peut l'accroissement et la dispersion des rentes. Et pourtant, au fond, le rentier n'est qu'une sorte de parasite social; il ne relève d'aucun travail défini, il n'a souci de la prospérité *d'aucun d'eux*, il n'a cure que de l'extension et du recouvrement des impôts. Le ralentissement des affaires n'affecte en rien ses revenus. Son seul intérêt, son seul souci est, afin de diminuer sa dépense, de pousser à la baisse du prix des denrées, sans se préoccuper le moins du monde des conditions économiques faites à ceux qui les produisent. Une telle situation, un tel rôle social, sont-ils bien des éléments de prospérité et de progrès? Et puis que dire de cette tendance actuelle, si favorable à la création exagérée des cafés, des cabarets, des spectacles ou fêtes publiques et des lieux de débauche? La restriction en pareille matière, ne serait-elle pas un bienfait social? Je sais bien qu'on est porté à dire :

« Mais, après tout, dans les dépenses de plaisir ou de luxe
« rien n'est perdu : l'argent dépensé fait vivre des gens qui
« seraient sans cela sans travail et sans ressources. » Il est
bien évident que l'argent n'est pas perdu pour tout le monde,
qu'il s'est seulement déplacé, mais c'est le travail créé qui
est perdu. Ainsi en consacrant 20,000 francs à des illuminations, à des feux d'artifices, à des banquets, de ces dépenses, il ne reste rien qu'un peu de fumée, ou de satisfaction personnelle. Si avec cette somme on bâtit une maison, on construit une machine, la quantité de travail et de
salaire reste à peu près la même, mais il reste plus que de
la fumée; la société s'est enrichie d'élément de travail; le
bien-être général s'est accru. Que de choses à dire dans cet
ordre d'idées, dont chacun de vous j'espère, Messieurs,
appréciera l'importance.

Les diverses considérations que je viens d'émettre s'éloignent beaucoup des principes libéraux généralement
admis et pratiqués, et je comprends que de prime-abord
elles soulèvent cette propre objection :

« Mais, paraît-on bien fondé à dire, tout individu rai
« sonnable est apte à connaître, tout seul, ce qui est bon
« ou mauvais pour lui, et si, par hasard, il se trompe dans
« l'emploi de ses forces, de son temps ou de son chemin,
« ne peut-il invoquer un droit réciproque existant pour
« tous ses concitoyens, et personne alors n'a qualité pour
« lui demander des comptes, ou pour le blâmer de ses
« actes. »

Cette manière de raisonner est-elle absolument juste? —
La raison humaine peut-elle vraiment l'accepter comme
base universelle de l'organisation du travail? Je suis loin de
le penser. La solidarité sociale est devenue aujourd'hui un
principe prédominant, dans lequel l'individualité s'absorbe; elle est de même essence que le devoir de la défense

nationale ; pas plus l'une que l'autre ne se prêtent aux convenances individuelles ; le salut commun domine tout. Et
d'ailleurs, le droit à la liberté individuelle ne disparaît-il
pas quand cette liberté porte tort à autrui et à plus forte raison quand elle porte tort à la prospérité de tous les citoyens? La liberté alors change de nom. C'est de la licence
ou encore de l'incurie dont nous n'avons pas à tenir compte.

Depuis trop longtemps on met les questions de travail
au troisième ou quatrième rang, sinon au dernier ; on oublie
cette belle parole du poète :

> Le travail est mon Dieu, lui seul régit le monde !

Quoi de plus magistralement vrai ! Le peuple des travailleurs en a bien conscience, ses nombreuses revendica-
tions malheureusement si mal définies ne viennent-elles
pas donner appui et raison aux considérations qui précèdent? Assurément, quoi qu'on dise et quoi qu'on fasse, il
faudra tôt ou tard arriver à reconnaître les lois primordiales du travail et s'y résoudre et s'y soumettre. Il n'est
que temps de les étudier minutieusement, sans aucun esprit de parti, et d'en découvrir les multiples conséquences.
C'est, après tout, le meilleur moyen, peut-être le seul, de
mettre un terme aux haines sociales dont nous souffrons
tous et d'apporter le calme et la prospérité dans notre
grand et beau pays.

Tel est, Messieurs, le but de cette conférence et des
études que j'ai pu faire en diverses circonstances. Puissé-je
avec votre obligeant concours l'atteindre ou m'en rapprocher !

LA DÉMOCRATIE

LA BANQUE

ET LE TAUX DE L'INTÉRÈT

(1866)

LA DÉMOCRATIE

LA BANQUE

ET LE TAUX DE L'INTÉRÊT

La question des Banques et celle du taux de l'intérêt sont
à l'ordre du jour. — Ce sont deux grandes questions, plus
vastes peut-être qu'elles ne le paraissent au premier abord,
car leur solution est appelée à avoir une influence considérable non-seulement sur l'ensemble des affaires, mais
aussi sur la constitution future de notre état social.

La question des Banques est liée intimement avec celle
du taux de l'intérêt ; elle ne doit pas en être séparée. Étudier isolément ces deux choses, c'est s'exposer à rester dans
le vague et à ne pas apercevoir les perfectionnements pratiques qu'il importe de découvrir.

Je n'ai certainement pas pour but de résoudre toutes les
difficultés relatives à ce double sujet ; mais je crois utile,
profitable, d'appeler l'attention sur les considérations qui
suivent, espérant qu'elles seront trouvées dignes d'un examen plus approfondi.

I

Relativement au taux de l'intérêt, il n'existe en réalité
que deux systèmes logiques, rationnels, exempts d'arbitraire ou de fantaisie : la liberté absolue, complète, n'ap-

portant aucune limite à la fixation du loyer des capitaux ; et la restriction actuelle, acceptée jusqu'à présent pour tous les intéressés, établissant un maximum de 5 et 6 pour cent.

Lequel préférer de ces deux systèmes? Quel est le meilleur ?

La réponse, si controversée, si difficile en apparence devient bien simple en tenant compte des tendances politiques et de la position sociale de chacun. Je m'explique : Quand le taux de l'intérêt s'élève, pour qui est-ce un avantage? Évidemment pour les capitalistes, et en particulier pour la Banque de France, agglomération privilégiée de capitaux disponibles. Et, alors, qui souffre de cette augmentation? Nécessairement les emprunteurs de capitaux, composés surtout des travailleurs, des metteurs en œuvre du fonds social : leurs bénéfices ne se trouvent-ils pas amoindris proportionnellement à ceux réalisés par les prêteurs? — Au contraire, lorsque l'intérêt est peu élevé, lorsque les capitaux sont à bas prix, le capitaliste voit diminuer ses revenus, tandis que le travailleur, toutes choses égales, obtenant une réduction dans ses frais généraux d'emprunt ou d'escompte, voit augmenter ses profits.

Dès lors, le jugement de la question doit changer suivant le rôle qu'on remplit dans la société et la position qu'on y occupe. La Banque et les capitalistes doivent forcément désirer la liberté absolue de l'intérêt, qui leur donne la perspective de plus beaux revenus, — et, dans la crainte d'avoir à supporter des redevances plus élevées sur les capitaux d'emprunts, les travailleurs, quels qu'ils soient, cultivateurs, négociants, industriels, employés, ouvriers, doivent, sous peine d'inconséquence, demander le maintien des restrictions apportées par l'usage à cette liberté. Bien entendu, le travailleur capitaliste, celui qui possède les

fonds nécessaires à son industrie, est à peu près désinté-
ressé dans la question, et les fluctuations de l'intérêt n'ont
directement à son égard que des conséquences minimes. Il
gagne d'un côté ce qu'il a pu perdre de l'autre.

II

Maintenant, en se plaçant à un point de vue plus élevé,
il importe de rechercher s'il vaux mieux, pour la société,
favoriser l'augmentation de la masse des capitaux disponibles entre les mains des capitalistes, ou bien l'augmentation générale des profits du travailleur, et quelle influence
chacune de ces tendances peut avoir sur la prospérité du
pays.

La réponse à cette question est délicate, difficile : car,
augmenter les capitaux, c'est augmenter les moyens du
travail, les ressources de l'activité humaine ; les diminuer,
c'est amoindrir certainement ces mêmes moyens d'une
quantité équivalente ; et de là naît une compensation réelle.
Il semblerait donc que ces intérêts fussent à peu près en
équilibre, et que le mouvement du taux de l'intérêt fût
simplement une question individuelle, personnelle, et non
une question de prospérité publique.

Néanmoins, en y regardant de plus près, apparaissent
des considérations qui peuvent modifier beaucoup cet équilibre. Dans un État où une partie importante du revenu
des capitaux est consacrée au luxe irréfléchi, exagéré, et,
par suite, à l'entretien des industries improductives, ne
vaudrait-il pas mieux produire l'augmentation des capitaux entre les mains même des travailleurs, de manière à
consacrer plus sûrement cette augmentation au progrès
des industries qui concourent directement à la richesse
de tous et au bien-être du plus grand nombre ? Le mode

inverse ne devrait-il pas être adopté, si la classe ouvrière, inéclairée, dissolue, manquant d'ordre et d'économie, faisait un mauvais emploi de l'excédent de ces bénéfices?

Tels sont, je crois, les points de vue où il convient de se placer pour bien juger la question du taux de l'intérêt. Dès lors, la Démocratie moderne, expression des travailleurs rangés, honnêtes, instruits, doit nécessairement désirer le maintien des limites restrictives existantes; elle agirait contre elle-même et contre la prospérité du pays, en soutenant une autre solution.

Il est vrai que cette restriction semble contraire à la justice, à la science économique, et en désaccord réel avec les grands principes démocratiques d'égalité et de liberté, vers lesquels marche la génération présente; mais, en y réfléchissant, on ne peut pas dire qu'il y ait ici le sacrifice d'intérêts véritables ou l'abandon de principes essentiels. La limite de 5 et 6 pour cent est admise par l'usage et le consentement tacite de tous, aussi bien de la part du prêteur que de l'emprunteur. Les capitalistes n'ont jamais ouvertement protesté, et dénoncé cette loi comme un abus ou une violation de leurs droits. Elle reste donc, en toute vérité et justice, une noble faveur accordée de plein gré à la classe travaillante, à celle qui a le plus besoin d'être aidée, soutenue; c'est une concession volontaire du capital, posant des limites raisonnables à ses exigences, et se montrant habilement charitable envers ceux qui l'emploient et le font fructifier.

On pourrait dire aussi que cette restriction est, au fond, un dédommagement nécessaire aux hasards de la fortune, une juste atténuation des avantages qui résultent de l'organisme supérieur des capitaux en présence de l'organisation encore incomplète du travail. On pourrait dire surtout que c'est un monument glorieux de la sagesse philanthropique et prévoyante de nos pères, une arche sainte transmise pour être admirée, respectée, et non détruite, trop heureux de la trouver sur notre chemin. On pourrait dire enfin que la liberté doit bien céder quelque chose à la fraternité!

Quant aux abus, aux violations clandestines, elles ne prouvent rien contre la loi en elle-même. Ce sont des conséquences de notre faiblesse, de notre imperfection; tout au plus pourrait-on en conclure qu'il n'est pas impossible actuellement de mettre d'accord le taux de l'intérêt avec les besoins de celui qui emprunte et les risques exceptionnels de celui qui prête!

<h3 style="text-align:center">III</h3>

Dans l'esprit de certains novateurs, la liberté de l'intérêt n'est pas précisément désirable parce qu'elle diminuerait en apparence les droits du capitaliste, mais parce qu'elle semble donner l'espérance d'une concurrence plus active des capitaux, concurrence qui amènerait la diminution successive et le bon marché permanent du loyer de l'argent.

Ce résultat est-il bien sûr? N'est-ce pas une illusion? et une illusion d'autant plus dangereuse qu'elle repose sur des faits à venir qu'il est impossible de contrôler? Qui prouve que le retrait de la limite du taux de l'intérêt augmentera la concurrence des capitaux? — Le taux de 5 et 6 pour cent est-il donc si peu raisonnable, que des capitaux disponibles se cachent et demeurent improductifs, préférant ne rien recevoir que de paraître sur le marché? Pour que la concurrence augmente, il lui faut de nouveaux éléments. Si ces éléments restent les mêmes, si le décret de liberté ne fait pas arriver un centime de plus dans le pays, comment donc pourra se produire cette concurrence exceptionnelle, cette rivalité promise? Pourrait-elle venir de l'étranger? Mais qui l'en empêche aujourd'hui? Le capital réalisé n'a pas de patrie; il ne connaît pas de frontière; ce n'est que le haut prix attribué à ses services qui détermine ses mouvements; à sécurité égale, il va de préférence où il est mieux rétribué; et si, par l'effet de la concurrence, son revenu s'abaisse, aussitôt, obéissant à la loi commune, il revient prendre la place plus lucrative qu'il avait quittée; de telle sorte que liberté de l'intérêt et accroissement des capitaux en permanence sur le marché sont deux choses très distinctes et nullement corrélatives.

D'un autre côté, est-il raisonnable de prétendre que la faculté d'obtenir 10 pour cent de son argent sera un encouragement à le prêter à 2 ou à 3? — Le capitaliste n'est pas dans la même situation que l'emprunteur; il peut attendre, forcer la main; il ne risque que quelques jours d'intérêts, tandis que ce dernier risque souvent ses affaires et son honneur! La limite actuelle, d'ailleurs, n'est pas un obstacle à la diminution de l'intérêt, elle n'empêche pas la baisse; la preuve de ce fait a lieu tous les jours. Dès que les affaires se ralentissent, la surabondance relative des capitaux ne manque pas de réagir sur le taux de l'escompte pour le déprimer. Donc, pas de fausses espérances, et, devant un mirage incertain, il vaut mieux ne croire que les données du bon sens et de la raison.

IV

Le seul moyen réellement efficace pour faire baisser le taux de l'intérêt, tout en conservant l'activité des affaires, c'est d'augmenter, par une nouvelle organisation financière, les capitaux *actifs*, les capitaux réalisés, circulants, et de placer la société dans des conditions favorables à leur prompt développement et à leur libre accès entre les mains des travailleurs.

Les éléments de ce problème renferment véritablement le secret de l'intérêt à bas prix, du crédit à bon marché. Problème immense, qui touche à la fois à la politique, à la législation, à l'instruction, à la morale, et même à l'hygiène, et qui nécessite, pour sa solution complète, les efforts persévérants de l'humanité tout entière.

Comme premier pas dans la voie de cette solution si désirable, comme point de départ de ce grand progrès, on devrait, il me semble, donner la vie et le mouvement à tous les capitaux *inertes* de la nation, à toutes les valeurs immobilières, à tous les crédits sérieux, inconnus ou méconnus, dont les grands centres et surtout les petites localités sont remplis. Il faudrait par suite supprimer sans délai toutes ces lois sur l'enregistrement qui établissent, en définitive, une pénalité de 6 à 8 pour cent à la mutation ou à la circulation des valeurs foncières, et n'ont pas, hélas! pour pire conséquence de les immobiliser, de les rejeter forcément hors du mouvement général. — Il faudrait aussi rapprocher davantage des populations les établissements de crédit, les mettre mieux en mesure d'apprécier la valeur, la probité, les besoins de chacun. — On disposerait, par ces divers moyens, de mines fécondes, immenses de capitaux circulants, de capitaux plus particulièrement attachés aux affaires de notre pays; car, que d'honorabilités sérieuses aujourd'hui se tiennent ou sont tenues éloignées des établissements de crédit, établissements dont la mission devrait être de découvrir, de mettre en œuvre et de transformer pour la circulation, non seulement toutes les valeurs matérielles inertes, mais aussi les valeurs morales de la société! — Chaque localité devrait avoir son détaillant de crédit, sa

Banque particulière, comme elle a son boucher et son boulanger, courant sans cesse après les bonnes pratiques.

Quant à la forme et à l'origine qu'il conviendrait de donner au *billet de crédit*, au billet de banque, il ne peut être douteux qu'un type unique pour toute la France serait préférable à une variété compliquée résultant des émissions de chaque Banque locale. L'uniformité dispenserait de la sujétion existant avant la guerre, aux États-Unis, de consulter un petit catalogue des Banques, modifié chaque jour, avant d'accepter les nombreuses espèces de billets offerts dans les transactions. — Pour cela, la Banque de France devrait s'entendre avec les établissements secondaires, les détaillant de crédit, leur fournir des billets, comme si c'était de la marchandise, et prendre avec eux les arrangements convenables pour sa garantie, et surtout pour celle du public.

Tout cela ne peut s'improviser : la modification des idées, des habitudes, des préjugés exige du temps, et l'avénement à bas prix du taux de l'intérêt, par l'effet de l'abondance des capitaux circulants et le développement complet du crédit, n'est pas encore prêt à se produire. — Il faut donc attendre, et il n'y a pas lieu pour la démocratie de demander aujourd'hui la liberté de l'intérêt.

V

Mais une grande difficulté subsiste, l'extension considérable du commerce extérieur, la nécessité de régler en espèces la balance des comptes avec l'étranger, oblige à exporter une quantité de numéraire jusqu'ici inconnue. Il en résulte l'absorption fréquente des réserves métalliques de la Banque, et, par suite, le danger d'une diminution assez grande pour inquiéter les porteurs de ses billets et troubler la sécurité du crédit. — De là naît une situation périlleuse qu'on a cru faire disparaître en permettant l'accroissement indéfini du taux de l'intérêt.

Erreur grave, qui confond ou qui lie deux choses indépendantes de leur nature, le crédit et le numéraire, et jette ainsi involontairement le trouble dans les plus légitimes intérêts. Cette mesure, naturelle en apparence, est-elle logique? Est-elle absolument juste?

Je ne le pense pas. — Il n'est pas équitable, en effet, de faire supporter au commerce intérieur, au travail national, à celui qui se contente des billets de banque et emploie très peu de numéraire, les conséquences fâcheuses du commerce extérieur et des crises étrangères. N'est-ce pas ce dernier commerce, en définitive, qui exporte, raréfie le numéraire, et par suite, est la cause principale de sa cherté? — Il n'est pas logique non plus d'admettre que le numéraire, diminuant dans les caisses de la Banque, entraîne nécessairement une réduction de quelque importance, soit dans la masse des capitaux *actifs* du pays, soit dans le crédit ou la solvabilité du négociant ou du travailleur.

Et puis l'élévation exagérée de l'escompte n'a-t-elle pas pour conséquence directe d'arrêter les affaires, de jeter dans leurs résultats une incertitude très préjudiciable, d'augmenter beaucoup les charges du producteur, du fabricant, et, par suite, le prix de revient de tous les produits?

Il faut donc, sans hésiter, rechercher en dehors de l'accroissement indéfini de l'escompte une mesure plus équitable et une satisfaction péremptoire non seulement aux inquiétudes de la Banque, mais aussi aux nombreuses protestations qui se sont produites.

VI

Comment y arriver? — Comment maintenait, d'un côté, la limite modérée du taux de l'intérêt qu'exigent nos tendances démocratiques, et, de l'autre, faire, droit aux inquiétudes de la Banque cherchant à arrêter la décroissance de son encaisse?

Le moyen est simple. Il a déjà été indiqué, publié par divers écrivains, et il découle naturellement des observations précédentes. Il suffirait de maintenir l'escompte de la Banque dans les limites que l'usage a consacrées, de ne pas dépasser le taux de 6 pour cent, et de ne faire porter l'augmentation restrictive et préservatrice que sur la livraison du numéraire. — De cette manière de voir, résulte la nécessité d'adopter, pour le maniement de la Banque, un système mixte, peu compliqué, qui mérite un sérieux examen.

Dans ce système, la Banque continuerait à faire ses escomptes de 1 à 6 pour cent, sans pouvoir, pas plus que les particuliers, franchir cette dernière limite; elle devrait même n'y arriver que très exeptionnellement; mais, toutes les fois que l'encaisse diminuerait outre mesure, et descendrait soit au-dessous de son capital social de 182 millions, soit au-dessous d'une somme déterminée, 250 millions par exemple, alors la Banque aurait le droit, en remboursant ses billets en espèces, de prendre une commission proportionnée à l'état du marché monétaire. — Cette commission ou *prime* pourrait varier par unité de 1 pour mille à 1 pour cent et même au delà, si l'expérience en montrait la nécessité. — De cette manière, le négociant escomptant pour avoir du numéraire aurait à payer d'abord l'intérêt modéré applicable à tous les effets de commerce, plus une commission sur la délivrance des espèces;

et le grand nombre de ceux qui escompteraient uniquement pour les besoins d'affaires traitées en billets de banque n'auraient à payer que l'escompte ordinaire. Ces derniers ne verraient jamais ainsi le résultat de leurs opérations ou de leurs travaux compromis par la cherté du crédit et l'exagération inattendue du taux de l'intérêt.

Il est utile de remarquer qu'une prime de 1 pour mille, prise sur les paiements en espèces, correspond à une plus-value d'intérêt de près de 3/4 pour cent pour des effets à une échéance moyenne de 60 jours, et qu'une prime de 1 pour cent, dans les mêmes circonstances, représente une élévation, du taux de l'intérêt de 6 pour cent, élévation plus que suffisante pour arrêter la sortie du numéraire, puisque, jusqu'à ce jour, elle n'a pas été dépassée. — La Banque aurait donc ainsi un moyen efficace, certain de sauvegarder son encaisse, et de le défendre contre les crises monétaires intérieures ou extérieures. Reste à savoir si le public et les porteurs de billets de Banque n'auraient pas à souffrir ou à s'inquiéter de cet état de choses. — C'est évidemment là le nœud de la question.

Il ne faut pas perdre de vue qu'avec la faculté d'échanger les billets de 500 et de 1,000 francs, en coupures de 50 et de 100 francs (on devrait en faire de 20 francs et même de 10 francs), toutes les transactions peuvent se faire presque sans numéraire. N'en est-il pas ainsi aujourd'hui, à l'entière satisfaction du public, qui se soucie fort peu de déplacer sans cesse de lourds sacs d'argent ou de compter minutieusement des pièces d'or? On pourrait, d'ailleurs, concéder à sa susceptibilité le droit permanent d'échanger contre espèces, sans aucune commission, un seul billet de 50 ou de 100 francs. Ces remboursements minimes n'affecteraient jamais d'une manière brusque l'état de l'encaisse, et ne pourraient devenir un moyen de spéculation pour les agioteurs d'argent. On peut, en effet, calculer qu'il faudrait au caissier de la Banque de Paris plus de quinze jours pour payer un million par somme de 50 et de 100 francs.

Dans les moments de grande crise monétaire, le billet de Banque serait, il est vrai, frappé d'une dépréciation relative; mais l'espérance de voir dans peu de temps l'encaisse se reconstituer, dépasser le mininum qui autorise et nécessite la perception d'une prime pour échange de papier contre or ou argent, ferait prendre patience à la masse du public, et lui enlèverait à ce sujet toute inquiétude fondée. — Puis dans ces mêmes circonstances les détenteurs d'espèces, devant, en bonne justice, recevoir sur leurs dépôts métalliques la commission prise à la sortie, auraient intérêt à venir combler les vides faits dans les coffres de la Banque, et contribueraient ainsi, au grand bénéfice de tous, à atténuer les crises, à les rendre moins intenses.

Quant à la perception de cette prime, elle ne saurait être difficile. Appliquée sur des sommes régulières de 200, 500 et 1,000 francs, ou leurs multiples, elle n'exigerait que des calculs de la plus grande simplicité, et guère plus de temps qu'il n'en faut aujourd'hui pour percevoir les 10 centimes valeur du sac contenant 500 ou 1,000 francs en argent. Elle ne pourrait entraîner, au reste, que des changements peu importants dans la comptabilité de la Banque.

Aussi, dans ce nouveau projet, il ne se présente aucune difficulté grave, et il est à croire qu'un examen plus approndi l'établira avec certitude.

VII

Comme conclusion du rapide exposé et des diverses considérations qui précèdent, il résulte, ce me semble que le maintien des limites du taux de l'intérêt est, favorable à

nos tendances démocratiques, et doit, dans l'état actuel de
notre marché financier, continuer à subsister; que la liberté
complète de ce taux ne peut être accordée sans inconvénient
avant l'organisation du crédit et la création des établissements chargés de l'étendre et de le développer; et qu'enfin,
pour parer aux difficultés des crises monétaires, dont la
fréquence augmente avec le commerce extérieur, la Banque devrait, au lieu d'élever indéfiniment le taux de son
escompte, adopter un système nouveau plus conforme aux
intérêts du travailleur.

Avec le moyen indiqué, on ne rendrait plus le commerce
intérieur solidaire et responsable des affaires et des crises
extérieures; on ferait cesser l'anomalie que crée à la Banque, vis-à-vis des banquiers particuliers, l'élévation de l'escompte au delà de 6 pour cent, lorsqu'eux-mêmes ne peuvent suivre ce mouvement; élévation qui froisse tant de
relations établies! tant d'habitudes séculaires! et soulève
des critiques aussi nombreuses que fondées. — Comme
résultat économique, on rendrait aux espèces leur véritable
caractère, celui de marchandise pouvant changer de valeur
conformément à l'état du marché, sans affecter d'une manière fâcheuse, irrationnelle, le mouvement intérieur des
capitaux et l'activité du travail national.

Sans doute, le grand problème des Banques et la question du crédit à bon marché ne seraient pas encore résolu;
il resterait beaucoup à créer, à organiser, à modifier; mais
ce serait toujours un pas sérieux fait dans la voie du progrès. Ce serait la raison et la justice plaçant notre institution de crédit sur des bases à la fois plus conformes aux
tendances progressives de la démocratie; et plus favorables à la prospérité générale du pays.

Qu'on y songe, le moment est opportun!

DE L'INFLUENCE NUISIBLE

DES EMPRUNTS D'ÉTAT

SUR LE DÉVELOPPEMENT DE LA RICHESSE SOCIALE

(1866)

DE L'INFLUENCE NUISIBLE
DES EMPRUNTS D'ÉTAT
SUR LE DÉVELOPPEMENT DE LA RICHESSE SOCIALE

CONFÉRENCE

Messieurs,

Les dettes consolidées des nations modernes et les gros emprunts qui les constituent me semblent des procédés financiers nuisibles au travail, nuisibles au développement régulier de la fortune publique et je viens entreprendre devant vous, l'examen de cette idée générale.

Toutefois entre les diverses natures d'emprunts publics il est essentiel d'établir une distinction. — Les uns d'une valeur relativement minime ont pour principal but de rendre à la société à peu près les mêmes services que l'usage du crédit procure à un particulier ou à une association quelconque. Cette espèce d'emprunt est toujours consacrée à la réalisation d'œuvres utiles suceptibles d'être données en garantie au prêteur; il n'en résulte dans la plupart des cas que des dettes provisoires soumises à toutes les règles du droit commun. Certainement ces dettes peuvent donner lieu à des critiques à cause de leur inopportunité, de l'exagération de leurs chiffres, ou du mode défectueux de leur emploi; mais elles restent à l'abri de tout reproche moral et ne sauraient *a priori*, c'est-à-dire sans examen attentif, être déclarées, une cause de ruine ou d'amoindrissement de la fortune publique. Aussi n'ai-je point l'intention de vous entretenir de cette nature d'emprunt plus particulière d'ailleurs aux villes et aux campagnes qu'aux Gouvernements.

Les autres emprunts ceux que j'ai spécialement en vue ont un caractère très différent. Ils ont créé les dettes qualifiées de *perpétuelles,* de *consolidées,* d'*inscrites,* dont le capital peut ne jamais être remboursé et n'est jamais exigible. Cette nature d'emprunt ne puise pas sa raison d'être dans l'utile emploi du crédit, mais dans deux autres motifs fort séduisants en apparence. Le premier est de reporter sur l'avenir les difficultés financières du présent, en transformant ces obligations à court terme en d'autres à termes très éloignés. — Et le second, d'enlever aux Gouvernements ainsi qu'à leurs bailleurs de fonds la responsabilité qui, suivant les règles du droit commun, incombe à toute partie contractante.

Ainsi remarquez qu'un fils est admis par nos lois à n'accepter la succession de son père que sous bénéfice d'inventaire; il peut laisser retomber sur les prêteurs mal avisés la ruine de sa famille ou de son patrimoine; tandis que les dettes consolidées des États sont transmises d'une génération à l'autre en ne laissant subsister ni sur leurs auteurs, ni sur leurs détenteurs aucune espèce de risques ou de responsabilité légale.

Les deux natures d'emprunts publics que je viens d'indiquer diffèrent donc d'une manière essentielle. Cependant on est assez enclin à les confondre, à mêler leurs avantages et leurs inconvénients, et dès lors conduit à attribuer mal à propos aux dettes consolidées les qualités afférentes d'une manière spéciale aux dettes temporaires. Il n'est pas jusqu'à la pompeuse théorie de l'amortissement, à peu près

nominale d'ailleurs, tellement elle est peu suivie, qui ne
contribue à entretenir cette confusion dans beaucoup d'esprits. Cela est très regrettable, car on permet ainsi à certaines erreurs de se perpétuer et aux maux qui en découlent
de grandir sans cesse. C'est pourquoi il me semble bon,
utile d'étudier avec soin le mécanisme des dettes consolidées, de l'apprécier dans ses œuvres et dans ses effets, et
une fois ses graves inconvénients reconnus, de faire les plus
grands efforts pour le combattre.

Jugez, Messieurs, de l'étendue acquise par le mal financier que j'ai l'honneur de vous signaler. Le total de la dette
publique des différents États de l'Europe qui était en 1705
de 7 milliards 1/2 de francs; en 1789 de 12 milliards
800 millions, en 1847 de 42 milliards, s'est élevé en 1875
au chiffre respectable de 96 milliards 254 millions. Les travailleurs Européens paient chaque année à ce Minautore
moderne sous forme d'intérêts ou d'arrérages la somme
énorme de 5 milliards 500 millions; somme qui représente
à peu près en produits alimentaires la nourriture pendant
une année de 12,000,000 d'individus, estimée à 300 francs
par tête.

Avec l'engouement actuel des capitalistes pour cet expédient administratif, avec les nombreux prosélytes, adeptes
ou complices, qu'il a su créer, comment ne pas s'inquiéter
de l'extension que ces chiffres auront acquis non pas dans
un siècle ou deux, mais seulement à la fin de celui que nous
parcourons. Tous les ans le gouffre s'étend, s'élargit; chaque nation tour à tour s'évertue à le creuser; craignant de
ne pas y travailler assez vite avec des millions, on procède
sans scrupule par milliards. Tantôt le milliard de la guerre,
tantôt celui de la paix, vise à la préséance et vient absorber
nos économies. Je crois donc le moment venu de songer
sérieusement à mettre un terme à cette redoutable ten-

dance, et, pour tous les esprits éclairés, pour tous les amis sincères de l'humanité, de réagir courageusement contre elle.

Pourtant, je le reconnais, ce n'est pas une opinion que tout le monde soit disposé à partager. Pour beaucoup de nos concitoyens le désordre provoqué par les dettes publiques n'a rien d'effrayant et l'utilité de l'arrêter pourra leur paraître problématique ou inopportune.

« Les emprunts d'État, disent-ils, sont aujourd'hui
« devenus un mécanisme indispensable à la marche des
« sociétés, ils sont en quelque sorte adhérents à leur exis-
« tence. Toutes les nations, les plus éclairées comme les
« plus arriérées y ont recours sans scrupules, toutes les
« classes de la société y participent, comment croire mau-
« vais un engouement si général! — D'ailleurs les Gou-
« vernements seraient arrêtés dans leurs louables efforts
« vers le progrès, dans leurs plus utiles améliorations
« sociales et jusque dans leur mission de sauvegarder l'in-
« dépendance nationale, si le mécanisme des emprunts
« publics leur était enlevé ou seulement contesté. Par con-
« séquent, même en reconnaissant le mal, s'il est mani-
« feste que c'est un mal nécessaire, pourquoi ne pas le
« tolérer, ne pas le laisser passer en silence, ou tout au
« moins pourquoi ne pas le subir héroïquement? »

Pourquoi, Messieurs? Parce que tout écart dans les lois transcendantes qui nous régissent, toute faiblesse dans l'application des principes qui servent de base à l'existence sociale, au lieu de nous conduire vers le bonheur et le progrès nous en éloignent fatalement et ne font naître à la place qu'une ombre vaine et trompeuse! — Parce que, la véritable sagesse, celle des hommes comme celle des nations, est de rechercher en toute chose les lois harmoniques, les lois naturelles et providentielles, pour que chacun y con-

forme strictement ses actions et ses tendances ! — Parce que
les Gouvernements n'ont pas l'unique devoir de sauvegarder
les frontières et les intérêts matériels du moment, ils ont
aussi la mission sainte de diriger vers la civilisation les
hommes et les peuples, d'assurer dans la mesure de leur
force la sécurité publique et le bien-être général non seulement dans le présent, mais encore dans l'avenir ! — Parce
que, enfin, ces précieux résultats, ces aspirations constantes
de l'humanité vers le bien-être, ne sont réalisables qu'avec
l'énergique concours du travail libre, qui est la force civilisatrice par excellence, l'élément indispensable de n'importe quel effort vers le progrès. Aussi, tout procédé gou-
vernemental, qui gêne, affaiblit ou dénature le travail, ce
grand mécanisme de la civilisation, peut hautement être
déclaré mauvais, intolérable, et c'est à bon droit que nous
entreprenons de réprouver les dettes publiques si, comme
j'espère le démontrer, ces dettes portent atteinte au progrès
du travail humain.

Abordant ainsi cette étude avec la conviction de son
utilité et de sa grandeur, assurément je n'ai pas l'intention
de lui donner toute l'étendue quelle comporte, de la pousser jusqu'à ses diverses limites ; mais, du moins, nous nous
efforcerons de reconnaître quels sont les grands principes
qu'assurent la bonne et sage direction des finances publiques, et quels sont les dangers encourus par les sociétés
qui les méconnaissent.

I

Pour nous guider dans nos recherches, j'aurai recours
aux lumières d'un de nos plus grands concitoyens, d'un
homme illustre dont la mémoire nous est chère et dont

personne ne saurait contester la compétence, le haut jugement et l'amour éclairé de ses semblables.

Montesquieu, dans son chef-d'œuvre de l'*Esprit des
Lois*, a consacré un chapitre à la question qui nous occupe ;
il est court, mais il est précieux, permettez-moi de vous le
soumettre.

« Quelques gens ont cru qu'il était bon qu'un État dût
« à lui-même : Ils ont pensé que cela multipliait les riches-
« ses, en augmentant la circulation.

« Je crois qu'on a confondu un papier circulant, qui
« représente la monnaie, ou un papier circulant, qui est le
« signe des profits qu'une compagnie a fait ou fera sur le
« commerce, avec un papier qui représente une dette. Les
« deux premiers sont très avantageux à l'État ; le dernier
« ne peut l'être et tout ce qu'on peut en attendre, c'est qu'il
« soit un bon gage pour les particuliers de la dette de la
« nation, c'est-à-dire qu'il en procure le paiement. Mais
« voici les inconvénients qui en résultent :

« 1° Si les étrangers possèdent beaucoup de papiers qui
« représentent une dette, ils tirent tous les ans de la nation
« une somme considérable pour les intérêts ;

« 2° Dans une nation ainsi perpétuellement débitrice,
« le change doit être très bas ;

« 3° L'impôt levé pour paiement des intérêts de la dette
« fait tort aux manufactures, en rendant la main de l'ou-
« vrier plus chère ;

« 4° On ôte les revenus véritables de l'État à ceux qui
« ont de l'activité et de l'industrie, pour les transporter aux
« gens oisifs ; c'est-à-dire qu'on donne des commodités
« pour travailler à ceux qui ne travaillent point, et des
« difficultés pour travailler à ceux qui travaillent.

« Voilà les inconvénients; je n'en connais point les avan-
« tages. » (MONTESQUIEU, *Esprit des Lois;* livre XXII,
chapitre XVII, *Des dettes publiques*).

Le premier sentiment suggéré par les considérations
contenues dans ces quelques lignes n'est-il pas, Messieurs,
de regretter que le puissant génie dont elles émanent ne les
ait pas développées davantage; cela sans doute n'entrait
pas dans le plan de son ouvrage plutôt de législation civile
que d'économie politique, mais telles qu'elles sont elles
suffisent pour faire entrevoir la vérité et conduire aux
règles de sagesse que nous désirons établir.

Les deux premiers inconvénients signalés par Montesquieu, celui qui résulte des intérêts ou sorte de tribut payés
à l'étranger et celui d'un change toujours défavorable, ne
sont ni l'un ni l'autre applicables à notre pays. La France,
en effet, heureusement pour elle, a presque tous les titres
de sa dette placés entre les mains de ses nationaux, et si
quelques parties sont détenues hors de ses frontières, en
compensation un plus grand nombre de titres souscrits par
des gouvernements étrangers sont entre des mains fran-
çaises. Ces deux premières considérations s'appliquent
donc spécialement aux États qui, n'ayant pas chez eux une
quantité suffisante de capitaux disponibles ou d'économies
réalisées, ont été obligés d'en emprunter aux nations voisines, et ainsi se sont bénévolement placés dans une dépendance, qu'autrefois les nations conquises étaient seules
à subir, celle de payer un tribut à l'Étranger. Seulement
autrefois le tribut était imposé par la force et perçu par
les Gouvernements, tandis qu'aujourd'hui, différence peu
importante au point de vue des résultats, il est considéré
comme volontaire et il est payé à des groupes de capitalistes ou de banquiers.

Les États ainsi soumis au paiement de redevances annuelles peuvent se trouver dans deux situations de nature différente : — Dans l'une, la nation est prospère, les affaires lucratives, l'ensemble des bénéfices réalisés chaque année par les travailleurs dépassant les sommes payées à l'Étranger. — Dans l'autre, au contraire, la nation est pauvre, les intérêts dus excèdent la totalité des revenus du travail intérieur.

Examinons l'une ou l'autre de ces circonstances : — La première, bien moins dangereuse que la seconde, n'a évidemment qu'un caractère momentané; elle doit promptement être modifiée par le rachat successif des titres placés hors du pays. Quel meilleur emploi, en effet, les capitalistes d'une nation prospère pourraient-ils faire de leurs économies? Ils sont prédisposés, plus que tous autres financiers, à avoir confiance dans les obligations de leur Gouvernement; et, sans parler de cet instinct patriotique, le calcul de leur intérêt les y porte aussi.

Attendu qu'ils ont à supporter, comme nous l'apprend Montesquieu, un change défavorable sur les placements faits à l'étranger. Ainsi donc les nations riches grevées de dettes extérieures sont dans une situation transitoire, elles tendent à absorber peu à peu les titres qu'elles ont émis au dehors et doivent finir par se trouver dans la condition financière dont nous jouissons nous-mêmes : celle de payer les arrérages de leurs dettes à leurs propres nationaux. C'est une transformation logique, se produisant tous les jours, et donnant la mesure exacte du crédit d'un État et de la confiance que ses fonds publics doivent inspirer. La Russie entre autres donne en ce moment un exemple frappant de ce grand principe. Conséquemment, cette première situation se rattache à la nôtre, et ne comporte pas un examen particulier.

Il n'en est pas de même de la seconde circonstance, celle où la nation débitrice est trop pauvre pour acheter peu à peu les titres de sa dette, où, par suite, elle est condamnée à subir indéfiniment vis-à-vis l'étranger une lourde dépendance financière.

Recherchons quelle peut être la conséquence finale d'un pareil état de choses.

Cette conséquence n'est pas bien difficile à prévoir, car la richesse d'un peuple n'étant, après tout, que la somme des richesses individuelles, se trouve soumise à la loi commune ; de même qu'un simple individu, une nation ne peut continuer longtemps à payer plus qu'elle ne reçoit, ou plus qu'elle n'économise ; la ruine plus ou moins prochaine est la perspective affligeante d'une telle conduite. Celle de l'individu entraîne la perte des capitaux prêtés, d'où un amoindrissement dans le total de la fortune sociale ; celle de la nation entraîne par analogie la non-valeur des titres de sa dette, c'est-à-dire, la perte complète des capitaux confiés à son gouvernement.

Et ce dernier fait est d'autant plus inévitable, d'autant plus prompt à se produire que les États pauvres, ceux où le bénéfice du travail est nul, soit par l'excès des charges fiscales, soit par tout autre motif, voient l'activité individuelle s'engourdir et les travailleurs, découragés, amoindrir ou délaisser leurs entreprises. L'homme des temps modernes ne travaille plus dans l'unique but d'occuper son temps et de vivre, il agit sous l'action d'un stimulant nouveau de la plus grande énergie : celui d'obtenir des bénéfices, d'augmenter sa fortune et d'améliorer sa condition. Aussi le *statu quo* social n'est plus possible : ou il faut progresser avec l'amour du travail stimulé par la perspective des profits, ou il faut marcher vers la décadence avec l'ardeur individuelle atrophiée par le manque de bénéfice ou le produit net.

Ces résultats me semblent mathématiques; et les capitaux qu'on engage dans les emprunts des nations pauvres, dont la plupart des habitants, manquant du nécessaire, sont incapables de racheter les titres de leurs dettes, me paraissent menacés d'une complète destruction. La garantie hypothécaire, que l'on pourrait croire reposée sur la valeur du sol ou des immeubles d'un pays ruiné, est illusoire; outre cette raison que les créanciers d'un État ne peuvent chasser les habitants de cet État pour se mettre en leur lieu et place, on doit aussi comprendre que la valeur d'un sol ne donnant pas de revenus ne saurait rien garantir, puisqu'elle est intrinsèquement nulle.

La perte totale des capitaux prêtés n'est pas la conséquence la plus malheureuse à redouter. Le paiement de l'intérêt des emprunts éloigne peu à peu du pays débiteur non seulement les sommes reçues de l'étranger, mais aussi les ressources monétaires dont les travailleurs pouvaient disposer précédemment. Alors les moyens d'action diminuent, les difficultés du travail augmentent, des misères nouvelles viennent se joindre aux misères anciennes, jusqu'au jour néfaste où apparaissent la famine et la destruction.

Cette désolante perspective n'effraie pas ordinairement les capitalistes.

« Que nous importe, disent-ils avec une certaine bonne foi, de perdre notre capital, si pendant quinze ou vingt ans et au delà nous sommes indemnisés par de gros intérêts! Que nous importe qu'un peuple se ruine à nous payer 8 à 10 p. 100 d'intérêts, si nous avons fait avec lui une bonne affaire! N'augmentons-nous pas notre fortune précisément de celle qu'il perd? C'est donc un simple déplacement de

'capital effectué à notre avantage. Certes, il est bien indifférent que la richesse de l'Europe soit détenue par un individu plutôt que par un autre, cela ne change rien à la
masse des valeurs existantes. Ce n'est donc point le cas de
redouter un amoindrissement de la richesse générale; bien
au contraire, le mieux est de se réjouir, comme patriote,
d'une spéculation qui, tout compte fait, procure de nouveaux capitaux, c'est-à-dire de nouveaux moyens d'action
aux travailleurs de son pays. »

Que l'égoïsme est un sentiment dangereux, quand il
parvient ainsi à se méprendre sur ses conséquences funestes ! Quand il ne regarde pas au delà des strictes limites
de son intérêt ! Laissons-le se réjouir seul dans le cercle
étroit où il se complaît, et considérons, nous, que la ruine
et la décadence d'un peuple voisin, ou de tout groupe de
population qui nous entoure, doit inévitablement porter un
contre-coup grave à notre bien-être. Considérant que nous
avons un intérêt de premier ordre, économique, moral et
même sanitaire, à être entourés de peuples éclairés, riches
et prospères, à vivre dans un milieu sain. Les populations
rongées par le désœuvrement et la misère portent toujours
en elles des germes de dissolution, quand ce ne sont point
des germes d'épidémie pouvant trop souvent arriver jusqu'à nous. Leur désorganisation donne lieu à des inter-
ventions, à des intrigues politiques qui suscitent, ou des
armements, ou des guerres ruineuses capables de faire
perdre en un jour bien au delà des sommes gagnées par
quelques capitalistes satisfaits. — Considérant aussi que
l'étendue possible des relations commerciales entre les
peuples, que leur puissance dans le travail et dans l'échange
sont proportionnées au bien-être et aux capitaux dont ils
disposent, et nous resterons convaincus : — Premièrement, que l'extension de nos affaires et notre véritable

intérêt souffrent de la ruine de nos voisins, cette ruine eût-elle lieu au profit de quelques-uns d'entre nous; — Et, secondement, que les principes d'économie sociale que nous préconisons sont, Dieu merci, d'accord avec nos sublimes préceptes de charité et de confraternité chrétienne, avec les lois primordiales de l'humanité. Plaignons donc les nations pauvres adonnées au régime des emprunts. Plaignons-les de l'abîme de misère qu'elles creusent sous leurs pas et sous ceux des sociétés environnantes, et prenons, au nom du progrès, la résolution sagement réfléchie de ne plus les aider dans leur œuvre de destruction, quels que soient les avantages tentateurs qu'elles puissent nous offrir.

II

Maintenant, Messieurs, j'aborderai la plus importante partie de cette étude, je rechercherai avec vous quels sont les maux inhérents aux dettes consolidées chez des nations riches, chez celles qui paient, comme la France, les intérêts de leurs emprunts à leurs propres nationaux.

Dans ce cas sont spécialement applicables les deux derniers inconvénients reconnus par Montesquieu : — 1º La plus grande cherté de la main-d'œuvre. — 2º Le détournement des ressources de ceux qui travaillent pour les donner à ceux qui ne travaillent pas.

Vous devez comprendre combien la question est délicate, combien il est utile ici d'éclairer sa route pour ne pas assombrir la discussion et ne pas troubler les plus loyales positions de fortune de la société. Les hommes riches ou pauvres qui trouvent dans leurs pays des lois, des institutions admises, s'y soumettent ou en profitent; ils n'ont pas individuellement l'obligation de rechercher si ces lois sont mauvaises, si ces institutions sont nuisibles; la société toute entière est responsable, et il serait injuste au premier chef d'incriminer isolément quelques-uns de ses membres. Nous raisonnons purement au point de vue scientifique; notre but est la recherche de la vérité absolue. Certes, une fois cette vérité bien établie et les principes formulés, il devient utile de les appliquer; mais alors surgit une importante question, celle de rechercher le meilleur moyen d'ariver à la réforme en sauvegardant tous les intérêts reconnus légitimes. — J'ai lieu de croire que cette observation préalable autorisera la complète indépendance de ma pensée et me méritera l'indulgence des estimables détenteurs de rentes qui pourraient se trouver parmi nous.

Le premier inconvénient, la cherté de la main-d'œuvre (qu'il faut se garder de confondre avec une heureuse amélioration dans le taux des salaires ou dans les bénéfices des ouvriers), ce premier inconvénient, dis-je, est une conséquence forcée de tout emprunt et de toute élévation dans le chiffre des dettes publiques, attendu que le paiement des nouveaux arrérages ne peut s'effectuer sans une augmentation d'impôt et que toute augmentation d'impôt retombe invariablement sur les travailleurs. — La justesse de cette assertion pourra sembler douteuse au premier abord, mais on sera bien obligé de l'admettre si l'on considère que les impôts doivent nécessairement reposer sur les valeurs productives de la société, sur celles qui ont vie et se renouvellent sans cesse. Les valeurs que le travail ne vivifie pas, ne peuvent conserver ni importance, ni durée, l'obligation de débourser chaque année une valeur quelconque imposée à une force sociale *inerte* ou ne travaillant pas, amoindrirait peu à peu cette force et finirait sûrement par la détruire.

Cette simple réflexion, dont on ne tient pas assez compte dans les théories fiscales, me paraît suffisante pour faire cesser les trop nombreuses illusions qui subsistent à cet égard, et convaincre, par exemple, que les impôts sur le luxe, aussi bien que ceux sur le revenu, ne peuvent se maintenir qu'en atteignant indirectement les industries qui alimentent ce luxe ou ce revenu. — Rappelons-nous le premier impôt établi en 1865 sur les chevaux et les voitures; il trouva ses principaux adversaires dans les carrossiers et les marchands de chevaux, en apparence désintéressés dans la question. Mais ces industriels n'avaient pas tardé à reconnaître que le nouvel impôt restreignait leurs affaires, diminuait la marge de leurs bénéfices, c'est-à-dire retombait indirectement sur eux ; et ils réussirent momentanément à obtenir sa suppression. Ce fait et bien d'autres établissent que, bon gré, mal gré, les valeurs productrices de la société, celles maniées par le travail, sont fatalement destinées à supporter les charges d'impôts. Elles en font les avances à leurs périls et risques, quitte à en opérer la répartition en sous-œuvre sur le consommateur, répartition qui, malheureusement, n'est pas toujours bien assurée.

D'après cela, ne devient-il pas incontestable que les emprunts publics, nécessitant des aggravations d'impôts, ont pour conséquence finale d'augmenter le débours des travailleurs ou, en d'autres termes, de rendre la production plus dispendieuse, la main-d'œuvre plus chère, sans qu'il en résulte avantage pour l'entrepreneur ou pour l'ouvrier. — Et veuillez le remarquer, Messieurs, cette corrélation intime, cette élévation simultanée des impôts et de la main-d'œuvre doit se manifester par l'élévation du prix des denrées, sous peine de rémunérer le travail d'une manière insuffisante, sous peine de l'arrêter et de le détruire dans sa source même.

Durant ces dernières années, quelques gouvernements ont tenté de réagir contre l'accroissement de prix que comporte, hélas! notre situation financière actuelle. De grands établissements de spéculation et un régime douanier nouveau basé sur l'intérêt exclusif du consommateur ont été créés dans ce but; mais vains efforts! on n'a réussi qu'à apporter le malaise dans les transactions, la cherté est restée à l'ordre du jour, et l'on n'a pu s'y soustraire qu'en asservissant le paupérisme et la misère publique. Quoi qu'on fasse, les lois économiques ne se plient point aux calculs intéressés des gouvernements; elles ne peuvent avoir leur base dans des théories assez étranges pour perdre de vue les grands principes de solidarité sociale ou assez arbitraires pour placer l'intérêt personnel au-dessus de la justice sociale.

Est-il, après cela, nécessaire de se demander si l'élévation artificielle dans la main-d'œuvre et dans les frais généraux de la production est favorable ou nuisible à la prospérité publique? Vraiment je ne suppose pas qu'on puisse avoir le moindre doute à cet égard; car la nation où les faits de cherté se produisent, se trouve placée vis-à-vis de ses rivales dans une condition très inférieure de concurrence industrielle ou commerciale. Produisant à plus haut prix, l'écoulement de ses marchandises dans l'intérieur du pays ou à l'étranger est rendue plus difficile et quelquefois impossible. La consommation, d'un côté, les bénéfices commerciaux, de l'autre, sont diminués; c'est-à-dire que les échanges deviennent à la fois moins importants et moins lucratifs. Dès lors le travail national qui les alimente peut-il ne pas s'amoindrir aussi? Eh bien, la richesse sociale n'est-elle pas atteinte au préjudice de tous les intérêts? Telle est, en résumé, la première série des graves inconvénients créés par les emprunts publics, inconvénients aussi difficiles à nier que faciles à saisir.

III

Mais ce ne sont pas les seuls que nous ayons à signaler.
Dans la marche des affaires d'un pays, voici un autre phé-
nomène très regrettable qu'occasionne l'augmentation de la
dette publique et la création de nouveaux impôts : — Le
capital, le capital réalisé surtout, qu'on le veuille ou non,
est un élément essentiel de la production ; c'est un agent
précieux qui lie, qui réunit les diverses parties dont le travail se compose, tels que matières premières, outils, main-
d'œuvre, transports, achats, ventes, etc. Quand il manque
aux manufacturiers, à l'agriculteur, au négociant, à l'ouvrier, l'activité industrielle languit ; ces divers travailleurs
sont obligés de se le procurer par des emprunts plus ou
moins onéreux pour eux, d'abord, et pour la société ensuite.

Eh bien ! que fait la perception des impôts? Elle enlève
précisément à la production une grande partie de cet agent
précieux, de ce capital monétaire, le seul que le fisc veuille
et puisse recevoir. Elle prive ainsi le travailleur de son plus
utile instrument, au risque d'énerver son activité, d'arrêter ses entreprises.

Cependant, à ce sujet, il est nécessaire d'établir une distinction. Si les impôts sont perçus pour alimenter un travail productif quelconque, faire des améliorations durables
ou payer des fonctionnaires indispensables à la bonne
marche de l'État, l'argent ainsi déboursé revient à la production par les services indirects que cette bonne nature
d'emploi lui fait rendre. Ce n'est plus alors qu'un simple
déplacement monétaire, dont l'inconvénient est limité à
une certaine somme de faux frais à peu près inévitables.
— Mais les résultats sont très différents, quand le produit
de l'impôt se déverse entre les mains des rentiers qui n'ont

aucune fonction directe dans l'activité gouvernementale.
Bien entendu, je comprends, sous la dénomination de rentier, tout individu travailleur ou non qui possède des ins-
criptions de rentes. Dans cette circonstance, l'argent re-
cueilli par la perception des impôts arrive entre les mains
d'hommes utilisant leur temps et leurs ressources pour
eux-mêmes, et non point pour la collectivité sociale. Sans
doute, on peut rencontrer des travailleurs affectant des
rentes à la bonne conduite de leurs affaires, mais cette situation toute accidentelle est au fond factice; car, un travail
soutenu par des recettes extérieures ou ne vivant pas par
des revenus qui lui soient propres, ne peut être considéré
comme un travail sérieux, comme une force dont il faille
tenir compte dans le mouvement de la richesse générale.

Ainsi devient manifeste le dernier inconvénient signalé
par Montesquieu. Le paiement des rentes occasionne bien
un détournement de force productive, sans compensation;
il en résulte, au grand détriment de l'activité commune,
que les ressources des citoyens qui travaillent au progrès
général de la société passent en partie aux mains d'individus ne travaillant pas ou s'occupant d'une manière à peu
près improductive. Il en résulte aussi que la dissémination
de plus en plus étendue des titres de rentes accroît le nombre
des gens inutilement occupés et doit être considérée comme
un malheur, plutôt qu'un bienfait social.

Ces assertions, blessantes pour les rentiers, doivent soulever, je le comprends, de nombreuses objections; il serait
bon, Messieurs, de discuter toutes celles qui pourraient
troubler votre jugement à cet égard; ne voulant pas cependant abuser de l'attention que vous voulez bien m'accorder, j'examinerai seulement les principales. Je choisirai
celles dont l'étude permettra de mieux saisir les désordres

économiques, dont le régime des emprunts est la cause primordiale.

« Comment, peuvent dire en premier lieu mes honorables contradicteurs, n'est-ce rien de créer autour de soi, par le paiement des rentes, des consommateurs, des acheteurs de ses produits? Les travailleurs n'y trouvent-ils pas leur compte, par l'élévation du prix des denrées qu'une demande plus active favorise toujours? Ce prétendu détournement de force, dont parle Montesquieu, ne serait-il pas, au fond, un encouragement ou une extension donnée au travail même? — Puis, en second lieu, les dettes publiques ont eu leur utilité; elles ont donné naissance à des améliorations fécondes. N'est-il pas équitable que les détenteurs actuels profitent des services rendus, ainsi que cela se pratique dans les relations ordinaires de la société? — Mais, après tout, ces dettes n'auraient-elles servi qu'à maintenir l'indépendance nationale et la sécurité des frontières, que leur existence serait pleinement justifiée aux yeux de tout bon citoyen; par conséquent, il ne paraît pas raisonnable de représenter les rentiers de l'État comme des organes sociaux inutiles ou nuisibles. »

J'en appelle à tous mes estimables contradicteurs; n'est-ce pas là le fond, la substance même de leurs principaux arguments? — Examinons-les attentivement et tâchons d'en apprécier la valeur réelle.

IV

Sans aucun doute, la première objection est fondée en un point, c'est que les travailleurs profitent dans une certaine mesure de la présence des rentiers au milieu d'eux; leur résidence à l'étranger éloignerait du pays et y supprimerait probablement le travail procuré par leur consommation, au grand préjudice de l'activité sociale. Nous avons déjà admis ce fait en reconnaissant que l'État a un avantage considérable à placer les titres de sa dette aux mains de ses nationaux; mais parce qu'un mal est diminué, amoindri, est-ce une raison pour qu'il n'existe plus? Tel est la véritable portée de la question.

Pour nous édifier à cet égard, entrons un moment dans une hypothèse ainsi que se le permettent souvent nos maîtres dans les sciences exactes. Supposons les cinq milliards et demi de francs payés annuellement par l'Europe pour les intérêts de la dette divisés en coupures de 300 fr. et réparties uniformément entre les 15 millions d'individus dont ces gros intérêts représentent à peu près les frais de nourriture. Evidemment ces 15,000,000 d'hommes auraient ainsi la faculté de vivre sans travail et de s'alimenter sans employer au profit commun leur intelligence ou leurs bras. Cette attrayante faculté étant prise par eux, supprimez tout à coup ces rentes et en même temps cessez de percevoir les 5 milliards et 1/2 d'impôts qu'elle nécessite. Vous ne pourrez pas soutenir qu'une telle mesure soit un amoindrissement de la fortune publique; la suppression d'une dette est toujours avantageuse au débiteur quel qu'il soit; soutenir le contraire serait un non-sens. Dans cette hypothèse qu'arriverait-il? Ces 15,000,000 d'hommes ne recevant plus leurs 300 fr. de rentes pour vivre, devraient recourir à leur activité, ils travailleraient. Ces hommes resteraient consommateurs comme ils l'étaient précédemment; mais en plus, au grand profit de l'activité sociale, ils auraient produit ou échangé une valeur au moins égale à leur consommation.

La richesse productive de l'Europe aura-t-elle perdu ou gagné dans cette circonstance? Assurément, si elle a perdu, ce ne sera point par la quantité des produits, cette quantité a été visiblement augmentée de ceux créés par 15,000,000 de nouveaux travailleurs. Aurait-elle perdu par le fait de la diminution de valeur résultant d'une concurrence plus active entre les producteurs? Mais en admettant réels les effets de cette concurrence plus active, quel amoindrissement de valeur pourrait-il en résulter? Ne devrait-il pas se proportionner au changement survenu dans le chiffre de la demande, ou, ce qui est la même chose, aux 5 milliards et 1/2 de rentes supprimées? Or la totalité de cette rente étant restée non perçue entre les mains des anciens travailleurs, elle vient compenser pour eux toute la dépréciation possible dans la valeur de leurs produits. — Donc, dans notre hypothèse, la suppression des rentes serait loin d'être nuisible à l'ensemble du travail; il en résulterait au contraire une augmentation dans l'activité industrielle de l'Europe et, circonstance heureuse, une diminution dans le prix des denrées de première nécessité.

Ces considérations, bien qu'hypothétiques, suffisent, il me semble, pour faire entrevoir quelle grave erreur l'on commet en admettant que la présence des rentiers est un bienfait pour les travailleurs.

C'est, au contraire, une atteinte tacite et permanente à la fortune publique amenant l'amoindrissement de la production et la cherté des produits.

Du reste, dans notre pays, l'opinion publique est trop éclairée pour se méprendre; elle a le sentiment d'un si triste résultat, et c'est toujours avec anxiété qu'elle voit poindre un nouvel emprunt et grossir de plus en plus le Grand-Livre. Instinctivement tout le monde comprend que les membres de la Société commune doivent agir comme les associés d'une entreprise particulière, c'est-à-dire doivent éviter de s'endetter et, qu'il n'est pas admissible non plus que les individus bénéficiant des avantages sociaux puissent être affranchis de toute responsabilité et de toute perte. Bien entendu les spéculateurs et les agioteurs ont une autre manière de raisonner; mais ceux-là ont-ils jamais eu souci des misères de l'avenir? — Ils ne songent qu'à leur intérêt personnel — à l'agiotage du moment.

Ainsi, les données du simple bon sens nous conduisent à déplorer, comme une violation du principe constitutif des sociétés, la création de nouveaux titres de rentes, création qui permet à un plus grand nombre d'individus de se soustraire eux et leurs capitaux à la grande loi du travail, qui augmente la classe des consommateurs oisifs et par suite les causes de destruction de valeurs sans accroître en même temps les facilités de la production.

Puis, en allant plus au fond des choses: quels immenses désordres découlent de cet oubli des principes sociaux! Ne voit-on pas que les placements nouveaux offerts par les emprunts à la fortune privée, non seulement font disparaître une partie considérable des ressources disponibles sur le marché financier, mais encore troublent profondément la bonne harmonie dans la distribution du travail? D'un côté des facilités plus grandes qu'auparavant sont données à quelques individus pour vivre dans le luxe et le désœuvrement, tandis que de l'autre de nouveaux impôts viennent surcharger le travailleur au risque de déterminer son insuccès, et de réduire ses bénéfices les plus légitimes! — Ne voit-on pas ensuite que le développement exagéré ainsi provoqué dans les industries de luxe amène un amoindrissement correspondant dans la production des objets utiles, ou des instruments de travail! Beaucoup de bras occupés à la charrue pour le bien-être de tous sont détournés pour construire ou meubler des palais accessibles seulement à quelques-uns. De là, comme nous l'avons observé précédemment, résulte une élévation inévitable dans le prix de revient des denrées de première nécessité ; la vie matérielle tend à devenir chère, difficile, et en un mot les dépenses de chaque jour s'élèvent plus rapidement que les bénéfices réalisés par le travail.

Et le mal ne s'arrête pas là ; l'extrême difficulté de prospérer et les privations matérielles qui en résultent, ont leur contre-coup dans la vie intellectuelle et morale de l'ouvrier ; ils la corrompent aussi bien par les exemples de l'oisiveté et du luxe, que par les énervements de la pauvreté. Sous ces diverses influences la vie ouvrière s'empreigne d'un sentiment égoïste et jaloux, elle perd sa pureté native pour tomber dans l'anarchie. Comment la famille, comment la société, soumises à une étreinte amoindrissant à la fois la nourriture du corps et celle de l'esprit, ne perdraient-elles pas de leur énergie vitale ! Cela arrive en effet, car on constate parmi nous, depuis l'extension prodigieuse du système des emprunts : que le nombre des enfants diminue dans les familles, que les nouveau-nés de la classe ouvrière périssent plus que jamais à leur berceau, que l'accroissement naturel de la population tend à s'arrêter et que les campagnes se dépeuplent. On constate aussi dans un autre ordre d'idée que le respect de la propriété, c'est-à-dire le respect du lien, du fonds social s'affaiblit de plus en plus, puisque le capital est diminué ; les crimes et les délits se multiplient, et de désastreuses faillites accablent les affaires, tandis que le luxe déborde et que le sens moral se trouble ou s'obscurcit. Ce sont là des plaies palpables dont la cause première ne saurait être trouvée ailleurs que dans des errements financiers. Songer avec certains esprits à en accuser les libertés ou les découvertes nouvelles serait en vérité renier à la fois la Providence et le Progrès, — ce sont là également les plaies vivaces, qui, à divers degrés, par mille voies occultes rongent la prospérité publique et menacent de ne laisser aux grandeurs de notre siècle qu'une apparence trompeuse, qu'une durée précaire.

Ces graves désordres, remarquez-le, Messieurs, ne peuvent être imputés aux capitalistes qui jouissent du revenu de sommes placées dans des entreprises productives, telles que : obligations industrielles, fermages, loyers, banques, hypothèques, etc., parce que dans ces placements le revenu dont ils disposent est en entier subordonné à un accroissement de production profitable à tous les membres de la société, si les entreprises patronées par eux cessent d'être prospères, cessent d'augmenter le bloc social, les intérêts ou les dividendes diminuent ou disparaissent, en sorte qu'une exacte corrélation s'établit entre la dépense de ces consommateurs inoccupés en apparence, et le revenu total de la société. Il n'en est pas de même, tant s'en faut, lorsqu'il s'agit des rentes d'État. Elles sont tout à fait indépendantes de la production ; elles ne diminuent pas d'un centime quand la fortune générale s'amoindrit et elles se perpétuent alors même que les dépenses faites sont devenues complètement stériles. Situation illogique, capable à elle seule de troubler l'équilibre des rapports entre le consommateur et le travailleur et de compromettre fatalement la bonne harmonie de la société — situation fausse dont la nuisible influence frappera suffisamment, je l'espère, tous mes honorables contradicteurs, pour les convaincre *que la dépense faite par les rentiers de l'État ne favorise en réalité ni la société, ni les travailleurs.*

V

La seconde et dernière objection à examiner, celle qui s'appuie en principe sur la reconnaissance que la société doit aux services rendus, est d'une nature complexe ; elle ne comporte pas dans l'état des choses une réponse tout à fait catégorique. Cela est certain, l'énorme total des dettes de l'État renferme des sommes ayant servi à la confection d'œuvres utiles qui font jouir la société actuelle de certains avantages ; avantages dont il est juste de tenir compte aux rentiers puisque ce sont eux qui ont fourni les moyens de les obtenir. Mais en même temps il n'est pas douteux que les dépenses improductives occasionnées par des guerres, de faux systèmes politiques ou des expédients administratifs inutiles n'aient absorbé la principale partie des sommes réunies par les emprunts. Par conséquent la reconnaissance due pour l'emploi productif des fonds publics n'est pas justifiable sur la totalité des rentes d'État, tout au plus peut-on la fonder sur quelques points isolés.

D'ailleurs, il est bon d'observer qu'un grand nombre des travaux utiles faits avec les ressources extraordinaires des emprunts auraient été plus économiquement exécutés et mieux conduits par l'initiative individuelle que par l'État. Les capitalistes engagent toujours volontiers leurs fonds dans les entreprises privées susceptibles de donner de beaux revenus. Par conséquent, dans bien des circonstances on n'avait pas besoin pour les améliorations dont on crédite les rentiers de recourir à l'aide onéreux de ressources gouvernementales, et c'est tout autant une erreur économique à leur imputer qu'un service effectif dont il faille tenir compte.

Cependant, nous devons le reconnaître, plusieurs entreprises d'utilité publique ont un revenu mal défini ou éloigné, difficilement réalisable par une compagnie particulière. Tels par exemple que les routes, les ports, les endiguements, les canaux, les chemins de fer......, ou bien encore les acquisitions ou annexions de territoires. Mais alors les

éxcédents des ressources budgétaires devraient y être
appliqués, et si parfois ces ressources étaient insuffisantes,
il faudrait recourir à des emprunts spéciaux et temporaires,
comme ceux dont j'ai eu occasion déjà de reconnaître la
nature morale. — Ainsi les fortes sommes empruntées
pour activer la construction des chemins de fer auraient
dû former une dette publique à part ayant pour unique
garantie la valeur de ces chemins et leur retour à l'État
dans les délais convenus. Cela aurait limité, défini la responsabilité et aurait empêché la regrettable confusion d'une
dépense féconde avec tant d'autres tout à fait improductives.

Ces diverses considérations réussiront, je l'espère, Messieurs, à vous faire saisir combien le mélange confus des
dépenses publiques est susceptible de fausser le jugement
dans les questions délicates qui nous occupent. Grâce à
cette irrationnelle façon d'agir, on peut de très bonne foi
attribuer à l'ensemble des dettes consolidées les franchises
morales et les avantages économiques dont les emprunts
spéciaux mériteraient seuls d'être qualifiés. Aussi, sans
doute, vous reconnaîtrez d'urgence de réformer le mode
actuel de procéder et trouverez nécessaire d'appeler sur ce
point l'attention sérieuse des législateurs. Mais en définitive il n'est pas supposable que beaucoup d'entre vous se
fassent une complète illusion : les données du sens commun
suffisent et au delà pour faire admettre que les trois quarts
au moins des dettes publiques sont le résultat de dépenses
improductives nécessitées soit par de fausses théories politiques, soit par des luttes internationales ayant certainement plus nui au progrès de l'humanité que contribué à
son véritable développement. Les gros emprunts ont été
presque toujours occasionnés par de sanglantes guerres ;
quel homme impartial oserait soutenir que ces regret-

tables catastrophes ont rapporté à la société des avantages
matériels proportionnés aux ruines qu'elles ont faites ou
aux sommes immenses qu'elles ont coûtées !

« Mais, pourra-t-on objecter, la guerre est un trouble
« inhérent à la vie des peuples dont il est aussi impossible
« de préserver les sociétés que d'éviter des maladies dans
« le cours de la vie humaine. Si malheureusement, quelques
« batailles coûteuses ont été sans utilité, n'y en n'a-t-il pas
« eu d'autres indispensables, pour conserver libre l'exis-
« tence nationale ? Est-ce donc que la défense du sol de la
« Patrie n'est pas un devoir sacré qui autorise notre géné-
« ration comme elle a autorisé nos pères à n'importe quels
« sacrifices d'hommes et d'argent sans avoir à tenir aucun
« compte des conséquences économiques. »

Sans aucun doute, la sécurité nationale justifie la guerre
et toutes les dépenses qu'elle nécessite; mais elle ne saurait justifier à aucun degré la création d'une dette perpétuelle; parce que dans le cas de légitime défense
comme dans tout autre une telle dette reste par sa nature une violation des droits inhérents aux générations
futures, une atteinte immorale à la fortune qui leur est
propre.

En effet, n'est-ce pas un devoir permanent, une œuvre
de chaque jour de défendre son pays; cette œuvre qui a été
nécessaire hier, ne sera-t-elle pas obligatoire demain ?
Pourquoi dès lors la génération attaquée ne l'accomplirait-
elle pas tout entière, et s'octroierait-elle la faculté commode
d'en rejeter une lourde part sur les générations à venir,
générations qui auront à leur tour une mission indentique
à remplir ? Cette substitution anticipée est-elle bien conforme à l'équité et à la morale sans tache des lois naturelles ? Si dans les siècles passés les gouvernements avaient
recouru, comme ils le font aujourd'hui, aux ressources des

'emprunts, où en serions-nous? A quel chiffre effroyable monterait notre dette et notre budget?

Croyez-vous que nos illustres pères de 89 auraient accepté de tels errements et n'auraient pas trouvé dans les événements de leur temps une charge assez lourde pour répudier sans scrupules les engagements contractés par leurs ancêtres à l'occasion des croisades ou des guerres de la réforme? — En définitive, est-il admissible que les lois naturelles fixant les rapports entre le présent et l'avenir autorisent notre société à s'approprier l'appui matériel d'êtres vivants à une autre époque, d'êtres par conséquent qu'elle est dans l'impossibilité d'aider ou de défendre à son tour? Remarquez qu'on ne peut pas faire entrer en ligne de compte, ni se prévaloir des travaux de fortifications et d'armement laissés à un successeur.

Les progrès continus de l'industrie obligent chaque génération à renouveler ou à transformer à peu près tout son matériel militaire. D'ailleurs le coûteux entretien qu'il occasionne en absorbe toute la valeur après trente ou quarante ans. Le concours militaire effectif donné par les générations présentes ou générations futures n'a donc pas une importance sérieuse.

Tout en déniant aux pouvoirs publics la faculté d'absorber les ressources sociales de l'avenir, il n'entre point dans ma pensée de leur contester le droit absolu de sacrifier à la défense nationale l'existence et la fortune présente de chacun, c'est-à-dire, le droit de disposer de toutes les forces matérielles disponibles au moment de la lutte. Non, ce droit est incontestable; mais prenons-y garde, il ne faut ni le dénaturer, ni outrepasser ses justes limites; la société ne peut légitimement engager pour sa défense les richesses à créer par le travail des générations futures, pas plus qu'elle ne saurait conduire sur le champ de bataille les individus encore à naître; où l'action sociale sur la vie de l'homme l'arrête, toute action sur le travail dépendant de cette vie doit s'arrêter aussi; songez-y, le travail c'est la nourriture des individus, c'est leur existence même; comment oser séparer des éléments aussi intimes et méconnaître par nos actes leur indissolubilité morale! — En vérité, disposer sans son consentement du travail d'un homme, le grever sous n'importe quel prétexte de dettes qui ne proviennent ni de son fait ni de ses actes, n'est-ce point disposer de sa vie? N'est-ce point pousser tacitement à la destruction, commettre un attentat envers l'humanité? — Il faudrait, pour contester la justesse d'un tel principe, s'appuyer sur les odieuses aberrations de l'esclavage antique, revenir à la théorie de ces temps néfastes où les travailleurs, pauvres machines animées, ne comptaient pour rien dans la société et vivaient privés de la faculté d'utiliser pour eux-mêmes les fruits de leur labeur. Ce n'est point assurément le maintien d'une semblable théorie que mes contradicteurs voudraient préconiser ou faire revivre; certainement pour eux, comme pour nous tous, s'ingénier à déguiser l'esclavage ne serait pas du tout s'en affranchir.

VI

Ainsi donc, les principaux arguments présentés en faveur des rentiers de l'État ne sont pas acceptables. Malgré la solidarité, qui les unit on peut affirmer que la majorité d'entre eux (les 3/4 au moins), ne sauraient établir la permanence de leurs droits ni sur les services effectifs rendus au travail et à l'ensemble des travailleurs, ni sur l'augmentation de bien-être que le sage emploi des emprunts a procurée, ni même sur les nécessités de la guerre et de la défense nationale. Ils ne peuvent les revendiquer sérieusement qu'en invoquant la bonne foi publique et les engagements solennels contractés à tort ou à raison par les gouvernements des générations passées.

Mais en présence de l'action désorganisatrice dont j'ai essayé de vous rendre juges, en présence de l'atteinte tacite et permanente portée au développement de la richesse commune, n'est-on pas amené à rechercher en vertu de quel droit les générations passées ou leur gouvernement ont pu reporter sur l'avenir leurs dettes ou pour mieux dire leurs malheurs, leurs fautes et leurs prodigalités financières. Est-ce donc, qu'à chaque jour, qu'à chaque siècle ne suffiraient ni les labeurs ni les peines ? — La justice et la raison, l'*ultima ratio* des choses, condamnerait-elle vraiment l'humanité à courber indéfiniment la tête sous un régime s'évertuant à compromettre l'héritage social ? — En résumé, sommes-nous fatalement destinés à suivre les errements de nos devanciers, à partager leurs vieilles doctrines, ou bien est-il possible, en sauvegardant la droiture de nos consciences, en nous maintenant dans les strictes limites de nos droits, est-il possible de liquider convenablement la situation présente et de mettre un terme à l'emploi d'un expédient administratif qui, tout compte fait, entrave la production, augmente la cherté des denrées, arrête les affaires, met la gêne dans les familles, ruine l'ouvrier et, en même temps, favorise le luxe, place le désœuvrement à la hauteur d'une institution et pour tout dire enfin nuit à la civilisation même.

VII

Telle est la vaste question civilisatrice et morale à laquelle aboutit notre discussion, question vitale entre toutes et qui s'impose par son actualité à la droiture de chacun. Comment la résoudre? Quelle mesure serait-il possible de prendre, pour atténuer les erreurs financières du passé, et les éviter dans l'avenir. — Problème immense qu'on ne saurait aborder sans surexciter les plus vives susceptibilités, sans froisser les convictions les plus enracinées. Essayons-le cependant.

Un grand homme, Thomas Jefferson, l'un des fondateurs de la République américaine, l'un de ses plus éminents présidents, écrivait la lettre suivante à son ami James Madison, son successeur à la présidence. Cette lettre remarquable, identifiée à notre pensée, pose les bases de la solution que nous cherchons.

« A James Madison.

« Paris, le 6 septembre 1789.

« SUR LES EMPRUNTS PUBLICS.

« Je commence à vous écrire, sans savoir par quelle voie je vous enverrai ma lettre. Mais il m'est venu dans l'esprit une idée, que je voudrais vous développer plus à loisir que cela n'est possible, quand une occasion pressante oblige à écrire à tout le monde à la fois.

« Je ne crois pas qu'on ait jamais soulevé, de ce côté de l'Océan ni de l'autre, la question de savoir jusqu'à quel point une génération a le droit d'en lier une autre aux engagements qu'elle contracte. Cette question me paraît cependant assez importante, non seulement pour mériter une solution, mais pour prendre place parmi les principes fondamentaux de tout gouvernement. Dans le monde où je vis, la pensée est continuellement ramenée à l'étude des éléments constitutifs de la société; c'est ainsi que l'entraînement des idées m'a conduit à cette recherche, et je crois qu'il est très possible de démontrer que les obligations ne se transmettent pas d'une génération à l'autre. Je pars de cette proposition, que je regarde comme évidente par elle-même, que *la terre appartient en usufruit au vivant*, que les morts n'ont ni droits, ni actions à exercer sur elle. La portion occupée par un individu cesse d'être sienne, quand il a cessé d'exister, et elle fait retour à la société. Si la société n'a pas établi de règles pour l'appropriation des portions de terres destinées à une possession séparée, ce sont les premiers occupants qui s'en emparent, et ces premiers occupants sont d'ordinaire la veuve et les enfants du défunt.

« S'il y a des règles établies pour cet objet, ces règles peuvent conférer la possession soit à la veuve et aux enfants, soit à quelqu'un d'entre eux, soit au légataire du défunt. Mais, l'enfant, le légataire, le créancier, ne la recueillent pas en vertu d'un droit naturel, mais d'une loi de la société dont ils sont membres et à laquelle ils sont soumis. Ainsi, aucun homme ne peut, en vertu du droit de nature seul, obliger les terres qu'il possède, ou les personnes qui lui succèdent dans cette occupation, au paiement des dettes contractées par lui. Sans cela, il pourrait, dans la seule durée de son existence, manger l'usufruit de la terre pour plusieurs des générations à venir; et, contrairement au principe, la terre appartient aux morts et non pas aux vivants.

« Ce qui est vrai de chacun des membres de la société, considéré individuellement, l'est aussi de tous ses membres pris collectivement, puisque les droits de la société ne sont que la somme des droits des individus dont elle se compose. Pour rendre cette idée plus claire dans son application à une multitude d'hommes, supposons une génération toute entière, née le même jour, destinée à atteindre simultanément l'âge viril, et à quitter aussi la vie toute ensemble au moment où la génération qui la suit sera elle-même parvenue à cet âge. Admettons que l'âge viril commence à vingt-un ans, et que la période de la vie qui doit suivre cette époque soit de trente-quatre ans; c'est, en effet, la durée moyenne qui, dans les tables de mortalité, correspond à vingt-un ans. Chaque génération successive, dans cette hypothèse, paraîtrait sur la scène de la vie, et la quitterait à un moment précis.

« Il est évident qu'alors la terre appartiendrait à chacune de ces générations complètement et de droit. La seconde génération la recouvrerait de la première, libre des dettes et engagements contractés par celle-ci, de même la troisième et la quatrième, et ainsi de suite, car s'il en était autrement, la terre serait le domaine de la génération éteinte et non de celle qui vit. Une génération ne pourrait donc contracter plus d'obligations qu'elle n'en pourrait remplir dans le cours de sa propre existence. A vingt-un ans, elle pourrait s'engager, elle et ses terres, pour les trente-quatre années qui doivent suivre; à vingt-deux pour trente-trois, à vingt-trois pour trente-deux, et à cinquante-quatre pour une seule année; parce que tels seraient les termes de son existence pour chacune de ces époques. Mais il y a une différence essentielle entre la succession d'un individu et celle d'une génération toute entière. Les individus ne sont que des membres de la société assujettis aux lois qui la régissent. Ces lois peuvent attribuer la portion de terre occupée par le défunt à son créancier, de préférence à tout autre, ou à son enfant, à condition qu'il désintéressera ce créancier. Mais quand toute une génération, c'est-à-dire la société elle-même, périt et laisse, comme dans notre supposition, la place à une autre génération, à une société nouvelle, cette dernière forme un tout complet et ne reconnaît pas de supérieur qui ait le droit de livrer son territoire à une tierce société qui aurait prêté à la génération précédente plus d'argent que celle-ci n'en aurait pu rembourser.

« Ce qui est vrai de générations qui se succèderaient à des époques déterminées, comme on l'a supposé pour rendre cette idée plus facile à saisir, est aussi vrai de celles qui se renouvellent par un mouvement journalier et insensible, ainsi que cela se passe dans le cours actuel des choses. Comme la majorité de la génération qui a contracté une obligation ne doit pas exister plus de trente-quatre ans après, et se trouvera remplacée alors par la majorité de la génération nouvelle, la première peut étendre jusqu'à ce terme, mais non au delà la durée de ses engagements. Il faut donc conclure que ni les représentants d'une nation, ni la nation elle-même assemblée, ne peuvent valablement contracter plus de dettes qu'ils n'en peuvent payer pendant la durée moyenne de leur existence, c'est-à-dire dans les trente-quatre années qui suivent la date de leur obligation. Pour rendre cette conclusion palpable, supposons que Louis XIV et Louis XV aient contracté au nom de la Nation française des dettes, dont la somme s'élèverait à dix mille milliards, et que le tout ait été prêté par la Hollande, l'intérêt de cet emprunt serait de cent milliards, c'est-à-dire égal à tout le produit net du territoire de la France; faudrait-il, en ce cas, que la génération présente abandonnât le sol où la nature l'a fait naître et le cédât aux créanciers hollandais? Non, sans doute; elle a les mêmes droits sur le sol où elle est née que les générations qui l'y ont précédée. Elle tient ses droits non des générations antérieures, mais de la nature. Elle est donc, ainsi que le sol même, libre de toutes les dettes que celles-ci ont pu con-

tracter. Pour présenter cette idée sous un autre point de
vue, supposons que Louis XV et la génération contempo-
raine aient dit aux capitalistes hollandais : « Prêtez-nous
l'argent dont nous avons besoin pour faire bonne chair et
passer joyeusement tout le temps que nous avons à vivre;
consentez à ne pas nous demander d'intérêt avant l'expiration de nos trente-quatre années, et à cette condition
vous toucherez à perpétuité cet intérêt à raison de 15 o/o,
à partir de cette époque. » L'argent ayant été prêté à ces
conditions, partagé entre tous, mangé, bu, dissipé, la génération présente serait-elle obligée d'employer les produits de son territoire et de son travail à satisfaire ceux qui
auraient fourni à de semblables prodigalités? Non, assurément.

« L'opinion reçue généralement que les dettes publiques
contractées par une génération retombent à la charge de celle
qui la suit, me semble avoir pris naissance dans l'habitude
où l'on est de voir dans la vie privée celui qui succède à la
propriété de la terre, soumis en même temps au paiement
des dettes de son auteur.

« On ne réfléchit pas que cette obligation dérive de la loi
positive et non de la loi morale, et qu'elle a son principe
dans la volonté de la société qui a jugé convenable de transmettre la propriété de la terre aux enfants sous la condition
d'acquitter les dettes; mais qu'entre une société et une
autre société, ou une génération et une génération suivante,
il ne saurait exister d'obligation légale, ni d'autre arbitre
que la loi naturelle.

« L'intérêt de la dette nationale de France n'étant dans le
fait que la millième partie de son revenu foncier, le paiement de cet intérêt est une chose assez praticable et ne présente plus qu'une question d'honneur et d'utilité; mais
quant aux dettes futures la nation ne ferait-elle pas une

chose juste et sage en déclarant, dans la constitution qu'elle a établie, que ni la législature, ni la nation elle-même ne peuvent valablement contracter des emprunts qui dépassent ce qu'il leur sera possible d'acquitter pendant la durée de leur existence, c'est-à-dire dans le terme de trente-quatre années, et qu'à l'avenir tous les engagements de cette espèce seront considérés comme nuls, quant aux portions qui resteraient encore à acquitter à l'expiration des trente-quatre années qui suivraient leur date? Cet avertissement mettraient sur leurs gardes les gouvernants et les prêteurs eux-mêmes. En réduisant à ses véritables limites la faculté d'emprunter, on mettrait un frein aux inclinations belliqueuses, beaucoup trop favorisées jusqu'ici par l'ignorance où paraissent avoir été les prêteurs, de cette loi de la nature en vertu de laquelle les générations successives ne sont pas responsables l'une pour l'autre...

« Méditez sur ce sujet, mon cher ami, particulièrement sur ce qui concerne le pouvoir de contracter des dettes, et développez-en les conséquences avec cette force de raisonnement qui vous est propre. Votre position dans les conseils de notre pays vous fournit l'occasion d'appeler sur cette question l'attention publique et de la soumettre à l'épreuve de la discussion. Au premier abord on peut s'en railler comme du rêve d'un théoricien; mais l'examen prouvera combien le principe est solide et salutaire. Il fournirait la matière d'un beau préambule à notre première loi sur l'emploi du revenu public; il écarterait du seuil de notre nouveau gouvernement les ruineuses et contagieuses erreurs qui, dans cette partie du globe, ont, pour l'oppression et l'asservissement des peuples, armé les despotes de moyens tout à fait contraires aux lois de la nature. Nous avons déjà donné l'exemple d'une mesure fort efficace pour museler le démon de la guerre en transférant le pouvoir de la déclarer du pouvoir exécutif au corps législatif.

« Je serais bien aise que nous fussions de même les premiers à lui opposer cette seconde barrière. Aucune nation n'est dans une position aussi désintéressée que la nôtre pour faire une solennelle déclaration contre les dettes à longs termes; puisque, grâce aux dispositions que vous avez prises, nous ne devons pas un shilling qui ne doive être payé, principal et intérêts, avant la fin probable de notre vie. » (*Mélanges philosophiques et politiques de Thomas Jefferson*, par L.-P. Conseil. Paris, 1833.)

Que ressort-il au profit de notre étude des considérations développées dans cet important document ? N'est-ce pas la démonstration péremptoire que le non remboursement des dettes perpétuelles est une question de pure générosité et non de droit, attendu que les détenteurs de rentes sont dans le cas de ceux qui ont acquis *bonâ fide* d'un vendeur sans droits.

Je reconnais que ces graves considérations auraient besoin d'un développement plus étendu; mais en même temps il me paraît difficile de méconnaître leur extrême justesse; les plus scrupuleuses recherches de la conscience et de la raison ne peuvent que les confirmer.

Cette conviction acquise, quelle ligne de conduite impose-t-elle ? Que faut-il faire pour ramener le sytème des emprunts d'État dans la stricte voie des lois naturelles ? — L'impitoyable logique se charge de répondre : rien de plus simple; il faut, pour les dettes du passé, limiter leur durée en faisant une part très large à la générosité et, pour les dettes de l'avenir, les débarrasser à tout jamais du principe de la perpétuité. Si l'on veut traduire cette pensée en règle de conduite, lui donner la consistance d'un procédé pratique, je me risquerai à formuler ce qui suit :

1º Pour les dettes contractées jusqu'à ce jour continuer le paiement des arrérages pendant la longue période de 99 ans ; mais à l'expiration de ce délai les déclarer éteintes de plein droit. Elles disparaîtraient avec les derniers individus de la génération présente.

2º Pour les dettes nouvelles, décréter que tout emprunt d'Etat serait désormais souscrit à fonds perdu, c'est-à-dire comprendrait tacitement sa prime de remboursement. Il ne donnerait désormais droit au paiement d'un intérêt fixe que pendant une période déterminée ne dépassant pas 99 ans. — Celle de 75 ans admise depuis peu pour la rente amortissable pourrait être adoptée.

3º Provoquer une entente entre tous les gouvernements pour leur faire accepter et maintenir à tout jamais ces règles de conduite financière.

Dans ces dispositions, ou toutes autres similaires se trouve, à mon avis, la véritable solution du problème, et sans faire un grand effort d'esprit on peut en saisir les principaux motifs.

Le délai de 99 ans qu'on pourrait diminuer à la rigueur, se justifie cependant parce qu'il représente l'extrême limite de la vie humaine, — qu'il fait une part très large à la générosité envers les anciens prêteurs, qu'il leur donne un revenu assuré, non-seulement pour eux, mais aussi pour leurs enfants et leurs petits-enfants ; stabilité dans le placement très suffisante, la prévoyance paternelle ne s'étend jamais au-delà. En outre ce délai de 99 ans qui comprend tout un siècle forme entre les générations successives une sorte de lien autonome déjà admis par l'histoire et la tradition.

Les dispositions proposées, en soumettant la fortune des

rentiers aux charges du présent écarteraient probablement
les raisons sérieuses d'établir un impôt sur la rente similaire à celui établi déjà sur toutes les autres valeurs mobiliè-
res. Or, il importe de remarquer qu'un impôt de 2 o/o seulement sur le revenu des rentiers, représenterait un sacrifice
bien plus élevé que celui que je propose.

En effet, les tables d'intérêts composés indiquent qu'une
rente annuelle de 4 centimes amortit un capital de cent
francs au bout de 99 ans. Ce serait donc en réalité 4 centimes sur un revenu de fr. 3 ou 3 1/2 que le rentier suppor-
terait ce qui représenterait 1 fr. de baisse environ. Tandis
qu'un impôt de 2 o/o leur enlèverait 6 ou 7 centimes, soit
une somme de 50 o/o plus élevée. Ce sacrifice de 4 centimes
sur 100 fr. serait bien minime en présence des graves objections que suggère la perpétuité des titres et en présence des
avantages indirects que la société retirerait dans l'avenir
d'une telle mesure.

Il est bon de remarquer qu'un procédé analogue a été
adopté pour la construction de nos chemins de fer. Ils
doivent faire retour à l'État sans indemnité dans un délai
variant entre cinquante et quatre-vingts années. Qui s'en
préoccupe aujourd'hui? Qui s'en est préoccupé autrefois?
Les prêteurs et les acheteurs ont-ils fui devant cette clause
spéciale d'abandon, clause intelligente que les nations voisines nous envient et qui, à un jour donné, viendra apporter dans les ressources financières de la France une amélioration des plus importantes. Mais, pourrait-on dire, les
Compagnies remboursent tous les ans, par voie de tirage
au sort, une partie de leurs actions, et à la fin de leur concession, tous les capitaux engagés seront rendus. —Cela n'est
pas une bien sérieuse objection : les Compagnies ne remboursent qu'en diminuant le revenu de leurs actionnaires;
ne serait-il pas plus logique et plus juste de ne pas faire de

retenues et de ne rembourser personne. Le hasard, le tirage au sort sont de bien tristes bases d'organisation, et si on les enlève, que devient l'objection?

A ces considérations, on pourrait en ajouter beaucoup d'autres; mais il me suffit d'avoir indiqué le mal et fait entrevoir le remède, mon but n'allait pas au-delà.

En terminant, il me reste à faire un appel à tous les esprits studieux, à tous les hommes dévoués au bonheur de leurs semblables. Je les engage de tout mon pouvoir à poursuivre cette étude et à combattre activement notre système à outrance d'emprunts publics, système tellement vicieux qu'il ronge sourdement au cœur la vie présente et la vie future de la société; il menace de détruire, sans qu'on y prenne garde, les fruits bienfaisants de l'activité humaine.

Quant aux susceptibilités qu'une semblable étude pourrait faire naître, il n'y a pas lieu d'en tenir compte. Quoi de plus acceptable, de plus légitime, que l'examen rigoureux de ses propres actes, que l'étude et la défense des immuables principes de justice et de vérité, lorsqu'en même temps on a conscience de travailler dans la mesure de ses forces à la richesse future de son pays !

DU LIBRE-ÉCHANGE

ET DE SES RAPPORTS ÉCONOMIQUES

AVEC L'AGRICULTURE

(1867)

DU LIBRE-ÉCHANGE

& DE SES RAPPORTS ÉCONOMIQUES

AVEC L'AGRICULTURE

CONFÉRENCE

Mesdames, Messieurs,

Je me propose de développer succinctement devant vous quelques idées nouvelles sur le libre-échange et sur ses rapports économiques avec l'agriculture. Ces idées, évidemment, ne sauraient engager que ma responsabilité et nullement celle de la Société d'économie politique dont je suis membre, et cela avec d'autant plus de raison qu'elles seront, je le crains, en contradiction sur certains points avec celles généralement préconisées dans notre département de la Gironde, dès lors, sans doute, avec celles de la plupart d'entre vous. Je n'ignore pas combien il est difficile de lutter contre des opinions préconçues, respectables par leur bonne foi ; aussi, messieurs, ai-je besoin de toute votre bienveillance, et je vous prie de vouloir me l'accorder un moment.

Mon but, du reste, n'est pas de méconnaître le progrès en matière d'échange ; autant que personne je désire le développement de l'activité et de la fortune publique. Je crois seulement que toutes les libertés, celle des échanges comme les autres, ont des lois nécessaires à leur existence même, des limites qu'elles ne peuvent franchir sans porter atteinte à un principe primordial, éminemment grand, éminemment civilisateur, celui de la justice.

La science économique n'est pas en cause; comme vous tous, je reconnais ses bienfaits, j'applaudis à ses œuvres, je m'associe aux efforts généreux de ceux qui la propagent. Mais, vous le savez, cette science n'est pas complète, elle est encore en voie de formation, plusieurs de ses théories divisent les esprits. Elle se modifie, d'ailleurs; certains principes admis par elle, il y a trente ou quarante ans, sont aujourd'hui très contestés : ainsi la théorie de Ricardo sur le prix des subsistances, celle de Malthus sur la population, à la mode autrefois, ont été de nos jours réfutées ou controversées. Pourquoi n'en serait-il pas de même pour d'autres points mal étudiés ? Toute science digne de ce nom ne doit-elle pas s'affranchir des influences étroites d'école ou de parti, pour ne rechercher consciencieusement que la vérité ?

Une autre considération qui explique bien des divergences, et qui est applicable dans la circonstance actuelle, est celle-ci : « Souvent les meilleurs principes théoriques ont besoin d'être réformés ou modifiés pour acquérir la faculté de s'implanter utilement dans l'application. » Tout le monde sait, par exemple, que les résultats obtenus dans le laboratoire de chimie ne sont pas toujours conformes à ceux que l'on peut obtenir dans l'atelier industriel ; ou que les plans, devis, projets les mieux conçus d'un architecte sont assez souvent corrigés et augmentés quand on arrive à l'exécution. La géométrie nous enseigne que le plus court chemin d'un point à un autre est la ligne droite, elle le démontre, et nul ne songe à le contester; et cependant que de détours dans la vie pratique! que de courbes à faire, que d'obstacles à éviter entre le point du départ et celui de l'arrivée! — Un capitaine de navire qui, apercevant le port, se servirait du principe de la science et s'y dirigerait en ligne droite, briserait assurément son vaisseau sur quelque écueil caché, ou l'échouerait sur quelque bas-fonds, ce port s'appelât-il, comme notre sujet, du beau nom de Libre-Échange.

Vous n'aimez pas sans doute les querelles de mot, Messieurs, ni vous, Mesdames; ni moi non plus, je vous l'assure : cependant, ici, je crois qu'une petite violence à nos goûts aura son utilité; veuillez me la permettre. A mes yeux, ce nom séduisant de libre-échange, très sympathique en effet quant il s'agit d'idées, de sentiments ou de tendresse, aide beaucoup au maintien de l'intérêt assez général qu'on lui accorde dans l'ordre matériel. Étudions-le donc un moment.

La plupart d'entre vous croient indifférent de dire libre-échange ou libre-commerce; cependant, en y réfléchissant, on trouve entre ces deux mots une différence radicale. Le premier mot, celui de libre-échange, est faux en lui-même, inacceptable par la logique et susceptible d'entraîner involontairement à de graves erreurs; tandis que le second apparaît digne de toutes nos sympathies. On peut accepter de grand cœur le libre-commerce ou la liberté commerciale; le mot est juste, et l'idée qu'il représente plus juste encore. Mais l'échange matériel ne peut supporter cette noble épithè'e de libre, pour lui c'est une usurpation et un non-sens. Afin de mieux saisir cette différence, prenons une analogie. On se sert souvent du mot libre-penseur; la pensée, en effet, s'allie très bien avec la liberté; on peut dire de ces deux termes que leur essence est commune; dans tous les siècles, des faits historiques saisissants ont démontré l'intimité de leur rapport; mais que diriez-vous, si l'on vous parlait d'un libre-chanteur, bien que le chant ou la voix ait quelques relations avec la pensée, comme l'échange en a avec le commerce? Vous seriez choqué du mot autant que de l'idée : cela saute aux yeux, le chanteur, pris dans sa profession, ne peut être absolument libre; il est tenu de suivre les lois de l'harmonie; s'il s'en écartait, il cesserait d'être chanteur. Eh bien! ainsi que la pensée, le commerce peut être entièrement libre, ne subir aucune entrave légale; mais l'échange, c'est tout autre chose : il doit se soumettre aux lois harmoniques qui lui sont propres, sous peine de n'être plus un échange, mais un vol, une duperie, ou une injustice.

Si ce mot de libre-échange était pris au pied de la lettre dans les spéculations ordinaires de la vie, ne voyez-vous pas combien de gens seraient heureux d'échanger librement leurs vieux habits contre des habits neufs, leur échoppe contre un palais? En vérité, il y a là un abus de mot utile à signaler pour éviter toute confusion dans les idées.

Je crois donc, Messieurs, que, dans la pratique, l'échange a des lois essentielles à respecter, et qu'on ne peut en faire le sacrifice pas plus au nom du progrès qu'au nom de la justice.

La recherche des grandes lois théoriques applicables à l'échange a déjà été faite devant vous par l'un des membres de notre Société. Je ne songe pas à les discuter. Seulement, à côté des lois générales exposées, je crois qu'il y a les lois particulières, trop souvent perdues de vue ou négligées; oubli fâcheux qui peut conduire à des erreurs capitales. Aussi mon but, Messieurs, est de vous en signaler quelques-unes relatives à l'impôt et à l'agriculture. C'est une question toute d'actualité, car jamais les matières agricoles n'ont plus vivement attiré l'attention. Du reste, nous pour-

‚rons ainsi jeter quelque lumière sur cette grande controverse de l'entrée libre des céréales qui divise de si bons esprits et préoccupe l'opinion publique.

L'existence de faits particuliers susceptibles de modifier radicalement les lois générales de l'échange, ne peut être mise en doute. Nous en avons sous les yeux un exemple frappant. Quel est le libre-échangiste qui oserait maintenir ses théories sur le commerce du bétail en présence de la peste bovine, et oserait dire que le gouvernement n'a pas fait un acte de haute sagesse en suspendant la libre entrée sur de simples appréhensions? Assurément les lois particulières que je me propose d'étudier ne sont pas du même ordre; mais l'obligation d'en tenir compte me paraît tout aussi impérieuse, le danger de les méconnaître tout aussi certain.

I

Vous le savez, Messieurs, l'agriculteur paie, au profit de la société commune, des impôts directs ou indirects, des droits énormes de mutation sur ses terres, son outil principal; il supporte des charges de prestation, de conscription, et bien d'autres qui se résument en sacrifice de temps ou de travail, et finalement en perte d'argent. Ces pertes réunies représentent des sommes considérables qui viennent grever l'exploitation de notre sol.

Cette situation économique est fâcheuse; mais elle existe, et l'on doit forcément en tenir compte dans les échanges tant qu'elle n'aura pas été modifiée. Une conséquence tacite, rigoureuse découle de cet état de choses : c'est l'élévation du prix des denrées agricoles récoltées chez nous; car nécessairement le cultivateur, après avoir payé ses redevances aux capitaux, ses ouvriers et ses divers fournisseurs, doit trouver dans le prix de vente de ses denrées une, somme suffisante pour payer ses impôts et le faire vivre. S'il n'élevait pas les prix suivant ses débours, comment pourrait-il les continuer? Où prendrait-il l'argent nécessaire, lorsque ses bénéfices suffisent tout au plus à satisfaire ses besoins matériels les plus urgents?

Ainsi, remarquez-le bien, quand la société met des impôts sur les terres, c'est tant pis pour elle; son devoir est d'en subir les conséquences, en se résignant à voir augmenter le prix des produits du sol d'une valeur égale au montant même de ces impôts, en se résignant finalement à payer sa vie plus cher. Cette obligation est logique et juste; l'échange ne serait plus qu'une déplorable spoliation, s'il était autorisé à s'en affranchir.

Quelques esprits, cependant, trouvent un prétexte pour le lui permettre, en disant : Mais tout le monde paie des impôts, c'est une nécessité sociale; pourquoi le cultivateur en serait-il dispensé? Le négociant, le médecin, l'avocat ont leur patente; pourquoi l'homme des champs n'aurait-il pas la sienne, basée sur la valeur de sa terre?

Il y a dans ce raisonnement, Messieurs, une confusion qu'il est très important de faire cesser. La question n'est pas de soustraire le cultivateur aux charges communes; il proteste contre l'impôt foncier et bien d'autres, à cause de leur exagération ; mais il ne parle pas du tout de s'en affranchir. Seulement il dit que l'importance de ses charges fiscales entraîne nécessairement un principe particulier dans la théorie de l'échange, que le prix de ses denrées en est augmenté, et que la société dont il fait partie, en provoquant ce fait, doit en subir les conséquences matérielles. De même que la force des choses l'oblige à payer les élévations de prix qu'entraînent les impôts attribués aux autres industries, de même ces autres industries doivent être tenues d'accepter l'augmentation des siens propres. Le négociant et l'avocat, en effet, agissent ainsi, ils augmentent le taux de leurs honoraires ou de leurs services en proportion des impôts qu'on leur fait supporter; absolument comme le propriétaire d'une maison fait suivre au prix de ses loyers l'augmentation de ses taxes, ou comme le prix d'un journal s'élève avec les droits de timbre.

Certainement les avocats sans cause, les médecins sans malade ne peuvent pas faire retomber le prix de leur patente sur les clients; mais à qui la faute? L'agriculteur qui laisserait son domaine en friche pourrait-il, lui aussi, rentrer dans ses impôts en vendant plus cher des denrées qu'il n'a pas produites? La situation est évidemment la même, et le droit du cultivateur de reverser sur le consommateur ses charges fiscales me paraît indiscutable.

D'ailleurs, je vous l'ai déjà fait remarquer, ce principe de reversibilité est indispensable à la continuation de toutes les industries: empêchez-les, d'une manière directe ou indirecte, de rentrer dans leurs débours, et vous les empêcherez de vivre. En résumé, comme disait Franklin, comme disait aussi l'un de nous dans une précédente séance, « l'impôt doit s'ajouter au bas de la facture ».

Nous voilà donc arrivé à cette certitude économique : *dans l'échange des produits, il faut tenir compte des impôts qui grèvent le producteur en général, et le cultivateur en particulier.* Dès lors la société, c'est-à-dire la nation, peut-elle, dans ses rapports avec l'étranger, faire du libre-échange absolu, ou, pour mieux dire, de l'échange à volonté, de l'échange *ad libitum ?* Lui est-il permis de s'écarter des lois inhérentes au principe dont elle juge l'emploi profitable? Peut-elle impunément méconnaître la justice due à chacun, s'affranchir sans indemnité préalable des obligations que son existence même la met dans la nécessité de contracter? Elle est en présence d'un droit, celui du producteur, ne doit-elle pas le respecter? Une conduite différente de sa part ne me paraît pas possible, et cette impossibilité morale est d'une telle nature qu'elle doit ressortir aux yeux de tous aussi claire que le jour, aussi simple que le bon sens.

Mais comment faire pour tout concilier dans l'application? Comment atteindre ce résultat difficile en apparence, d'un côté de ne pas arrêter ou empêcher l'échange, et de l'autre de ne pas attenter à ses lois primordiales d'équité? Comment, en définitive, tenir compte, dans les relations internationales, de la situation faite par l'impôt au producteur, spécialement à l'agriculteur? C'est ce que nous allons examiner.

II

Le résultat utile que je viens de vous indiquer peut s'obtenir par deux moyens. Ni l'un ni l'autre assurément ne peuvent donner le point précis de justesse mathématique qu'il serait désirable d'atteindre; mais cependant tous les deux permettent une approximation raisonnable, telle qu'il est possible de l'obtenir dans la plupart des affaires humaines.

Le premier de ces moyens est *la réciprocité*, c'est-à-dire l'ouverture simultanée des marchés étrangers et des nôtres, soit gratuitement, librement, soit avec de faibles droits de balance, équivalents de part et d'autre.

J'avoue que ce n'est pas le moyen qui m'est le plus sympathique, tout en reconnaissant cependant que c'est le plus simple, le plus normal et le plus facile à justifier. Les considérations suivantes vous feront, je le pense, partager ma conviction.

Mettons deux peuples en présence; les Français et les
Russes, si vous le voulez. Le premier dit au second :
— « Je produis du blé, du vin, des bois, etc. ; vous en pro-
« duisez aussi. Tantôt mes récoltes sont bonnes, tantôt
« elles sont insuffisantes; il en est de même chez vous ; de
« là des souffrances d'abondance et de disette, des prix
« avilis ou exagérés; je crois utile, profitable pour tous
« deux de faire cesser cet état de choses fâcheux, et je viens
« vous y convier. Toutefois, comme mes travailleurs sup-
« portent des impôts fort lourds, dont la plus grande partie
« est consacrée à l'entretien des ports et des voies intérieures
« de communication, à la sécurité publique, au maintien
« des lois qui assurent les transactions et les rendent
« lucratives, je ne puis faire jouir vos propres travailleurs
« de tous ces avantages sans une compensation. Je veux
« bien n'exiger d'eux aucune redevance, ou maintenir des
« droits d'entrée très faibles ; mais, par contre, la justice
« de l'échange veut que vous m'accordiez un avantage
« équivalent, par l'entrée libre sur vos propres marchés;
« en un mot, je vous demande la réciprocité. »

Quoi de plus juste, Messieurs, et en même temps de
plus simple, de plus praticable? C'est l'échange dans toute
sa candeur. La société, dans une transaction de cette nature, offre aux producteurs imposés, pour remplir ses
obligations à leur égard, deux marchés au lieu d'un, sans
augmenter en rien leurs charges fiscales. D'un côté, elle les
menace d'une baisse de prix sur certains produits sous
l'action d'une concurrence plus étendue; mais, de l'autre,
elle leur fait espérer une hausse probable en augmentant
l'importance de leurs débouchés. La compensation est complète, car les marchés n'exportent qu'en proportion juste-
tement de ce qu'ils peuvent absorber.

Ce qui me préoccupe dans cette solution, malgré sa

simplicité et sa logique, c'est, d'abord, qu'elle ne nous est pas facultative, elle ne dépend pas de nous seuls, la partie adverse peut très bien ne pas vouloir nous l'accorder. — Ensuite, c'est que nous avons un passé économique, nous ne sommes pas libres de tout engagement antérieur envers nous-mêmes ou envers nos propres concitoyens. Avant d'arriver à la réciprocité, il a fallu passer par un autre régime qui a développé chez nous des situations d'affaires, factices, je l'admets, mais respectables parce qu'elles se sont établies à l'abri des lois et de la foi commune.

Ainsi la situation de nos producteurs de blé est loin d'être identique à celle des producteurs russes. Par l'effet de gouvernements, de révolutions, de guerres ou de faits économiques dont nous sommes tous, Français, solidaires et responsables, les charges fiscales sont plus lourdes chez nous qu'en Russie. Nous payons 54 francs par tête, tandis que le Russe paie seulement 19 francs. — Par suite d'une organisation territoriale et d'un état financier complètement différents, la valeur du sol, cet instrument naturel livré par la société à ses cultivateurs, est dix fois plus considérable dans nos campagnes que sur les bords de la mer Noire, et le prix de la main-d'œuvre ne s'éloigne guère de cette proportion. La réciprocité absolue, dans des conditions si différentes, entraînerait donc pour l'agriculture nationale des froissements d'intérêts désastreux. La plus saine justice commande de les atténuer, soit par une indemnité directe accordée aux industries agricoles compromises pour utilité publique, soit par un système de transition habilement ménagé.

Malgré ces inconvénients visibles, ce système est acceptable au point de vue général de l'échange ; car, à la longue, après la cicatrisation de bien des blessures, il devra finir par sauvegarder les droits de tous. En effet, si certaines industries du pays sont contraintes de vendre à plus bas prix ou de disparaître par suite de la concurrence étrangère, d'autres, au contraire, ayant de nouveaux marchés, de plus larges débouchés, devront arriver à des prix très rémunérateurs et à une plus grande extension d'affaires. En sorte que l'ensemble, sinon chaque partie de la production nationale, sera finalement laissé dans le même état de prospérité. — La science économique peut donc accepter ce premier moyen et travailler à le faire prévaloir, mais toutefois en ménageant les étapes successives de son application.

Plusieurs économistes, cependant, ne sont pas de cet avis : ils prétendent que la réciprocité n'est pas nécessaire pour trouver un avantage dans le libre-échange complet; que nous pouvons tout recevoir sans droits et en payer de très élevés chez nos voisins sans avoir rien à souffrir, qu'au contraire nous y trouverons des bénéfices. Après ce que je vous ai déjà exposé, Messieurs, je ne crois pas nécessaire d'insister sur cette objection pour vous en faire saisir l'inanité. En ne tenant aucun compte de l'impôt dans l'échange, nous savons que l'on viole les intérêts et les droits sociaux des producteurs, cela suffit pour rendre mauvaise toute disposition qui tendrait à ce but injuste. Du reste, à première vue, le sacrifice que cela imposerait aux travailleurs est palpable. Augmenter la concurrence à l'intérieur par la libre introduction, et ne pas en même temps faciliter le débouché à l'extérieur, est une rupture d'équilibre manifeste. Est-il possible qu'il n'en résulte pas une diminution de valeur chez nous? N'est-ce pas, du reste, l'effet que l'on recherche? Le producteur obligé de vendre à meilleur marché, sans aucune certitude de vendre plus cher dans d'autres circonstances, peut-il ne pas trouver sa situation amoindrie, compromise?

Est-ce à dire, comme quelques esprits superficiels le croient et voudraient le faire croire, que les intérêts des consommateurs sont uniquement les seuls à sauvegarder; que la science économique n'a pas à se préoccuper des producteurs, et que la théorie du bon marché quand même doit être la première loi sociale, toujours bonne, toujours profitable ?

Erreur funeste, Messieurs, qui atrophierait d'une manière grave le mouvement et la vie industrielle d'un pays, si par malheur elle pouvait être admise! Égoïsme déplorable qui méconnaît les droits du travail et des travailleurs, et a pour perspective ou l'esclavage, ou la misère ! — L'esclavage autrefois, parce que la société, en ne payant ses travailleurs qu'à coups de verges, n'avait en vue, dans cette révoltante économie, que l'avantage, l'unique intérêt des citoyens consommateurs. — La misère aujourd'hui, parce qu'en poussant à l'extrême l'amour du bon marché, on arrive à payer insuffisamment l'ouvrier et à le conduire à sa ruine matérielle et morale.

Non, le bon marché ne s'improvise pas! il ne dépend ni d'un décret, ni d'une institution douanière; il est, en raison et en droit, la rigoureuse conséquence des progrès accomplis, des perfectionnements réalisés; il découle des bénéfices du travail sagement utilisés, et ce n'est pas en supprimant ces bénéfices qu'il est possible de l'augmenter ou d'y prétendre. En vérité, la ruine des producteurs qui nous entourent ne préparent-elles pas tôt ou tard la nôtre? Habitant un même pays, soumis aux mêmes destinées sociales, ne sommes-nous pas tous solidaires? et le jour où le cultivateur, obéré par ses ventes à trop bas prix, ne pourra plus payer ses charges fiscales, ne retomberont-elles pas sur nous-mêmes, et cela d'autant plus lourdement que nous serons moins nombreux à les supporter? — En vérité

aussi, que sert, au point de vue de la prévoyance humaine,
d'avoir les produits aujourd'hui à bon marché, si demain
la cherté doit en être la conséquence fatale? A quoi sert de
contraindre les agriculteurs, par une législation irréfléchie,
à diminuer leurs bénéfices, si vous les provoquez en même
temps à abandonner leurs cultures, à amoindrir leur production, à fuir et à détester la terre? Ne voyez-vous pas
qu'une fois ce triste résultat accompli, l'étranger augmentera ses prétentions et ses prix courants, qu'il fera payer
cher sa supériorité, et qu'en réalité notre intérêt sérieux,
notre intelligence de consommateur est de maintenir intacte
la concurrence intérieure? — Vous ne voulez point de monopole, celui du producteur national vous obsède, et vous
avez raison; mais alors pourquoi nous en préparer aveuglément un autre, plus rigoureux, plus menaçant pour
notre indépendance! Si ce n'est pas une grande faute, c'est
bien certainement une malheureuse inconséquence. — Ne
voyez-vous pas encore que l'abandon des campagnes, provoqué par des prix insuffisamment rémunérateurs, apporte
l'encombrement dans toutes les carrières libérales ou industrielles, et en même temps y fait naître une concurrence anormale? En sorte que l'élévation des frais généraux,
la diminution des bénéfices détruisent et au-delà l'avantage
minime procuré par le bas prix factice des produits agricoles. De toute cette théorie du bon marché quand même,
il ne reste, en somme, qu'une rupture d'équilibre, mettant
le trouble et l'inquiétude dans tous les intérêts; désorganisation dont aujourd'hui même nous commençons à res-
sentir la déplorable influence. Que d'autres considérations
intéressantes sur la domesticité, sur la moralité publique,
sur le taux des salaires, pourraient découler de ces aperçus! Mais je m'arrête dans cet ordre d'idées, Messieurs,
pour ne pas trop m'éloigner de mon sujet.

Une autre objection contre la réciprocité est celle-ci :
« Mais, dit-on, chaque contrée, chaque climat a sa spécialité; cultivons chez nous seulement les végétaux que nous
sommes particulièrement aptes à produire, nous n'aurons
plus à nous préoccuper de l'étranger. Tant pis pour ceux
qui travaillent à contre-sens, courent après l'impossible;
nous n'avons pas à prendre souci de leur mécompte, ni à
les indemniser en aucune façon. » Cela est très juste, je le
reconnais; mais ce n'est pas précisément ici la question.
Elle repose uniquement sur les exigences de la politique et
de la fiscalité, qui n'ont rien de fatal ou d'impérieux comme
celle du climat ou de la nature.

Prenez deux marcheurs d'égale force; attachez sur les
épaules de l'un un poids de cent livres, et seulement un
poids de dix livres sur celles de son concurrent. Il ne vous
faudra pas une grande sagacité pour deviner quel est celui
qui arrivera au but le dernier, si toutefois il y arrive; serez-
vous bien-venu, dans une telle circonstance, à le gour-
mander de son insuccès, à lui reprocher son inintelligence
des lois de la marche, ou sa faiblesse naturelle? Il vous
répondrait comme le cultivateur : — « Mettez-moi dans
« des conditions de charges identiques, débarrassez mes
« épaules que vous avez surchargées, et alors vous pour-
« rez parler de mon incapacité; mais au nom du sens
« moral, n'aggravez pas par la dérision l'injustice de votre
« procédé! » — Mes contradicteurs ne mériteraient-ils pas
la même réponse ?

Bien d'autres arguments pourraient être présentés aux
antagonistes de la réciprocité; je n'insisterai pas sur ce
point, me fiant à vos lumières, Messieurs, à celles du bon
sens, pour vous faire saisir dans ses moindres parties la
justesse de ce principe ; que la réciprocité est un élément

naturel de l'échange, et pour vous ranger, comme moi, au nombre de ses partisans convaincus.

III

Le second moyen capable de sauvegarder dans les relations internationales la complète équité de l'échange et la valeur de l'impôt, est le suivant, qui découle d'une manière directe de l'énoncé du théorème :

Il faudrait soumettre, à l'entrée en France, toutes les denrées étrangères similaires aux nôtres à un droit fiscal équivalent aux charges gouvernementales de toute nature supportées par les produits de nos nationaux.

Cette mesure, facile à comprendre et à exécuter, me paraît la meilleure à adopter. Elle sauvegarderait à la fois les droits du producteur et les intérêts bien compris du consommateur. Tout en détruisant le monopole de nos industries par l'obligation de compter avec l'étranger, elle soumettrait l'échange international aux conditions nécessaires de justice, puisque la société serait mise à son tour dans l'obligation de tenir compte aux producteurs des impôts qu'elle-même leur a départis.

La conduite des autres nations, soit en maintenant leurs droits élevés, soit en les abaissant dans la proportion des nôtres, n'empêcherait pas l'échange de conserver son caractère d'équité. Nous leur vendrions peut-être, suivant l'esprit de leurs tarifs, un peu moins ou un peu plus de nos produits; nous achèterions des leurs dans une égale proportion ; mais au moins nous conserverions à nos producteurs la possibilité de vivre. Nous introduirions sur nos marchés une concurrence sérieuse, suffisante pour les garantir des monopoles, des privilèges et des prix exagérés,

mais en même temps nous n'aurions plus à nous préoccuper des fautes économiques du passé, du préjudice occasionné par nos propres erreurs; accumulées toutes dans
l'impôt et dans le budget, elles seraient portées en compte
à la frontière. Si la société a contracté des dettes, si elle a
grevé ses travailleurs de charges de toute nature, atteignant
pour le moins un taux de 20 à 25 p. o/o de la valeur de leurs
produits, en compensation elle leur procurerait un moyen
général de les répartir équitablement sur tous.

Et ne croyez pas, Messieurs, que ce système arriverait
à affranchir le producteur de tout impôt. Aucun individu
n'a le caractère de producteur, sans avoir en même temps
celui de consommateur, et, comme tel, sans avoir ses
charges à supporter, sa part des dépenses sociales à payer.
Cela est important; ne faisons pas de confusion dans les
idées pas plus que dans les mots. Il n'est pas question de
créer des injustices, mais bien de redresser celles qui existent. Il n'est pas question de faire retomber sur une seule
classe de la société les charges de l'État, mais bien de les
reporter en sous-ordre uniformément, équitablement sur
toutes.

Quoi ! parce qu'un homme plus actif, plus intelligent que
ses confrères, pourra administrer une grande terre, faire
marcher plusieurs usines, pourra, aidé de son capital ou
d'un capital d'emprunt, produire dix fois plus qu'eux, il
devra être imposé personnellement dix fois plus, nul n'aura
l'obligation de participer à ses charges fiscales, seul il su-
bira des taxes d'autant plus élevées que son capital-outil
sera plus grand ou qu'il aura travaillé davantage? Est-ce
rationnel? Est-ce juste? L'activité du travail individuel,
dites-vous, c'est la richesse sociale ; et vous accableriez le
travail dans sa source, vous le décourageriez, vous le puni-
riez en quelque sorte en raison de son importance. Quel

aveugle encouragement à la paresse et à l'inaction ! — Sans doute les capitaux placés sous la main de tout grand travailleur peuvent être taxés, mais seulement à titre unique d'avances à l'État pour compte des consommateurs ; c'est bien assez pour lui d'en assumer le débours et les risques, et d'être menacé par toute crise sociale imprévue d'un ruineux *laissé-pour-compte*.

Maintenant, si cet homme, grand cultivateur ou riche industriel, se donnait, grâce à ses beaux bénéfices, un train de vie considérable, dépensait beaucoup, oh ! alors il devra payer beaucoup, et cela en proportion même de sa consommation. Dépense-t-il, par exemple, 100,000 francs chaque année, tous les objets de consommation étant grevés uniformément de 20 p. o/o, ce sera une somme de 20,000 francs qu'il paiera indirectement à l'État ; mais s'il ne dépense pas plus que le petit cultivateur voisin, il sera imposé comme lui, il accumulera sans troubles les bénéfices de son industrie ; s'adonnant à l'épargne, ce principe fécond pour tous, il augmentera la richesse sociale en augmentant la sienne. Telle est la base élémentaire de l'action fiscale, celle que nous subissons sans en avoir conscience, et qu'au nom des plus chers intérêts de la société, il est nécessaire de ne pas compromettre. Réfléchissez-y, et vous vous convaincrez qu'elle seule permet de faire concourir la richesse mobilière aux charges publiques, qu'elle seule encourage, développe le travail, le progrès, la civilisation.

Rien, dans cette manière de comprendre l'impôt et de l'établir, ne lèse une classe quelconque de la société. L'impôt sur le revenu est trouvé le plus juste, le plus rationnel par la science économique ; est-ce donc que celui proportionné à la consommation individuelle n'a pas un caractère identique ? Qu'est-ce véritablement que la dépense personnelle, si ce n'est l'emploi d'une partie importante des revenus de chacun, quelle qu'en soit la nature ? J'abandonne avec confiance cette pensée à vos mûres réflexions, Messieurs, certain qu'elle ne pourra qu'y grandir.

Revenons à notre second système d'échange. Le principal argument qu'on lui oppose est tiré de la conduite économique de certaines contrées voisines, notamment de l'Angleterre qui cependant n'a parlé que de *free-trade*, ou de libre-commerce. Mais que vaut cette raison spécieuse, en présence de la marche tout à fait contraire des États-Unis, nation tout aussi éclairée, tout aussi prospère ? Nous est-il possible, d'ailleurs, de sonder toutes les considérations politiques, gouvernementales, machiavéliques quelquefois, qui déterminent la conduite des hommes d'État, serait-ce même de Cobden ! Nous n'avons ici à juger les choses qu'en vue des droits immuables de la science, de la vérité et de la justice ; c'est notre flambeau, celui qui tôt ou tard sans doute finira par éclairer le monde.

« Mais vous êtes protectionniste, me diront certains libre-échangistes endurcis, vous êtes pour les privilèges et l'exploitation de l'homme par l'homme ; ce sont des théories qui pour toujours ont cessé de vivre. » — Je repousse, Messieurs, une aussi injuste accusation.

Dans ma pensée, des droits limités aux charges fiscales, c'est-à-dire des *droits fiscaux*, sont assez réduits pour détruire le monopole intérieur et avec lui tout privilège industriel. La protection qu'ils peuvent donner est réduite uniquement à celle que la loi accorde à tout le monde dans la vie politique et civile. Protection sage, légitime, avouable, que je crois nécessaire d'étendre à la vie économique de la nation, aussi précieuse à sauvegarder que toute autre.

Je trouve, comme mes adversaires, mauvais, déplorable qu'à l'abri de droits élevés, certains travailleurs exploitent leurs concitoyens ; mais je trouve plus mauvais encore que la société, par des droits trop faibles, spolie, pressure quelques-uns de ces travailleurs. En un mot, je suis simplement mais fermement dévoué à cette doctrine toujours vivante de charité chrétienne : *Ne faites pas à autrui ce que vous ne voudriez pas qu'on vous fît à vous-même.* Si c'est là de la protection ou de l'exploitation, elle est à la fois sociale, économique et morale, et tel que tout bon citoyen puisse l'accepter et la défendre.

J'arrêterai là mes arguments, Messieurs; les compléter serait fatiguer votre bienveillante attention; mais il me semble avoir montré que la marche douanière consistant à mettre des droits à l'entrée égaux à nos charges fiscales directes ou indirectes, apporterait dans l'échange un caractère réel d'équité, et que, par suite, nous devons désirer qu'elle soit promptement mise en pratique. Cette opinion ne m'est pas personnelle d'ailleurs : l'un de nos plus grands économistes, M. Léonce de Lavergne, est au nombre de ses défenseurs chaleureux. Permettez-moi de vous en convaincre par une citation :

« De tout temps, dit-il, les économistes qui ont le plus
« combattu les droits protecteurs, ont admis les droits
« fiscaux.

« Quelques casuistes de l'économie politique, exagérant,
« comme il arrive toujours, la doctrine des maîtres, s'éver-
« tuent aujourd'hui à montrer qu'un droit fiscal peut deve-
« nir, dans une certaine mesure, un droit protecteur. Cette
« objection exclurait tous les impôts, car tout impôt sur
« un produit est nécessairement protecteur des autres. Il
« suffit, pour donner à un impôt son caractère, qu'il soit
« établi dans un intérêt purement fiscal, et non dans un
« intérêt protecteur. D'autres ont allégué que les produits
« étrangers, ayant payé l'impôt dans leur propre pays, ne
« peuvent pas être imposés à leur entrée en France sans

« payer deux fois. L'objection a encore une portée trop
« générale, elle s'adresse à tous les droits de douane sans
« exception. Les produits qui passent d'un pays dans un
« autre paient en effet deux fois, parce qu'ils ont profité
« successivement de l'organisation économique des deux
« pays, et qu'ils doivent en supporter les charges. Nos
« propres produits, quand ils vont en pays étrangers, sont
« soumis à la même loi, et c'est justice. » (*Revue des
Deux-Mondes*, du 15 avril 1866.)

Dans l'enquête agricole récemment terminée, la majorité
des agriculteurs a aussi partagé la même opinion et demandé un droit fiscal sur les céréales. Nul doute que tous
les déposants ne se fussent ralliés à cette demande, s'ils
avaient été mis en mesure d'en comprendre toute la portée
égalitaire et économique. Je serais heureux, si mes faibles
efforts pouvaient contribuer à la rendre populaire et en
même temps à attirer sur elle votre précieuse sympathie.

IV

Avant de terminer, je vous soumettrai, Messieurs, une
courte et dernière observation.

Quelques-uns d'entre vous pourraient peut-être se demander si, en condamnant le libre-échange et en glorifiant
la liberté commerciale, il n'y aurait pas contradiction.
Déjà je vous ai soumis ma pensée à cet égard, mais je crois
nécessaire de la développer encore.

Commercer, c'est échanger, dit-on. Soit, je le veux bien ;
est-ce une raison cependant pour admettre la réciproque et
dire qu'échanger soit la même chose que commercer ? Tous
les jours on échange des poignées de main, et je ne sache
pas qu'on en fasse le commerce. Il y a donc tout d'abord

dans ces deux mots, *commerce* et *échange*, une différence radicale.

Mais ce n'est pas tout. La liberté du commerce n'implique pas, comme celle de l'échange, l'absence obligée de tout droit d'entrée, de toutes formalités utiles ou nécessaires aux transactions. Faire, sans gêne administrative, de l'échange réglementé, c'est-à-dire soumis aux obligations nées du fait des individus ou de la nation, c'est toujours faire du libre-commerce. Des droits de douane modérés, n'arrêtant pas les affaires, ne nuisent pas plus au négociant, que les droits de plaçage sur les marchés ne nuisent au marchand forain.

Sans doute l'exagération les rendrait préjudiciables, de même que celle du plaçage le serait pour le petit marchand. Aussi les commerçants ont un intérêt réel à demander que l'échange ne soit pas systématiquement empêché et ne subisse des taxes qu'en proportion des frais nécessaires à l'entretien du grand marché de leur pays. En définitive, ne pas compliquer les formalités dans les transactions, ne pas mettre de barrières inutiles, n'imposer à l'échange que des règles d'équité, c'est ce que le commerce désire ; dès qu'il jouira d'un tel régime, il se déclarera satisfait et libre.

Aussi ma conclusion personnelle sur ce grave sujet est de nous mettre franchement sous la bannière de la liberté commerciale, comme des citoyens distingués l'ont déjà fait parmi nous. C'était bien leur seule pensée, quand, il y a vingt ans, ils disaient dans leur manifeste : « La douane « doit être un instrument fiscal et non pas un instrument « de protection. » Acceptons ce noble héritage ; mais abandonnons en même temps sans scrupule la théorie du libre-échange *absolu*, ou de l'échange *ad libitum*, qui peut être une source d'erreur.

Faisons, Messieurs, cette utile réforme dans nos esprits ;

ne sacrifions pas aveuglément des intérêts légitimes à la
passion de la liberté! Soyons des hommes de notre temps,
capables de mettre de la justice dans l'échange comme
partout, et nous contribuerons non-seulement à la richesse
de notre agriculture, cette vivante partie de nous-mêmes,
mais à celle de notre belle patrie. Nous assurerons dans
l'ordre économique le bien-être, le bonheur de tous et de
chacun : œuvre grande, précieuse, féconde; œuvre de tous
les temps et de tous les jours, que je me permets en finis-
sant, Mesdames et Messieurs, de confier à votre cœur et à
votre esprit.

NOTES

SUR

LA QUESTION DES CÉRÉALES

(1866)

NOTES

SUR

LA QUESTION DES CÉRÉALES

PRÉSENTÉES A LA

SOCIÉTÉ D'ÉCONOMIE POLITIQUE DE LA GIRONDE

(1866)

———

I

Messieurs,

La nouvelle législation douanière sur les céréales a permis l'entrée en France des blés étrangers, moyennant le faible droit de 50 centimes par 100 kilogrammes, droit qui peut être encore diminué par des dispositions particulières relatives à la sortie des farines. Cette loi ne me semble pas équitable envers le cultivateur français, surtout en ce qui concerne la quotité du droit, et c'est spécialement à ce point de vue, Messieurs, que j'ai à vous présenter quelques considérations. Bien entendu, elles seront applicables à plus forte raison aux menus grains, seigle, avoine, maïs, etc., qui sont admis en toute franchise et n'acquittent même pas en douane la taxe minime établie sur les blés.

Comme tous les économistes, je désire la liberté commerciale, principe bon, vrai et réellement civilisateur ; mais cette liberté ne peut être indéfinie, elle a des obligations à remplir, et doit, ainsi que toutes les autres, être maintenue dans certaines limites pour ne pas porter atteinte à un principe tout autrement grand, tout autrement fécond, celui de la justice.

Dans l'état actuel de notre organisation fiscale, le cultivateur français paie, au profit de la société commune, des impôts directs ou indirects et des droits énormes de mutation sur les terres, son outil principal; il supporte les charges de prestation, de conscription, et autres, qui se résument en sacrifice de temps ou de travail, et finalement en perte d'argent. Ces pertes réunies représentent des sommes considérables qui viennent grever l'exploitation de notre sol.

Cette situation économique est fâcheuse; mais elle existe, et l'on doit forcément en tenir compte tant qu'elle n'aura pas été modifiée. Une de ses conséquences tacite et rigoureuse est d'élever la valeur des denrées agricoles, celle des céréales en particulier. Car nécessairement il faut que le cultivateur, après avoir payé ses redevances aux capitaux, ses ouvriers, et ses divers fournisseurs, trouve dans le prix de vente de son blé une somme suffisante pour payer ses impôts et le faire vivre. S'il n'élevait pas le prix suivant ses débours, comment pourrait-il les continuer ? Où prendrait-il l'argent nécessaire, lorsque surtout les bénéfices suffisent à peine pour le faire vivre ?

Quand les contributions se payaient en nature, la question, bien que la même au fond, pouvait paraître douteuse; mais aujourd'hui où presque toutes se soldent en argent, elle est de la dernière évidence, et les charges ou droits intérieurs sur les terres ne sauraient être doublés sans que la nation ne subisse une élévation correspondante dans la valeur de tous les produits du sol.

Donc, Messieurs, dans les conditions fiscales qui nous régissent, le prix du blé, comme le prix de toute autre marchandise, doit être augmenté de la part des taxes supportées par la production. En un mot, les taxes constituent un élément essentiel des frais généraux de toutes les industries.

Ce principe admis, il en résulte naturellement que l'acheteur, et, par son intermédiaire, le consommateur a, en définitive, mission de rembourser à la culture ses avances d'impôts ; sauf pourtant la portion afférente aux produits consommés sur place par le producteur lui-même. Ainsi, par exemple, un propriétaire obtenant de ses terres 100 hectolitres de blé, et en prenant 10 pour sa consommation, doit être remboursé, par la vente de sa récolte, des neuf dixièmes des taxes qu'il a payées, et il doit supporter le dixième restant.

En cela réside véritablement la justice, et, bien plus, c'est le seul mécanisme possible dans les sociétés modernes, fondées sur la liberté et l'égalité du travail. Aussi, toute loi qui tend à fausser ou à empêcher cette commune répartition des charges, ne peut être reconnue ni bonne, ni équitable.

Ce reproche s'applique directement à la loi des céréales. — En adoptant le chiffre de 50 centimes pour les droits d'entrée des blés, elle ne s'est pas du tout préoccupée de savoir si c'était bien la somme égale payée à l'État par le cultivateur sur chaque hectolitre produit, ou l'équivalent des frais généraux qui surélèvent le prix de sa denrée ; elle n'en a tenu aucun compte ; et le droit actuel, bien au-dessous de ce qu'il devrait être, est de pure fantaisie, et ne constitue pas une compensation juste entre les intérêts en présence du producteur et du consommateur.

Évidemment il n'est pas possible d'admettre que le prix des blés soit tout à fait indépendant de la réduction des droits de douane, et soumis seulement à la loi de l'offre et de la demande locale, ou à l'importance de nos propres récoltes. Comment croire, en effet, que des droits de douane élevés font augmenter la valeur des denrées et nuisent aux consommateurs, sans admettre que les droits réduits produisent un résultat inverse ! Comment croire que les prix s'établissent uniquement sur les données de la production intérieure, quand l'offre étrangère est en permanence sur nos principaux marchés, et que chaque pays a des conditions très différentes d'organisation foncière, de frais de culture et de réussite dans les récoltes !

On ne peut pas non plus prétendre que le coût des transports représente une consommation fiscale suffisante, et empêche les céréales étrangères d'influencer le prix des nôtres : car le voisinage de certains pays de production et les progrès de l'industrie maritime rendent souvent les frais de déplacement très minimes.

D'ailleurs, il est essentiel de remarquer que, si les transports sont un avantage pour l'agriculture française quand ils opèrent l'importation, ils sont pour elle un désavantage réel dans l'exportation, et qu'en bonne justice ces deux influences contraires doivent s'équilibrer.

D'ailleurs aussi, cette nature de charge, indéterminée dans ses éléments et confuse dans ses effets, est toujours restée indépendante et distincte du droit commun. On ne peut pas plus l'invoquer dans les relations extérieures qu'on ne le fait dans les relations intérieures, où le fisc ne subordonne point les impôts aux frais de transport qu'on peut avoir à payer pour arriver à l'écoulement de ses produits.

Aussi il me paraît résulter de ces diverses considérations : que les lois nouvelles favorisent le consommateur en compromettant les justes intérêts du producteur; et qu'en outre, elles établissent un privilège en faveur du cultivateur étranger. C'est de la *protection à rebours*, mettant de forts droits sur la marchandise créée à l'intérieur, au lieu d'en mettre sur celle créée à l'étranger. C'est de la protec-

tion sans excuse, développant le travail fait hors de nos
frontières au lieu de soutenir celui de notre pays.

On objecte, il est vrai, que le législateur n'a eu et ne
devait avoir en vue que le consommateur français ; que le
droit de 50 centimes est encore, pour le producteur national, un avantage, un privilège dont il faudrait même
demander la suppression, attendu que tout le monde a ses
charges directes, ses impôts personnels, et que chacun doit
supporter les siens sans les faire retomber sur autrui.

Ce raisonnement renferme, Messieurs, une erreur économique considérable, malheureusement trop répandue, et
il serait bon d'en faire justice. C'est surtout sur ce point de
la question des céréales que je serais désireux de voir notre
Société d'économie politique porter son attention et rechercher la vérité.

Pour ma part, je trouve souverainement injuste et ruineux pour le pays de favoriser nos consommateurs aux
dépens de nos producteurs, en empêchant ces derniers de
récupérer d'une manière certaine la part d'impôt supportée
par leurs produits ; en les empêchant, en quelque sorte, de
devenir consommateurs à leur tour. Je considère aussi que
les taxes sur la production et les taxes sur la consommation sont d'une nature complètement différente, et que
leur assimilation est une erreur grave qu'il ne faudrait pas
commettre. Les hommes ont des aptitudes inégales dans
la production comme dans la consommation ; et s'il est
juste que celui qui consomme beaucoup paie beaucoup, il
est au contraire inique que l'homme utile soit imposé d'autant plus lourdement qu'il produit ou travaille davantage.
C'est violer la liberté du travail, c'est nuire aveuglément à
la prospérité du pays, et porter atteinte à la base même de
notre organisation économique et sociale.

Je ne crois pas, en enfin, qu'il soit vrai de dire que le

travailleur est obligé de supporter tous ses impôts sans les faire retomber sur autrui. Les premières considérations que je vous ai soumises le démontrent sûrement ; et non seulement une pareille théorie est fausse, mais encore son exécution est irréalisable, impossible. Peut-on, par exemple, empêcher les propriétaires d'immeubles d'augmenter le prix de leurs loyers en raison des impôts que supportent leurs maisons, et les débitants de vin ou d'autres denrées de faire retomber sur le consommateur les droits afférents à leurs marchandises ou à leurs magasins ? Pourquoi dès lors ne pas tenir compte de cette précieuse faculté, particulière à beaucoup de professions ou d'industries, à certains emplois de capitaux, de n'avoir à redouter que la concurrence intérieure ou locale, et d'être tout à fait affranchis de l'influence ou de la pression étrangère ? — Privilège immense qui soulève de sérieuses réflexions et explique comment, dans bien des cas, en croyant faire de l'égalité législative ou économique, on est arrivé à favoriser de grandes inégalités sociales, et à compromettre l'équilibre nécessaire entre les principales branches de l'activité humaine, entre les diverses forces vives du pays ! Comme preuve on peut citer, en agriculture, l'abondance des récoltes qui, par une étonnante anomalie, est devenue une cause de ruine pour les campagnes.

Si donc, par des circonstances naturelles ou particulières, la reversibilité des charges existe rigoureusement pour un grand nombre d'industries, pourquoi n'existerait-elle pas de plein droit pour toutes? Et au nom de quel principe équitable le producteur de céréales, par exception, en serait-il privé? — On a invoqué le paupérisme, ou la nécessité, pour les classes pauvres, d'obtenir le pain à bon marché; mais peut-on sérieusement espérer guérir la misère par d'autres misères, et est-il sage d'ailleurs de mettre légalement de la philanthropie bien ou mal comprise à la place de la justice ?

D'un autre côté, je crois que c'est s'arrêter trop légèrement à la surface des choses, de ne considérer les impôts qu'au moment de leur première répartition, et que le bon droit exige une investigation plus étendue et la recherche de l'égalité dans la répartition en sous-ordre et définitive. Par conséquent, le législateur se trompe, selon moi, quand il a seulement en vue les charges apparentes et non pas les charges réelles de chacun, et quand il suppose que tous les consommateurs et tous les producteurs sont dans des conditions économiques similaires parfaitement équilibrées.

Ensuite, Messieurs, au point de vue de l'intérêt général, il me paraît très singulier qu'un cultivateur ou un ouvrier étranger, traversant la frontière et venant s'établir en France, soit aussitôt soumis aux charges communes et paie des impôts, tandis que celui restant à quelques pas hors de ces mêmes frontières puisse, pour l'écoulement de sa marchandise, profiter gratuitement de nos marchés, de nos travaux publics, de notre législation, enfin de tout ce qui constitue notre gouvernement. Est-ce que le travail inhérent à la personne est d'une autre nature que celui accumulé dans un hectolitre de blé ou de tout autre grain ? et existe-t-il des raisons assez puissantes pour créer une immunité en faveur du travail de nos voisins, au point de le protéger et de le faire progresser à l'encontre de celui de nos nationaux ?

Si, du moins, on pouvait se prévaloir du principe : *service pour service;* si on pouvait dire : Nous ouvrons gratuitement nos ports et nos marchés, mais en compensation les nations étrangères nous ouvrent les leurs; ou encore : Nous ne prenons qu'un droit de 2 pour cent sur les blés russes ou américains, mais ces peuples ne prennent à leur tour qu'un droit de 2 pour cent sur nos céréales, nos vins et nos autres produits agricoles d'exportation; je comprendrais mieux, dans ces conditions, les nouveaux traités. A un point de vue général, cette réciprocité amènerait avec le temps une compensation réelle, avantageuse pour tous, bien que, au début, les intérêts d'un grand nombre de producteurs pourraient être très injustement froissés ou compromis par les inégalités considérables de l'organisation intérieure de chaque État. Mais ce ne sont pas ces bases qui ont présidé à la législation nouvelle sur les céréales; on a ouvert nos ports sans exiger un avantage équivalent. — En Amérique, nos blés paient 3 fr. par hectolitre, et nos vins 75 pour cent environ de leur valeur. En Russie, nos blés paient 13 fr. 70 c. par hectolitre, et nos vins 510 fr. par tonneau et 3 fr. 60 c. par bouteille.

On a donc fait du libre-échange pratique, sans se demander si la base indispensable de son adoption n'était pas une complète réciprocité, et si la période de transition n'entraînait pas l'établissement d'un système d'indemnités compensées entre les différents producteurs du pays. On a cru, sans doute, que cette nouvelle doctrine trouverait son contre-poids naturel dans cet autre principe : que les produits s'échangent contre les produits, d'où il résulte que l'importation est dépendante de l'exportation; mais on n'a pas pris garde que cette loi économique, si elle règle le mouvement d'ensemble des marchandises et l'empêche d'être désordonné, ne saurait de même agir sur les prix, les maintenir dans d'équitables limites, et les subordonner aux conditions de fiscalité spéciales à chaque nation.

Faut-il pour cela regretter les anciens droits protecteurs, revenir à l'échelle mobile, et tomber d'une exagération dans une autre? Ce n'est pas là ma pensée, Messieurs; mais, en vue de l'intérêt des cultivateurs, comme en vue de l'intérêt général, j'établis en principe qu'une réciprocité complète ne nous étant pas accordée, il y a urgence, nécessité et justice à mettre des droits de douane à l'entrée équivalent aux charges de l'État supportées par les producteurs français; c'est-à-dire, de faire contribuer les produits agricoles importés aux dépenses du pays dans la proportion qui grève actuellement les nôtres.

Par suite, il faudrait faire une étude spéciale, et rechercher avec soin la somme d'impôts qu'ont à payer, en moyenne, nos agriculteurs sur leurs récoltes de céréales, afin de déduire de cette somme la base approximative du droit à percevoir en place de celui de 50 centimes, qui ne repose sur rien et me paraît tout à fait insuffisant.

On ferait disparaître ainsi une des causes de ruine (car malheureusement ce n'est pas la seule) de la partie la plus importante, la plus précieuse de notre agriculture; de celle qui procure le pain, l'alimentation par excellence de la France; de celle qui, plus que toute autre peut-être, mérite et exige, au nom de l'indépendance et de la sécurité du pays, de ne pas être entravée par des mesures injustes et irréfléchies.

La science économique, science du progrès et de la richesse par le travail, ne saurait être contraire à cette mesure réparatrice : car ses sages principes ne doivent pas être en désaccord avec la justice, et tendre à maintenir ou à aggraver la gêne, on pourrait dire la misère, du plus grand nombre de nos travailleurs agricoles; et ses meilleures théories, celles de la liberté des échanges en particulier, ne doivent pas certainement, dans l'application, se dispenser de tenir compte de l'organisation fiscale, léguée par les erreurs du passé, organisation des plus vicieuses, qu'avant toute réforme commerciale il eût été juste de faire disparaître ou de rectifier.

En résumé, Messieurs, le progrès des idées économiques, comme celui de toutes les idées vraiment civilisatrices, doit, ce me semble, s'accomplir en se subordonnant aux faits antérieurs, en sauvegardant les droits acquis et les intérêts graves des travailleurs, c'est-à-dire en ne nuisant, dans aucune circonstance, au progrès matériel de l'humanité!

II

Messieurs,

Je vous ai déjà présenté, sur la question des céréales, quelques considérations au point de vue du droit et de la justice; mais ce ne sont pas les seules qu'on puisse invoquer en faveur d'un droit d'entrée sur les blés étrangers plus élevé que celui de 50 centimes par 100 kilogrammes. L'étude des faits vient aussi démontrer la nécessité d'une meilleure législation.

I. — On ne peut pas douter que le prix de 15 ou 16 fr. pour l'hectolitre de blé ne soit ruineux pour nos cultivateurs; trop de souffrances le révèlent, trop de témoignages l'affirment, pour que ce fait n'ait pas tous les caractères de l'authenticité; du reste il est facile *a priori* de concevoir ce fâcheux résultat et de s'en rendre compte.

Dans nos campagnes, depuis vingt ou vingt-cinq ans, le prix de la main-d'œuvre a plus que doublé; les journées d'homme, payées autrefois 1 fr. à 1 fr. 50, se paient maintenant 2 fr., 3 fr. et au delà. — La valeur des animaux employés aux labours, aux transports, à la fabrication des fumiers, a presque doublé aussi. Une paire de bœufs ou un bon cheval de ferme, se vendant jadis 450 à 600 fr., vaut aujourd'hui couramment de 800 à 1,100 fr. — Les impôts directs se sont accrus de 30 centimes additionnels environ.

La valeur du sol, sous l'influence de l'accroissement de la
population et de l'accumulation des capitaux, a fait comme
le diamant, elle a augmenté de valeur relative, et les fermages ou la rente de la terre se sont élevés dans le rapport
de 2 à 3, ou tout au moins dans celui de 3 à 4; en sorte
que le prix de 15 à 16 fr. donne en ce moment au cultivateur la perte que le prix de 9 ou 10 fr. lui aurait donnée
il y a vingt-cinq ans. Quelques chiffres suffiront pour
rendre cette appréciation sensible et incontestable.

Le prix de revient du blé varie avec la nature des terres,
avec l'organisation agricole de chaque région; il faut donc
l'apprécier entre des limites extrêmes pour se rapprocher
le plus possible de la vérité. De nos jours, avec un rendement de 13 à 14 hectolitres par hectare en moyenne, ce
prix peut, d'après des recherches nombreuses, se décom-
poser ainsi :

F. 7 à 8 pour frais de main-d'œuvre, labourage, semence,
                sarclage, moisson, etc.
    4 à 5   —   engrais, amendement.
    2 à 3   —   impôts directs, enregistrement, etc.
    4 à 5   —   intérêt ou fermage et frais généraux.

Soit F. 17 à 21 en totalité.

Une grande récolte fait diminuer ces limites; une mauvaise année, au contraire, les augmente et les double
presque, quand le résultat obtenu se réduit à une demi-
production. Ce désastre agricole s'est présenté tous les huit
ou dix ans en France, et certainement il devra se représenter encore dans l'avenir.

D'après ces données, quel pouvait être le prix de revient
il y a vingt-cinq ans? En admettant le rendement de 11 à

12 hectolitres par hectare, fixé par les statistiques, et en
tenant compte des différences considérables déjà signalées
dans le montant des frais, on trouve, par des appréciations
proportionnelles très simples, savoir :

F.	4	» à	5	» pour la main-d'œuvre, au lieu de	F.	7 à 8
	3	» à	4	» d'engrais.......	—	4 à 5
	1 75 à		2 75	d'impôt.........	—	2 à 3
	3	» à	4	» d'intérêt.............. ..	—	4 à 5
F.	11 75 à		15 75	en totalité........... ... au lieu de	F.	17 à 21

De telle sorte que le cultivateur d'autrefois, vendant son
blé 14 ou 15 fr. et même 12 fr., pouvait ne pas être en
perte ; il lui aurait fallu baisser ses prix jusqu'à 9 ou 10 fr.
pour se trouver dans des conditions identiques à celles qu'il
subit en ce moment; conditions si déplorables, que fatalement elles ne lui permettent pas de continuer son industrie
sur les mêmes bases, et de vivre.

II. — Les conséquences de cette fausse situation, si elle
est maintenue, sont faciles à prévoir. Selon un adage populaire, on ne peut pas toujours faire la guerre à ses dépens;
et, menacé de ruine, le cultivateur, de gré ou de force, cessera ou du moins diminuera beaucoup ses emblavures;
c'est, du reste, le conseil et le remède infaillible qu'on lui
propose de toutes parts. La production actuelle de la France,
estimée en moyenne à 100 ou 105 millions d'hectolitres,
baissera naturellement peu à peu et devra se rapprocher
de la consommation ordinaire, soit 85 à 90 millions d'hectolitres, diminuée des 5 ou 6 millions d'hectolitres de blé
étranger introduit sur nos marchés; c'est-à-dire qu'elle
descendra vers une production moyenne de 80 millions
d'hectolitres environ, seule susceptible de ramener les prix

au-dessus de 20 ou 21 fr., et de les maintenir assez haut
pour permettre chez nous la continuation de la culture de
ce grain. Il faut remarquer incidemment que l'élévation
des prix augmentera l'importation étrangère, et diminuera
d'autant la culture intérieure; c'est donc rester au-dessous
des probabilités en calculant sur une production normale
réduite, par l'effet de la nouvelle législation, au chiffre de
75 à 80 millions d'hectolitres.

Maintenant, qu'adviendra-t-il en présence d'une disette
ou d'une très mauvaise récolte? Au lieu d'obtenir 65 millions d'hectolitres (semences déduites), comme en 1861,
année bien rapprochée de nous, on n'en récoltera plus
proportionnellement que 50 millions, ce qui constituera un
déficit à combler de 30 à 35 millions d'hectolitres, au lieu
d'un déficit de 20 millions comme en 1861. Où trouvera-
t-on un excédant disponible aussi considérable, lorsque,
surtout, on assure que la Russie, les États-Unis et tous les
pays étrangers ensemble ne peuvent au plus disposer que
de 15 à 16 millions d'hectolitres? C'est alors qu'on paiera
chèrement les blés, et que le consommateur reconnaîtra
enfin qu'il est dupe des faveurs qu'on lui prodigue aujour-
d'hui.

Puis, autre conséquence des plus tristes, les prix élevés
se maintiendront plusieurs années; car on n'aura plus en
France la ressource de l'excédant annuel de la production
sur la consommation pour combler le déficit. Au lieu de
récolter 100 ou 105 millions d'hectolitres l'année suivante,
on n'en récoltera que 75 ou 80 millions, et 20 ou 25 millions viendront faire encore défaut pour atténuer le mal et
le faire cesser promptement. La culture du blé ne s'improvise pas, les hommes aussi bien que les terres doivent y
être préparés. Sans tenir compte des difficultés relatives
au personnel, la seule préparation des terres non assolées

régulièrement exigera deux années : ce sera donc après trois ans de souffrances ou de disette, qu'une plus grande extension donnée de nouveau à la culture française arrivera enfin à rétablir l'équilibre et à dispenser des onéreuses importations de blés étrangers.

Les étrangers, en effet, dans une pénurie pareille, consentiront-ils à nous vendre leurs excédants à des conditions de prix modérés ? Nous savons assez combien dans les affaires on exploite les situations embarrassées, pour être certain que leur intérêt les portera à tirer tout le parti possible des circonstances, et nous paierons à chers deniers le pain qu'eux seuls seront en mesure de nous fournir.

Ensuite, quelle perturbation économique résultera de l'exportation soudaine de 5 à 600 millions de numéraire pour solder nos achats à l'extérieur? N'y aurait-il pas en cela la cause d'une grande crise financière à côté de la crise alimentaire, et, par suite, n'est-il pas d'un intérêt de premier ordre de rechercher les moyens d'atténuer ce double malheur ? — Se rend-on bien compte aussi de l'énorme différence qui existe entre payer cher les produits du pays que l'on habite, du sol qui supporte en partie les dépenses de son gouvernement, et payer cher ceux qui viennent de contrées lointaines? Dans le premier cas, les bénéfices procurés rejaillissent indirectement sur l'acheteur par le bien-être de ceux qui l'entourent, de ceux qui partagent ses destinées politiques et sociales; dans le second cas, ils vont disparaître dans des contrées éloignées qui peut-être, un jour, pour quelque cause futile, les feront servir à la ruine de leur auteur. Car l'espoir d'une paix perpétuelle est une chimère; trop de questions de nationalité, de race, de suprématie restent encore à résoudre pour l'espérer.

Remarquez aussi cette instabilité continue se produisant périodiquement dans l'ordre de nos cultures, cette variation obligée dans l'étendue de nos terres à blé. Déplacement coûteux de force et de direction, qui désorganisera sans cesse notre agriculture, jettera le trouble dans ses travaux.

Ces considérations me paraissent graves et me semblent établir que, pour le consommateur comme pour l'agriculteur, on est dans une voie des plus dangereuses ; voie qu'on rencontre toujours, du reste, quand on s'écarte des véritables principes du droit et de la justice.

III. — Pour conjurer ces menaces, peu rassurantes à tous les points de vue, on espère que les agriculteurs français amélioreront leurs cultures et porteront la production moyenne de leurs terres de 13 ou 14 hectolitres de blé par hectare à 24 ou 25 hectolitres, comme en Angleterre, ce qui rendrait le prix de 15 à 16 fr. suffisamment rémunérateur. C'est là une simple espérance, irréalisable probablement à cause de la nature sèche de nos terres du centre et du Midi, et qui, dans tous les cas, exige, pour sa transformation en fait, de très nombreuses années. D'ailleurs, les agronomes les plus consciencieux reconnaissent et démontrent que, pour modifier l'état présent de la plupart de nos terres arables, et les mettre dans des conditions de culture *intensive* capables d'en augmenter beaucoup le rendement, il faut dépenser un capital de 1,000 francs par hectare au moins, ce qui entraînerait, pour les 10 millions d'hectares consacrés à cette culture, une dépense de 10 milliards de francs environ. Est-il possible que l'agriculture trouve instantanément cette somme? Où la prendrait-elle? Assurément ce n'est pas en vendant ses produits à perte, qu'elle pourra se la procurer et continuer ses améliorations.

On objecte que, les agriculteurs anglais étant arrivés au rendement moyen de 24 à 25 hectolitres par hectare, les agriculteurs français peuvent et doivent y arriver aussi; mais il faudrait savoir au prix de quels sacrifices et de quelles mesures financières l'Angleterre jouit de cet heureux avantage. Pendant cinquante-cinq ans, de 1787 à 1842, les blés étrangers étaient, chez nos voisins, frappés, à l'entrée, de droits presque prohibitifs : ils payaient 10 à 12 shillings, soit 12 à 15 fr. par hectolitre et même, pendant quelque temps, une forte prime a été accordée à l'exportation des grains. Aussi, les blés valaient ordinairement en Angleterre de 30 à 35 fr.; les propriétaires faisaient des bénéfices énormes, et ils ont pu, grâce à leur sage esprit de progrès, dépenser les 1,000 fr. par hectare nécessaires pour la transformation de leur sol. Nous n'en sommes pas là en France, nous devons le reconnaître avec regret; on ne s'est jamais préoccupé de donner au cultivateur, fermier ou métayer, cette facilité de s'enrichir pour améliorer ses terres; on l'a toujours tenu dans un état voisin de la médiocrité ou de la pauvreté, et il faut bien aujourd'hui subir les conséquences de cette imprévoyance. Aussi, dans l'état des choses, je ne vois pas d'autre alternative : ou sacrifier et vouer à la ruine nos cultivateurs de céréales en compromettant davantage ainsi l'alimentation du pays dans les années disetteuses, ou bien modifier dans de justes limites la législation douanière nouvelle. C'est l'un ou l'autre de ces deux partis qu'il faut choisir et adopter.

IV. — Les calculs que je vous ai présentés sur le prix de revient des blés portent à environ 3 fr. la somme des impôts directs supportés par chaque hectolitre. Cette appréciation est-elle exacte? Pour le démontrer, il suffit de rechercher la somme des impôts payés par la propriété foncière et spécialement par les terres arables, et de diviser le chiffre obtenu par celui qui représente la moyenne des récoltes. — Ce calcul a été fait devant le Corps législatif par des hommes très compétents, faisant autorité en pareille matière, et ils ont trouvé 3 fr. 04 par hectolitre ; mais, dans leur appréciation, ils n'ont pas tenu compte de certains impôts indirects qui, à mon avis, doivent entrer dans les calculs et augmenter sensiblement le chiffre qu'ils ont posé.

Sans parler de l'influence des octrois, des entraves administratives mises à la spéculation sur les grains et autres charges occultes, il me semble que la conscription devrait entrer aussi en ligne de compte et ne pas être négligée. La croyance que l'impôt du sang est une chose due par l'individu seul et n'est pas susceptible d'une estimation financière, me semble inexacte. — Tout sacrifice matériel se réduit aujourd'hui à une question d'argent; pourquoi n'en serait-il pas ainsi pour la conscription? Le bon droit même ne demande-t-il pas une recherche de cette nature? Or, en admettant que la valeur de l'homme livré pour le service du pays soit représentée par les frais d'exonération militaire fixés à 2,300 fr., et cette estimation me semble indiscutable, on trouve que la France supporte tous les ans pour 100,000 hommes enlevés au travail, une charge de 230 millions de francs, et que les campagnes fournissant, à elles seules, 70,000 hommes environ, paient, en réalité, 161 millions. Évidemment, ce sacrifice est fait à l'intérêt commun. On a prétendu que les terres ont plus besoin que toute autre valeur d'être gardées, défendues, et, dès lors, on trouve juste que l'agriculture soit imposée plus fortement pour cet objet; mais on ne réfléchit pas qu'après tout, la terre, par la nature alimentaire et indispensable de sa production, est aussi nécessaire au consommateur qu'au producteur lui-même, et que si l'un a intérêt à sauvegarder le fonds, l'autre a un intérêt tout aussi grand à sauvegarder les produits. — Il y a donc solidarité complète en ce point entre tous les habitants d'un pays, et l'entretien de la force publique, la défense du sol de la patrie est une charge essentiellement commune. — Du reste, presque tous les peuples éclairés le comprennent ainsi. Les hommes dont ils composent leurs armées sont enrôlés et payés aux frais de l'Etat, c'est-à-dire aux frais de tous. Un danger public, une guerre exceptionnelle sont les seules circonstances capables de modifier cette organisation. Dès lors, il me paraît juste, en temps ordinaire, de tenir compte à l'agriculture de ses débours annuels de 161 millions en hommes, et de reconnaître que ce sacrifice fait à l'État augmente indirectement le prix de revient de ses blés. Avec ce nouvel élément donnant 65 c. par hectolitre et quelques autres moins importants, il est facile de comprendre qu'on puisse arriver au chiffre de 3 fr. 50 c. à 4 fr. Et cela explique pourquoi plusieurs pétitions au Sénat, notamment celle du Comice agricole de Lesparre, l'ont adopté et proposé comme base de la fixation de l'établissement d'un droit fixe à l'importation.

V. — Je ne discuterai pas maintenant, Messieurs, toutes les objections, plus ou moins spécieuses, qui ont été mises en avant ou développées contre l'établissement du droit fixe qu'il serait peut-être plus juste de désigner sous le nom de droit fiscal; je me bornerai seulement à en examiner les deux principales, celles qui sont le plus susceptibles de fausser et d'égarer l'opinion publique.

On a prétendu que le droit fixe serait après tout inefficace, qu'il ne saurait changer le prix des blés indigènes dans les années d'abondance, attendu que les excédants des blés russes ne pouvant entrer à Marseille iraient en Angleterre empêcher l'exportation des blés des départements du

Nord, et que, la quantité de marchandise accumulée sur nos marchés restant la même, la situation ne serait pas du tout améliorée.

Un peu de réflexion suffit pour détruire cette objection. Si, malgré le droit fixe, le cours des blés restait le même en France, pourquoi les blés des départements du Nord ne continueraient-ils pas à aller en Angleterre? Rien n'empêche actuellement tous les blés russes disponibles de s'y rendre; cependant cela n'a pas lieu, il en reste dans les ports de la Mer Noire qu'on n'expédie pas; c'est sans doute, toute raison de qualité mise à part, parce qu'il est plus avantageux pour eux d'être vendus à Marseille, et parce que les frais de transport jusqu'en Angleterre sont un obstacle assez grand pour les arrêter.

Donc, les blés ne variant pas de prix à Odessa, il résultera du droit fixe, de deux choses l'une : ou les blés français augmenteront de valeur, et alors l'exportation en Angleterre ne pourra pas avoir lieu; ou bien ils resteront au même prix, et dans ce cas, comme aujourd'hui, l'exportation continuera. En présence de l'un ou l'autre de ces résultats, peut-on dire que la mesure serait inefficace? D'un côté, si les prix restent bas, l'encombrement diminue à l'intérieur par la non introduction des blés étrangers et la continuation de l'exportation du Nord, ce qui est la préparation à une hausse certaine; et de l'autre si les prix s'élèvent, l'exportation n'a pas lieu, ils est vrai, mais on arrive tout de suite à l'amélioration que précisément on désirait atteindre.

Maintenant, dans l'hypothèse où les blés russes empêchés de se rendre à Marseille et en Angleterre, et ne trouvant pas d'autre débouché, baisseraient de valeur, ils pourraient, grâce à cette baisse, supporter les frais de transport nécessaires pour arriver sur les marchés anglais, et là, concurrencer nos produits. Mais cette baisse du blé à Odessa ne diminue-t-elle pas le rayon d'approvisionnement de cette place, ne restreint-elle pas la culture russe et, par suite, la quantité de blé disponible, la seule susceptible de venir concurrencer les nôtres et supprimer nos débouchés? On ne peut assurément pas prétendre qu'un pareil résultat serait sans valeur et inefficace, et qu'il n'amènerait pas un contre-coup favorable à nos producteurs.

VI. — La seconde raison grave que je me propose de réfuter est celle-ci : Dans les moments de disette, dit-on, le droit de 4 fr. serait si onéreux pour le consommateur, si impopulaire, que le Gouvernement se trouverait contraint de le supprimer, et dès lors il est peu raisonnable d'établir une législation qui ne saurait toujours être maintenue.

Cette objection, toute vraisemblable qu'elle paraisse, repose sur une erreur de fait que la science commerciale seule peut bien apprécier. — Évidemment, si le sentiment populaire se trompe, si la suppression d'un droit d'entrée dans les moments de disette ne change pas les cours, le Gouvernement doit combattre cette aberration, ce préjugé populaire, mais ne doit pas aveuglément s'y soumettre. La question est donc de savoir si, dans les moments de crise alimentaire, la suppression du droit de 3 ou 4 fr. ferait baisser les blés en France d'une quantité équivalente.

Remarquons d'abord cette singulière contradiction dans la manière de juger les effets du droit fixe : dans l'abondance on le considère comme inefficace, tandis que dans les disettes on exagère outre mesure son influence, appréciation qui est tout aussi erronée que la première. — Il serait au contraire plus vrai de reconnaître, ainsi que je l'ai développé en commençant, que le droit fixe assurerait en

France, dans les années de mauvaise récolte, une production de 12 à 15 millions d'hectolitres supérieure à ce qu'elle serait sans lui. L'existence en plus ou en moins d'une pareille quantité de blé sur le marché intérieur ne peut être indifférente dans la fixation du prix de vente ; elle empêcherait certainement une hausse bien plus exagérée, et ferait, en définitive, gagner au consommateur au delà du droit de 3 fr., plutôt que de le lui faire supporter.

Mais, en dehors même de ces considérations, je crois, quand, sur un marché, la rareté de la marchandise élève les prix, et oblige à rechercher ailleurs toutes les existences disponibles ; quand des relations commerciales actives sont établies entre les divers lieux de production, ce que n'empêcherait pas le droit de 4 fr., le prix des blés ayant haussé jusqu'à 3o fr. ; je crois, dis-je, la solidarté tellement puissante, que le prix du marché demandeur règle forcément tous les autres, et qu'en pareille circonstance, la suppression des droits d'entrée arriverait à un seul résultat, celui de faire élever d'autant les prétentions des détenteurs à l'étranger.

Avec des relations d'affaires suivies, les grands producteurs de blés en Russie et en Amérique ne peuvent manquer d'être parfaitement renseignés sur l'état des choses. Mettons-nous à leur place : sur la nouvelle que tel ou tel obstacle va être supprimé et que nos produits ont la chance d'un meilleur écoulement, aussitôt nous élèverions nos prix, nous exploiterions le plus possible la circonstance ; c'est une règle commerciale des plus élémentaires dont nous ne pouvons avoir la prétention de nous affranchir, à notre avantage particulier.

Donc, la suppression du droit de 4 fr. sur les blés en temps de disette ne profiterait en presque totalité qu'aux étrangers ; tandis que son maintien, en laissant le marché intérieur à peu près dans la même situation, procurerait à l'État, au profit de tous, un revenu important dont il pourrait, à la rigueur, disposer en faveur des familles nécessiteuses. Donc, enfin, cette seconde objection n'est pas plus fondée, n'est pas plus sérieuse que la première, et un droit fiscal modéré convient à toutes les nécessités économiques de l'abondance et de la disette.

VII. — Ces diverses observations démontrent, ce me semble, toute la gravité de la question, et combien il est peu sage de la préjuger au nom de la science que nous étudions. L'un des plus grands économistes de notre époque, l'Américain Carey, est franchement pour des droits protecteurs, et personne n'a encore contesté sa qualité d'économiste éminent. Il a même su faire adopter ses théories aux États-Unis, par la nation démocratique la plus commerciale, la plus pratique du monde, et les richesses immenses que ces théories ont créées sont assez connues de tous, assez incontestables pour exiger des recherches consciencieuses et un examen très approfondi.

L'économie politique, après tout, Messieurs, n'est pas une science complètement faite ; elle grandit, se perfectionne tous les jours, et, n'ayant pas dit son dernier mot sur tous les phénomènes sociaux de notre temps, elle doit sans aucun doute se modifier devant l'examen des faits. Les mesures appelées à tort économiques qui mènent visiblement à la misère ou à la ruine une partie notable de nos concitoyens, qui menacent l'avenir de crises alimentaires et financières dangereuses, ne peuvent être reconnues bonnes et adoptées par elle. En un mot, sans parti pris, comme sans faiblesse, la science économique doit s'affranchir des considérations d'école, pour ne rechercher que le bien, et la prospérité du pays.

ÉTUDE SUR LE COMMERCE

DE LA

BOULANGERIE & DE LA BOUCHERIE

—

(1871)

ÉTUDE SUR LE COMMERCE

DE LA

BOULANGERIE & DE LA BOUCHERIE

L'enquête publique sur le commerce de la boulangerie et de la boucherie faite à Bordeaux au mois de décembre 1870 par les soins du conseil municipal n'a abouti qu'à la publication d'une brochure, très intéressante sans doute, mais ne présentant pas, à mon avis, une étude suffisamment complète de cette grave question. S'arrêter à cet unique travail et ne pas l'utiliser pour mieux déterminer les perfectionnements, les règles de conduite qui découlent des recherches faites, m'a semblé regrettable ; j'ai cru bon, utile, de reprendre à nouveau la question, de l'examiner soigneusement et d'apporter dans le débat des aperçus basés autant que possible sur la logique des faits et des idées.

L'utilité de ce nouveau travail peut s'appuyer également sur d'autres considérations. Les deux commerces de la boucherie et de la boulangerie ont été de tout temps soumis à une réglementation spéciale. Le gouvernement et les administrations publiques n'ont jamais cru pouvoir se désintéresser de sa bonne ou de sa mauvaise organisation et, successivement dans les siècles passés, sont intervenues des mesures parfois aussi singulières dans leurs exigences que pernicieuses dans leurs effets. Aujourd'hui la marche des idées porte beaucoup d'esprits à demander pour ces deux industries un affranchissement complet, c'est-à-dire la suppression de toute gêne et de toute entrave, ou l'application pure et simple à leur égard du régime de la liberté absolue. Cette tendance est-elle vraiment raisonnable ? N'y a-t-il pas lieu de craindre que ses partisans n'obéissent plutôt à leurs aspirations particulières, à leurs préférences politiques qu'à une conviction provenant d'une étude approfondie ? Certes, il est toujours mauvais de faire fausse route, mais ce serait bien malheureux de se tromper, au point qu'en croyant faire avancer le bien-être social, on travaillât insciemment à l'amoindrir.

Cette considération suffirait pour justifier l'utilité que je crois attachée à la question ; mais elle paraîtra plus grande encore si l'on veut bien se donner la peine de réfléchir à la confusion et au trouble économique qui afflige la société actuelle. D'un côté, nous voyons une partie de la classe ouvrière inquiète et profondément troublée par les théories sociales de toutes sortes, que s'efforcent de répandre un grand nombre de journaux anarchiques et plusieurs associations puissantes ayant les mêmes idées. Nous la voyons sous ces diverses influences se complaire dans le renversement systématique de tous les rapports sociaux existants, sans se donner préalablement la peine de reconnaître l'utilité ou la justice d'une si dangereuse manière d'agir (1).

____

(1) *Enquête publique,* page 75 : « L'élite du prolétariat européen et américain est arrivé à cette conviction scientifique que toutes les réformes partielles sont impuissantes à améliorer le sort de la classe

Tandis que, d'un autre côté, nous voyons les intérêts capitalistes engagés dans la conduite du travail, et les hommes capables qui défendent ces intérêts, redouter de sages innovations et se figurer la société compromise si l'on s'écartait tant soit peu des procédés administratifs ou commerciaux consacrés par une longue routine ou par l'esprit de système de nos devanciers. Il est véritablement nécessaire que cet antagonisme cesse, que la lumière se fasse sur les diverses questions en litige, ou bien il faut que l'esprit de réforme auquel l'avenir appartient s'éclaire assez pour ne pas dépasser le but et ne pas tomber d'un abus dans un autre.

L'utilité de notre travail ainsi reconnue, nous avons à examiner la question préjudicielle suivante : La société a-t-elle le droit de réglementer le commerce de la boucherie et de la boulangerie, et toute réglementation sur ce point serait-elle une atteinte fâcheuse à l'initiative individuelle et à l'harmonie des rapports sociaux? — Nul doute que, sur cette question, un grand nombre de bons esprits ne soient pour l'affirmative et un grand nombre d'autres pour la négative; lesquels ont raison ?

Deux considérations dominent toutes les autres. — En premier lieu, le pain et la viande jouent un tel rôle dans l'alimentation des individus qu'on peut affirmer et consi-

---

ouvrière d'une manière sérieuse et durable, et que la classe ouvrière, la seule créatrice de richesses intellectuelles et matérielles, ne rentrera dans la possession intégrale des fruits de son travail que du jour où tous les instruments de production, et par instrument de production nous entendons la terre, le capital monétaire, les usines, etc., seront enlevés des mains des classes qui possèdent pour être restituées aux classes qui produisent. Alors seulement la misère qui, dans le système bourgeois, croît en raison directe de la richesse, sera abolie.

(*Déposition de la Section bordelaise de l'Association internationale des Travailleurs.*)

dérer comme un axiome, que plus ces éléments de nutrition sont en abondance et d'un prix accessible aux masses, plus l'existence de chacun est assurée, et plus la force de l'homme, force initiale de toute industrie, revient à un moindre prix. En sorte que, refuser à la société le droit de réglementer ces deux commerces, c'est lui dénier en réalité le droit de veiller à la conservation et au bien-être matériel de la plupart de ses membres ; subsidiairement, c'est se désintéresser de la grande question du bon marché dans l'entretien de la force humaine ; double conséquence que la vraie science économique ne saurait accepter. — En second lieu, on supporte sans difficulté la réglementation pour une foule d'industries, telles que celles des transports, des voitures publiques, des postes, des télégraphes, de la bijouterie, des mines, des armes, etc., sans compter celles du notariat, de la médecine, de l'enseignement, etc. ; qui toutes certainement ont une influence immédiate moindre sur le bien-être matériel de la société que les industries de la boucherie et de la boulangerie. Dès lors, ne semble-t-il pas étrange que lorsque tant d'honorables intérêts se soumettent à une règle administrative et à un grand nombre de formalités restrictives, on prétende poser en principe que d'autres intérêts ont le droit absolu d'être affranchis de tout contrôle et de toute direction. L'initiative individuelle serait-elle plus respectable dans un cas que dans l'autre, ou bien devrait-on se résoudre à admettre qu'il en existe de deux sortes, une entièrement soumise aux nécessités sociales, et l'autre ayant le privilège d'en être tout à fait indépendante ? En vérité, cela n'est pas admissible ; une telle distinction serait trop contraire aux principes de solidarité et d'égalité, base de notre organisation sociale. On ne peut donc se dispenser de reconnaître que la société possède le droit absolu de réglementer le commerce de la boucherie et de la boulangerie. Bien entendu, ce droit ne donne pas la faculté de violenter la dignité ou la liberté de travail des individus. Gardons-nous de toute confusion à cet égard, elle serait très regrettable. Établir l'organisation dans le travail, c'est y établir l'ordre et l'harmonie, éléments de toute prospérité; ce n'est pas, au fond, gêner la liberté de l'ouvrier, pas plus que le plan d'un architecte ne gêne le maçon dans la construction d'un édifice. Croire le contraire est une erreur assez dangereuse pour entraver toute espèce d'amélioration sociale.

Nous pouvons donc, sans arrière-pensée, nous demander s'il est possible de modifier le commerce de la boucherie et de la boulangerie, de manière à le rendre plus rationnel, plus intelligent qu'il ne l'est aujourd'hui dans notre cité et dans la plupart de nos autres centres de populations. Ainsi posée, la question se réduit à faire une étude approfondie des règlements et des usages en vigueur, en prenant soin de les discuter et de mettre en lumière les améliorations dont ils sont susceptibles.

Ce procédé si logique, si conforme à l'esprit scientifique de notre époque, n'a pas été toujours le moyen préconisé pour arriver à la solution des difficultés pendantes. On a, dans ces dernières années surtout, préféré une marche plus simple, plus directe en apparence; on a fait appel à l'un de nos grands principes sociaux, et aux applaudissements de la plupart des réformateurs, on a chargé la liberté de résoudre toutes les difficultés. — « Avec la liberté, disent « plusieurs de nos savants économistes, tout s'éclaire, tout « se corrige de soi-même, les abus sont signalés et dispa- « raissent. La concurrence naît infailliblement et la con- « currence conduit toujours à la perfection dans le travail, « à l'économie dans les procédés. Donc, à quoi bon se « creuser l'esprit pour chercher d'autres solutions, la liberté

« absolue du commerce de la boulangerie et de la bou-
« cherie est et restera, quoi qu'on fasse, la meilleure de
« toutes. »

Je me garderai assurément de nier l'influence souvent
heureuse des principes de liberté et de conscience. Avec les
esprits indépendants, je reconnais la liberté souveraine
dans les spéculations intellectuelles et morales; comme
eux, j'aspire au développement de son influence dans la
marche supérieure de l'humanité, et certes je n'hésite pas
non plus à trouver dans la concurrence bien comprise une
sauvegarde parfois nécessaire contre les excès de la cupi-
dité individuelle. — Mais, dans les questions d'ordre matériel qui nous occupent, la liberté change de caractère ; elle
descend des régions élevées où elle ne connaît pas d'entraves pour se placer sous la domination des lois naturelles,
lois fatales, immuables, qui lui tracent des limites souvent
bien étroites.

Ainsi, pour en citer un exemple, la liberté du travail est
un excellent principe, tant qu'il se renferme dans l'ordre
intellectuel, tant qu'il ne vise que la faculté réservée à tout
homme de travailler à sa guise et de conserver sa propre
initiative. Mais il n'en est plus de même dans l'ordre purement matériel ; là, ce principe ne peut servir de règle de
conduite, car, en réalité, l'homme n'est pas libre de travailler ou de ne pas travailler. Ne pas travailler, en effet,
c'est ne pas produire les divers objets que réclame la vie
animale; c'est s'exposer à mourir de faim. En sorte que la
liberté, dans ce cas, n'existe que sous peine de destruction
ou, pour mieux dire, elle n'existe pas. — Aussi, lorsqu'on
veut résoudre les questions d'intérêt matériel par la liberté
absolue, fait-on presque toujours fausse route et se pré-
pare-t-on de tristes mécomptes. Qu'il s'agisse de la boucherie et de la boulangerie ou qu'il s'agisse de l'échange

des produits, de la tenue des marchés, des coalitions ou-
vrières, des réunions publiques, de la presse, des théâtres,
etc., la véritable solution n'est point dans la liberté pure et
simple, elle se trouve dans l'organisation raisonnée des
éléments qui régissent ces divers intérêts matériels.

En veut-on une preuve palpable? Elle réside dans la
question même qui nous occupe. Depuis quinze ou seize
ans, la liberté à peu près complète du commerce de la boulangerie et de la boucherie a été mise en pratique. Qu'en
est-il résulté? Seulement ceci : l'écart entre le prix du pain
et le prix du blé est devenu plus grand qu'il n'était autrefois. En comparant la taxe officielle d'il y a quinze ans
avec le prix moyen que les boulangers exigent aujourd'hui,
on reconnaît que cet écart a augmenté à peu près de 6 centimes par kilo, soit de 15 pour cent sur le prix du pain.
Expliquer cet accroissement considérable par la hausse de
la main-d'œuvre ou par celle des loyers et du combustible
est vrai en partie, mais elle est loin de fournir une explication suffisante. En effet, une boulangerie d'une importance
moyenne occupe trois ouvriers et produit 450 kilogrammes
de pain par jour; une augmentation de 6 centimes par
kilo élève de 27 francs la recette journalière d'une telle
boulangerie, tandis que l'accroissement de salaire des trois
ouvriers n'a pas été de plus de 1 fr. 50 c. par jour pour
chacun d'eux, soit 4 fr. 50 en totalité, que la différence sur
le loyer n'a pas dépassé 2 francs eût-il doublé, et que pour
le bois et les autres menus frais la somme de 1 franc représente toute la surélévation possible. En sorte que, tout
compte fait, il reste sur l'accroissement de recette de
27 francs une différence de 19 fr. 50, soit 4 centimes 1/3
par kilo, tout à fait inexpliquée, et qui n'a d'autre origine
que l'introduction du principe de liberté dans le commerce
de la boulangerie.

Incidemment il est intéressant de remarquer que cette différence de 4 centimes par kilo, modeste en apparence, constitue un accroissement de dépense de 1 million 1/2 de francs pour les consommateurs de la ville de Bordeaux. En ce qui concerne la boucherie le résultat est encore plus étrange. L'honorable rapporteur de cette question au conseil municipal constate que le prix du bétail ayant baissé de 40 pour cent en 1870 à cause de la disette des fourrages, le prix de la viande est resté le même et que toute la différence a été perdue pour le consommateur.

Par conséquent il faut se garder de toute illusion, et quoiqu'il puisse coûter à la générosité de nos sentiments il faut enfin renoncer à cette séduisante utopie qu'un simple appel au régime de la liberté, suffit pour sauvegarder les intérêts matériels de la société.

Qu'y a-t-il donc à faire ? C'est ici que la difficulté commence, que la tâche devient lourde pour tout réformateur. Sa mission le conduit à attaquer des intérêts très vivaces, et, je m'empresse de le reconnaître, des intérêts très honnêtes eu égard au milieu économique dans lequel ils sont placés. Cette attaque doit infailliblement soulever de vifs mécontentements et, par suite, des critiques qui, sûres de leur bonne foi, ne se croient pas obligées d'être toujours justes.

Je l'ai déjà indiqué ; la vraie solution me paraît devoir ressortir d'une recherche attentive des nécessités matérielles inhérentes, soit au commerce de la boulangerie, soit à celui de la boucherie. Nous aurons à discerner si les règlements administratifs et les usages commerciaux en vigueur sont conformes aux nécessités réelles. Un résultat important de ces observations sera de mettre en lumière les circonstances qui influent sur l'écart entre le prix payé au producteur et le prix exigé du consommateur, et en conséquence sera de nous indiquer les divers moyens d'atténuer cet écart.

Évidemment, parmi ces moyens nous devons en rencontrer de deux sortes : 1° ceux qui relèvent des procédés de fabrication et du savoir-faire de l'individu; 2° ceux qui dépendent de l'organisation commerciale que la société a établie ou qu'elle tolère. Les premiers moyens sont de la compétence exclusive des hommes du métier; ils suivent les progrès de la science mécanique ou industrielle et je ne puis songer à m'en occuper ici. Mon investigation est absolument limitée à la recherche des seconds moyens. Il est utile d'observer que nous ne rencontrerons pas parmi eux l'ancien système de la taxe, il ne se trouve pas en harmonie avec la nature des choses et, par suite, ne donne point la vraie solution de la question. Mais nous verrons que les bienfaits qu'on a pu jadis demander à cette mesure extrême peuvent être obtenus par des moyens indirects plus conformes à l'esprit libéral de notre époque.

LE COMMERCE DE LA BOULANGERIE

I

Les principaux phénomènes économiques qui régissent le commerce de la boulangerie m'ont paru donner lieu à sept groupes d'observations de nature différente; nous allons les examiner dans l'ordre où ils se produisent.

Première Observation. — Le froment, qui doit être considéré comme la matière première de l'industrie de la boulangerie, a une valeur très variable aujourd'hui. On a vu le prix des blés passer d'une année à l'autre de 18 fr. l'hectolitre à 40 fr. et au delà. Cette instabilité est justifiée par l'instabilité même des récoltes qui, suivant les conditions atmosphériques de l'année, peuvent passer du simple au double, et *vice versa*. Il est donc tout naturel que les marchés aux grains s'impressionnent chaque jour de la conduite bonne ou mauvaise des saisons. — En outre, le blé se déplace facilement; il peut se transporter d'un bout du monde à l'autre; son arrivée ou son éloignement provoque sur les marchés des fluctuations de prix sensibles, dont le boulanger ne peut se dispenser de tenir compte dans son commerce.

Cette variation incessante dans la valeur des grains est

un des principaux obstacles à la création d'une bonne organisation du commerce de la boulangerie; car elle empêche l'uniformité de s'établir dans les transactions et elle détruit sans cesse les efforts que peuvent faire les consommateurs pour obtenir des prix équitables.

Il y aurait donc lieu, avant tout, de s'occuper du moyen de donner une stabilité plus grande au commerce des grains. On y réussirait certainement, soit par la création de grands entrepôts dans les villes, soit par des réserves permanentes entre les mains des cultivateurs. Mais pour obtenir ces deux importantes améliorations, il y aurait un tel ensemble d'efforts à mettre en jeu, de si grands obstacles à vaincre, que l'État seul serait assez puissant pour intervenir et organiser ces réserves. L'avenir nous les donnera sans doute; mais en ce moment, je ne crois pas utile de m'étendre sur ce mode d'amélioration malgré l'importance et l'efficacité manifeste qu'il présente.

S'il est dans l'ordre des choses possibles d'atténuer les variations incessantes qui se produisent dans le prix du blé, il ne me semble guère désirable d'obtenir une diminution dans sa valeur moyenne, car, à notre époque, cette valeur n'est que de 21 à 22 fr. et ne s'écarte guère du prix moyen d'il y a 50 ou 60 ans. Or le coût de la main-d'œuvre et des attelages a doublé, le prix de la terre et les charges d'impôt ont beaucoup augmenté aussi; et il ne serait pas possible que le cultivateur français puisse amoindrir ses prétentions sans arriver à une ruine complète, et alors, je le crains bien, la hausse plutôt que la baisse serait à prévoir. Car l'étranger, maître du marché, en surélèverait les prix à son profit.

2ᵉ *Observation.* — Les achats de blés sur les lieux de production se font en France au comptant et nécessitent un emploi considérable de capitaux, à ce point que, durant les années disetteuses, la Banque de France a à se préoccuper de l'exportation considérable de son numéraire. Il y a là une cause de frais divers, tels que commissions, intérêts, agio, etc., qui surélèvent sensiblement le prix des grains; mais on ne peut guère éviter cet inconvénient. Le travail du cultivateur est soumis à tant d'éventualités climatériques qu'il ne saurait encore courir les chances aléatoires du crédit ou suivre l'exemple de certaines industries qui consentent à vendre à 5 ou 6 mois de termes et font ainsi arriver leurs produits au consommateur, sans que les intermédiaires aient eu à en débourser la valeur. L'adoption du système d'achat au comptant a naturellement pour conséquence d'empêcher le boulanger de faire de grands approvisionnements de farine ou de blé; de forts achats grèveraient son commerce de lourds intérêts d'argent, sans compter les risques de dépréciation qu'il aurait à courir. D'ailleurs l'usage existant en boulangerie de faire crédit au client au moyen de bons de pains, absorbe déjà un très fort capital.

Quoi qu'il en soit, le manque complet de réserve entre les mains des boulangers n'est pas un état de choses acceptable; c'est mettre l'alimentation des grandes villes en péril et à la merci de toute circonstance imprévue qui entraverait l'arrivée régulière des grains, tels que : inondation, série de mauvais temps, guerre, révolution, etc. Du reste, un stock permanent est nécessaire, même dans l'intérêt des boulangers. A un moment donné, ne pourraient-ils pas souffrir de l'irritation publique provoquée par leur imprévoyance? Le pillage des boulangeries est un fait qui s'est produit souvent et qui pourrait se reproduire encore. En limitant cette réserve à la consommation de dix-huit à vingt jours, on augmenterait les frais généraux d'une boulangerie de 5o francs par an, tout au plus ; ce serait, certes, ne pas payer bien cher la sécurité de l'alimentation publique. Autrefois, on exigeait une réserve représentant deux ou trois mois d'approvisionnement, c'était beaucoup ; aujourd'hui, on n'exige rien, et c'est trop peu. Nous connaîtrons par la suite qu'une provision d'au moins vingt jours est nécessaire pour donner quelque stabilité aux rapports du boulanger avec ses clients. Je ne vois aucun obstacle sérieux à l'adoption d'une telle mesure.

3ᵉ *Observation.* — La transformation du blé en farine s'opère par la meunerie dans des conditions qui semblent régulières et économiques. Pourtant, dans beaucoup de communes rurales, ce travail donne lieu à de grands abus. Si ces détails entraient dans notre sujet, nous aurions de tristes remarques à faire ; assez tristes même pour se demander si les exactions de mouture du petit meunier d'aujourd'hui ne sont pas pires que celles du grand seigneur d'autrefois. Mais ces abus n'atteignent que le petit cultivateur, le boulanger s'en affranchit en s'adressant aux grandes usines, et heureusement cette manière d'opérer se généralise de plus en plus.

Une autre remarque intéressante à faire à propos du travail de la minoterie, c'est que, selon plusieurs savants, la peau du blé représente à peu près 5 pour cent du poids du grain, tandis que le déchet actuel s'élève à 20 pour cent environ. Il serait donc possible de réaliser en ce point une notable économie ; mais l'intérêt privé est suffisamment en jeu pour résoudre seule cette question industrielle.

Le cours des farines est publié après chaque marché, dans des mercuriales qu'on s'accorde à reconnaître exactes. Ce cours suit ordinairement celui des blés. Quelquefois, cependant, il se produit des variations très sensibles ; elles tiennent soit à l'état des cours d'eau qui alimentent les usines, et la vapeur tend aujourd'hui à faire disparaître cet inconvénient, soit aux manœuvres plus ou moins avouables de la spéculation (1).

Que penser, en effet, de ces agioteurs vendant tout à coup des masses de farines qui n'existent pas ou qu'ils ne possèdent pas et réalisant, grâce à ces ventes factices, des bénéfices sur les différences de prix qu'ils ont eux-mêmes provoquées? Ces affaires sont-elles bien conformes à la loyauté des transactions; en faussant les existences réelles du marché, ne détruisent-elles pas la vérité commerciale? Il me semble que ni la morale, ni la justice ne sauraient approuver une telle manière d'agir.

Un moyen d'entraver dans une certaine mesure les menées de la spéculation et de diminuer son champ d'action, serait de rattacher autant que possible le prix du pain à celui du blé, plutòt qu'à celui des farines, et de tenir compte seulement de la valeur des grains dans tous les règlements d'administration publique.

4° *Observation.* — La transformation de la farine en pain exige une addition d'eau et de sel, dont la quantité est à près régulière dans chaque pays. Néanmoins, à tort ou à raison, elle est très contestée; la fixer scrupuleusement serait un bienfait pour les acheteurs; cela leur fournirait un élément de calcul indispensable pour établir entre eux et les boulangers des rapports équitables.

Il semble résulter des divers renseignements donnés dans l'enquête de 1870 que les rendements des farines de

---

(1) Elle a pris sur quelques places commerciales, notamment à Paris, des proportions si exagérées qu'elle devrait, à mon avis, attirer l'attention des législateurs et peut-être même celle des tribunaux.

nos contrées varient entre 33 et 45 pour cent, c'est-à-dire
que 100 kilos de farine peuvent donner de 133 à 145 kilos
de pain. Plusieurs déposants assurent que le rendement
ordinaire est de 40 pour cent; celui qu'admettait autrefois
l'administration était de 33 pour cent. Mais ces chiffres ne
sont pas assez authentiques pour servir de règle. On serait
mieux fixé par des expériences faites sous le contrôle des
municipalités ou de commissions savantes. Durant le siècle
dernier, cette recherche était faite tous les ans avec le blé
de la nouvelle récolte prise à trois marchés différents. Le
résultat moyen servait de base pour la fixation du prix du
pain jusqu'à la récolte suivante. Cette pratique avait un
certain caractère de bonne foi et de justice. Aujourd'hui,
avec la diversité des provenances et la variété des blés cultivés, une telle mesure serait difficile à appliquer. D'ailleurs
aujourd'hui, il dépend, à peu de chose près, des mino-
tiers d'obtenir par des mélanges de farine une richesse
toujours égale. La fabrication de types déterminés, qui
existent déjà dans plusieurs usines, est un véritable bienfait; elle simplifie beaucoup la question du rendement. Il
serait très désirable de généraliser cette uniformité de types
ou d'arriver tout au moins à proportionner le prix de vente
des farines à leur véritable richesse. En tout cas, il y a dans
cette question du rendement plusieurs points utiles à élucider, aussi bien dans l'intérêt du commerce que dans celu[i]
de la science. Il serait urgent de s'en occuper.

5⁰ *Observation.* — Le nombre des boulangers dans les
villes était autrefois limité; il ne l'est plus aujourd'hui, et
naturellement il a beaucoup augmenté. A Bordeaux, il s'est
élevé de 174 à 219 depuis la réforme de 1860, c'est-à-dire
dans une période de 11 ans. N'en déplaise aux adeptes
convaincus de l'infaillibilité dans la pratique de la liberté,

cette augmentation a eu pour effet normal d'élever le prix
du pain. Pour s'en convaincre, il suffit de considérer que
la quantité consommée est régulière, ou ne varie pas sensiblement d'un jour à l'autre, et de plus que le pain ne s'exporte pas, ne se vend pas loin des lieux de production
comme la plupart des autres denrées. Le chiffre d'affaires
en boulangerie d'une ville est donc presque invariable, par
conséquent, l'accroissement du nombre des débitants diminue la moyenne de la clientèle et du travail de chacun d'eux.
Or, une telle diminution a lieu, sans amoindrir proportionnellement les frais de loyers, de patentes, de comptabilité, de surveillance, de chauffe, etc. Ainsi un boulanger
fabriquant 1,000 kilos de pain par jour, ne voit pas tous ses
frais réduits de moitié, s'il n'en fabrique plus que 500 kilos;
et pour maintenir son industrie, pour ne pas se ruiner, il
devra augmenter le prix de vente de sa marchandise. Ainsi
réduire ou limiter le nombre des boulangeries paraît une
condition certaine de bon marché, pourvu que cette mesure coïncide avec l'accroissement de la clientèle de chaque
établissement, et avec l'impossibilité de dégénérer en sinécure.

Mais que d'obstacles présenterait aujourd'hui la réalisation directe d'un pareil programme! Que d'intérêts privés
se trouveraient froissés et demanderaient des indemnités!
Aussi, ne doit-on songer à atteindre ce résultat que par
voie indirecte; j'aurai occasion bientôt d'en indiquer le
moyen. Pour le moment, je me bornerai à recommander
l'adoption de mesures dans le genre de celle-ci : — N'accorder de nouvelles patentes de boulangers qu'après déli-
bération favorable du conseil municipal, prise sur une demande appuyée par un certain nombre d'habitants, une
centaine, par exemple. Une disposition semblable suffirait
pour empêcher le monopole des titulaires actuels, et pour

sauvegarder en même temps les intérêts du public et ceux des boulangers. A quoi bon, en effet, monter une nouvelle boulangerie, si elle n'est pas nécessaire, ou si le postulant n'a pas à l'avance la certitude d'un commencement de clientèle. La laisser s'organiser dans des conditions qui présagent sa ruine, n'est-ce pas une faute économique qui entraîne la perte du capital engagé et porte le trouble parmi les divers intéressés. On aura beau argumenter contre cet ordre d'idée, le bon sens public ne cessera pas de qualifier d'absurdité et même de folie toute concurrence qui n'a pas sa véritable raison d'être; et la fortune publique ne cessera pas non plus d'être dupe de la liberté sans limite que l'on croit devoir laisser à toutes les convoitises! Mais, après tout, quelle inconséquence! on impose à un boulanger l'obligation très judicieuse de ne cesser son commerce, de ne fermer boutique qu'après un avis préalable donné aux autorités locales, et cela s'explique par la nécessité d'éviter qu'une localité se trouve tout à coup sans pain. Dès qu'on accepte la réglementation pour la cessation de ce genre de commerce, comment pourrait-on trouver étrange d'en réglementer aussi le commencement. La liberté n'a pas plus à souffrir dans un cas que dans l'autre et, selon les principes posés précédemment, elle ne saurait prévaloir contre l'inexorable exigence des faits matériels.

6° *Observation*. — Les boulangers fabriquent du pain de plusieurs qualités. La vente des qualités dites de luxe a toujours joui d'une complète immunité par la raison, sans doute, que ce serait d'une importance minime pour la société de surveiller cette nature de transaction. Il n'en est pas de même pour les qualités ordinaires et de consommation générale; l'intérêt, là, est plus considérable. La sécurité des acheteurs exige que la vente soit faite au poids.

Cette obligation jointe à l'inconvénient qui résulterait de goûter le pain avant l'achat pour en déterminer la qualité, rend indispensable une forme de pain spéciale pour chaque qualité. C'est le meilleur moyen d'empêcher des méprises ou des tromperies. Une certaine tolérance dans les pesées a été accordée de tout temps en vue de la difficulté d'obtenir une cuisson toujours identique. Cette tolérance, qui est de 3 pour cent environ, pourrait être un peu réduite.

Sur ces points spéciaux et quelques autres du même ordre, une entente générale entre les boulangers et le public reste à établir; la régularité et la loyauté des transactions ne pourraient qu'y gagner. Déjà, d'ailleurs, plusieurs dispositions commandées par la force des choses existent, mais elles ne sont pas complètes et manquent d'uniformité. Le soin incombe aux administrations municipales de remplir une telle lacune et de provoquer l'entente dont je parle; elles auraient, en outre, à faire surveiller l'exécution des conventions établies jusqu'à ce que la force de l'habitude suffise pour les maintenir.

7ᵉ *Observation.* — L'achat du pain se fait tous les jours, aux mêmes heures, aussi le transport à domicile organisé par les boulangers procure-t-il au consommateur un avantage réel, une économie de temps qui a son importance. La sortie d'un seul individu dispense deux ou trois cents autres de se déranger chaque jour. Mais cette disposition, sous son apparence logique, entraîne une conséquence économique très grave à laquelle on ne prend pas garde. Elle supprime toute discussion de prix entre le boulanger et son acheteur et finalement laisse à une seule des parties contractantes, au vendeur, une latitude presque complète pour régler le marché à sa convenance. Cette faculté aggravée encore par l'habitude d'acheter le pain à crédit, me paraît avoir une haute portée dans la question de la boulangerie, et je crois utile de l'étudier avec soin.

N'est-ce point un principe absolu en économie commerciale que la valeur de toute denrée doit être déterminée par deux prétentions contraires; celle du vendeur d'un côté, celle de l'acheteur de l'autre? Sans doute, quant il s'agit d'une denrée dont la valeur ne se modifie que très rarement, une espèce de convention tacite dispense du marchandage; on s'en rapporte aux prix cotés; mais précisément la boulangerie opère sur une matière première dont la valeur, d'une extrême mobilité, nécessite de fréquentes modifications dans le prix de vente; c'est donc le cas ou jamais de le discuter. D'un autre côté, prétendre que chacun est libre d'aller marchander son pain et de courir de boutique en boutique en discuter le prix, c'est se payer de mots. Bien peu de chefs de familles ou d'industries ont assez de loisir pour se soumettre à de pareils procédés et sacrifier chaque jour une heure de travail pour un intérêt de quelques centimes. Et cependant au bout de l'année ces centimes forment une somme importante. On prend la peine sans doute de débattre le prix de sa chaussure ou de son habit et de le déterminer avant la livraison; mais on agit ainsi parce que ce genre de soin se produit rarement et que les bases d'appréciation de leur valeur varient peu. Il est loin d'en être de même pour le pain. Pour en apprécier la valeur exacte, le premier consommateur venu devrait au préalable s'enquérir du cours des farines et du blé, puis calculer à un centime près le prix de revient du pain. Une telle sujétion se renouvelant presque tous les jours, est-elle pratique? Et, si elle ne l'est pas, il faut bien reconnaître que l'organisation actuelle affranchit le boulanger de tout contrôle dans la détermination de ses prix de vente. Le consommateur, qu'il le veuille ou non, est contraint de subir ses exigences. Au premier abord on pourrait croire que la concurrence entre les diverses boulangeries suffit pour établir un contrôle satisfaisant ; mais si l'acheteur ne provoque pas cette concurrence, s'il se dispense de tout marchandage, comment pourrait-elle avoir une action quelconque ? En effet, l'on voit aujourd'hui des boulangers vendre trois ou quatre centimes plus cher que d'autres et conserver néanmoins leur clientèle. Donc, en réalité, la concurrence est restée ici une lettre morte.

Assurément les partisans de la liberté illimitée ne peuvent trouver acceptable cette absence complète de discussion entre l'offre et la demande. En tous cas, le sentiment public, lui, ne saurait être satisfait tant que les relations entre les vendeurs et les acheteurs de pain n'auront pas été établies sur des bases strictement équitables. Cela est-il possible ? C'est le point de la question qu'il nous reste à examiner.

II

Pour mieux nous rendre compte des rapports qui doivent exister entre le consommateur et le boulanger et déterminer les conditions qu'ils doivent remplir, je crois préférable d'adopter la forme du langage direct, et je prie le lecteur de m'accompagner chez M. B***, boulanger patenté, qui a l'avantage de posséder ma confiance et ma pratique. Arrivés dans sa boutique, je m'empresse de lui dire :

« Mon cher Monsieur B***, jusqu'à présent vous avez bien voulu fixer vous-même le prix de mon pain ; je vous en remercie ; mais j'ai quelques scrupules sur la manière dont vous l'établissez. Dans l'intérêt de nos bons rapports, je viens vous prier de les faire disparaître ; pour cela, je vous propose un arrangement : — je me dispenserai de venir ici tous les jours vous faire perdre une demi-heure de votre temps, et en perdre autant moi-même, pour marchander et fixer d'un commun accord la valeur de votre denrée, si vous voulez bien consentir au marché suivant : vous adopterez pour base de vos prix de vente le cours moyen du blé coté tous les quinze jours sur les mercuriales publiques, et vous ajouterez à ce prix une somme fixe représentant la totalité de vos frais de transformation du blé en farine et de la farine en pain. Établissez vous-même ce dernier chiffre ; cela vous est facile, car il ne varie pas sensiblement dans le courant de l'année. Établissez-le consciencieusement, car, si je le soupçonnais trop élevé, j'irais proposer mon arrangement à l'un de vos concurrents et lui donnerais ma pratique s'il était moins exigeant que vous. »

M. B*** serait-il bien venu de refuser une telle proposition, et, s'il le faisait, comme c'est très probable en présence de ma demande isolée, ne serais-je pas en droit de lui dire :

« Mon cher Monsieur, votre prétention est étrange ; vous voulez continuer à taxer mon pain à votre guise ; vous ne voulez aucun contrôle et, sans scrupule, prétendez profiter des exigences de ma profession qui m'empêchent de venir tous les jours chez vous ou chez vos confrères marchander vos produits et défendre mes intérêts. Cela, je le pense bien, est avantageux pour votre bourse, mais ne l'est pas du tout pour la mienne. Je suis tenu, dans mon propre commerce, d'accepter la discussion de mes prix, de faire souvent des concessions à mes acheteurs, et vous prétendriez vous prévaloir de l'économie de mon temps ou du crédit que vous m'accordez pour ne pas subir la même loi. Ce serait commode, en vérité, car vous vous attribueriez ainsi un monopole dépassant les bornes assignées aux rapports et aux devoirs sociaux. »

Ne serait-ce pas là l'opinion de la plupart des consommateurs, et l'arrangement proposé à mon boulanger blesserait-il en quoi que ce soit la loyauté et la liberté des transactions ?

Mais comment généraliser cette idée, la rendre pratique, mettre, en un mot, les boulangers récalcitrants dans l'obligation de l'adopter ? C'est là le point important de la question.

L'administration municipale d'une ville ou d'une commune est, ce me semble, tacitement chargée par les habitants de la défense de tous les intérêts généraux qui les concernent, de ceux surtout que l'individu isolé est incapable de faire prévaloir. Si, comme je n'en doute pas, cela est ainsi, je ne vois pas d'obstacle à ce que l'administration municipale, au lieu d'un simple citoyen, se transporte chez notre boulanger, M. B***, et lui tienne ce langage :

« Monsieur, nous avons mission de nos commettants, de toutes vos pratiques par conséquent, de nous entendre avec vous pour sauvegarder leurs intérêts dans la fixation du prix du pain et ainsi leur éviter un marchandage journalier entraînant une grande perte de temps pour tous les intéressés. Mais avant tout nous avons à votre égard, un devoir à remplir : C'est de nous mettre à votre disposition pour examiner les règlements municipaux affectant vos frais généraux, et de vous faciliter l'adoption de tous procédés de fabrication plus perfectionnés. Vous seul êtes apte à les indiquer ; prenez-en la peine et satisfaction vous sera donnée. Ce devoir rempli, vous êtes convié à faire aussi le vôtre. Réunissez votre syndicat ; mettez-vous avec lui d'accord sur l'écart qui doit exister entre le prix du blé et le prix du pain, de manière à sauvegarder à la fois vos

intérêts et ceux des consommateurs que nous représentons.

« Remarquez, qu'on ne vous propose ici, qu'une chose
admise par plusieurs industriels. Les entrepreneurs de
voitures, par exemple, ont adopté un tarif commun dont
ils ne peuvent se départir, bien que la valeur des denrées
qu'ils utilisent varient souvent. Les chambres de commerce maintiennent des prix fixes, pour le magasinage et
la manutention des marchandises; les notaires, les avoués,
les médecins, les courtiers, etc., acceptent un prix uni-
forme et connu d'avance pour leurs honoraires, sans se
considérer comme des victimes sociales. Tous les jours
d'honorables industriels font connaître au public les conditions auxquelles ils entendent louer leur service ou écouler
leur marchandise. Il n'y a donc rien d'anormal à vous
demander de fixer à l'avance les conditions auxquelles
vous consentez à travailler. L'administration espère, en
outre, que les chiffres que vous adopterez seront équitables
et pourront servir de règle au commerce de la boulangerie
dans notre cité; cela, bien entendu, jusqu'à ce que de graves
circonstances obligent nos successeurs et votre syndicat à
s'entendre à nouveau pour les modifier. Dans le cas peu
probable où vous seriez assez aveuglé sur vos véritables
intérêts pour exiger entre le prix du pain et celui du blé
un écart trop considérable, nous aurions à prendre d'autres
dispositions pour prémunir le consommateur contre vos
exigences. Nous aurions alors recours contre vous au
développement énergique de la concurrence.

« Jusqu'à présent, elle est restée à peu près inoffensive à
votre égard; les relations particulières que vous avez su
créer avec vos clients et les circonstances qui empêchent
la discussion du prix du pain, ont simultanément entravé
son énergie habituelle. Nous ferons cesser cette anomalie,

privilège nuisible à nos concitoyens. Nous comptons y
arriver par l'une ou l'autre des dispositions suivantes :
— Ou bien nous patronnerons de grandes entreprises de
boulangeries basées sur les principes de l'association et de
la mutualité, comme celles organisées d'une manière si
remarquable dans quelques localités, notamment à Royan
et à Angoulême, entreprises qui ont diminué de 8 centimes
par kilo le prix du pain. — Ou bien nous soumettrons votre
commerce aux dispositions règlementaires suivantes :

« Vous serez tenu, pour raison de sécurité publique, de
faire en approvisionnement de farine ou de blé pour quinze
jours au moins — nous nous réservons d'exiger trente
jours — cette réserve est une sorte de cautionnement que
la nature de votre commerce exige. Dès lors, vous pourrez
déterminer à l'avance, pour une période de quinze jours
ou d'un mois, le prix de revient de votre pain. Le nier ou
s'y refuser serait de la mauvaise foi, dont nous aurions à
obtenir justice. Vous aurez désormais, le 1er et le 15 de
chaque mois, à déposer à la mairie, domicile commun de
toutes vos pratiques, un bulletin contenant les prix auxquels vous entendez vendre vos produits pendant la quin-
zaine ou le mois. — Remarquez que la plupart des débitants agissent ainsi; ils distribuent des prix courants qui
renseignent le public sur leur prix de vente. — Pourquoi
ne feriez-vous pas comme eux? — Une copie de votre bulletin sera affichée à la devanture de votre magasin et une
autre sur vos voitures de transport; la loyauté de vos rapports avec vos consommateurs n'y perdra rien. Cela fait,
nous aviserons au moyen de faire connaître ceux d'entre
vous qui offriront les meilleures conditions. Nous affiche-
rons leurs noms et leurs adresses à la porte de la mairie,
des justices de paix, des établissements publics, et nous les
ferons insérer dans les journaux. Nous déterminerons ainsi

contre vous et au profit commun l'effet énergique de leur concurrence. Si nous déplaçons vos affaires, si nous apportons du trouble dans vos rapports avec votre clientèle, si quelques-uns d'entre vous sont contraints de liquider, vous ne pourrez vous en prendre qu'à vous-même et regretter de ne pas avoir adopté, dans des limites équitables, la première proposition qui vous était faite. »

Ainsi posée par l'administration municipale, la question commerciale concernant l'écart entre le prix de revient du pain et le prix de vente serait, je crois, convenablement résolue. Assurément, ni l'une ni l'autre des solutions indiquées ne compromettrait en quoi que ce soit la dignité ou la liberté du travail; au contraire, en acceptant les réglementations faites pour assurer la justice et la loyauté des transactions, les maîtres boulangers feraient acte de bonne foi et preuve de discernement, puisque, d'un côté, ils affirmeraient leurs sentiments de dévouement au bien public et, de l'autre, ils se prépareraient par la diminution relative de leurs frais généraux de meilleures conditions de travail.

Telle est la solution simple qui ressort de la nature même des faits; on pourrait, sans doute, par des changements profonds dans le commerce des grains, arriver à un résultat meilleur; nous en avons fait la remarque dans le premier groupe de nos observations; mais, dans le milieu commercial où nous vivons actuellement, la marche indiquée créerait une organisation sérieuse; tandis qu'avec le régime de la liberté absolue préconisé aujourd'hui, on cache sous ce mot séduisant, l'absence de tout contrôle, de toute stabilité, et l'abandon des vrais principes d'économie sociale. Puis, conséquence heureuse, l'accroissement indéfini du nombre des boulangeries est indirectement arrêté, ou tout au moins ne devient plus un élément de cherté et de trouble économique. En effet, si l'écart entre les prix du blé et le prix du pain devient une somme fixe, qu'importe au public l'augmentation du nombre des boulangeries qui, seules, auront à supporter l'accroissement des frais généraux. Si, d'un autre côté, au lieu d'une entente réciproque et d'une taxe consentie, on a recours à l'organisation de la concurrence, on favorisera l'établissement de centres industriels considérables. Ces grandes boulangeries, par l'économie sur leurs frais généraux, pourront abaisser le prix de vente et provoquer ainsi la fermeture d'un grand nombre de petits établissements à peine viables aujourd'hui. De telle sorte, dans l'un ou l'autre cas, aucune mesure administrative n'est nécessaire pour combattre l'exagération du nombre des boulangeries.

Je termine cette étude sur la boulangerie en faisant observer que la dernière solution que je viens d'indiquer a été timidement essayée. L'administration municipale de Bordeaux a fait publier dans les journaux le nom des boulangers ayant vendu à meilleur marché. Mais ce ne sont pas les ventes passées qu'il importe le plus de connaître : ce sont les ventes futures et classées suivant les différents quartiers de la ville. La publicité donnée n'a pas été suffisante. Néanmoins, cet essai prouve que la voie est praticable; elle n'a besoin que d'être améliorée pour conduire à un régime capable de donner satisfaction aux intérêts engagés dans la question, c'est-à-dire capable d'améliorer les conditions de travail des boulangers, tout en ménageant les précieuses ressources du consommateur.

LE COMMERCE DE LA BOUCHERIE

I

Les phénomènes économiques relatifs au commerce de
la boucherie sont plus compliqués, plus difficiles à saisir
que ceux du commerce de la boulangerie. — Cela se comprend, leur champ d'action est plus vaste; il n'est pas ren-
fermé dans l'enceinte d'une ville ou dans les limites d'une
seule commune; il s'étend sur les différentes parties d'une
région et s'y modifie avec la richesse du sol et les pratiques
agricoles. A ces complications s'en ajoutent d'autres : les
frais de déplacement du bétail sont considérables et ne
peuvent pas se comparer à ceux d'un chargement de farine
ou de blé. Il faut des gardiens pour conduire les animaux,
il faut les nourrir en route, subir une dépréciation de poids
à leur arrivée, toutes choses dont le commerce de blé
n'a pas à se préoccuper. Aussi, de prime abord, est-il
facile de reconnaître que les bases d'organisation de la boulangerie sont inapplicables à la boucherie.

Les faits organiques qui concernent cette dernière industrie sont très nombreux; les passer tous en revue donnerait de trop grandes proportions à ce travail; je me bornerai
à l'examen des faits les plus saillants et les plus propres à
faire saisir l'ensemble de la question.

En premier lieu, j'étudierai les phénomènes relatifs aux
approvisionnements et aux marchés. — En second lieu,

ceux qui intéressent particulièrement la profession du boucher.

Le premier examen conduit aux quatre remarques suivantes :

1° La boucherie s'occupe toute l'année de la vente des viandes de bœuf, de vache, de veau et de mouton, et, à certaines époques, de celle d'agneau ; je ne pense pas qu'il vaille la peine de mettre la viande de cheval en ligne de compte. La vente des agneaux constitue une sorte de commerce à part, ayant son mode spécial d'action ; mais ce commerce a relativement peu d'importance, il est inutile d'en faire une étude particulière qui ne modifierait en rien l'ensemble des phénomènes généraux que nous recherchons. La viande de porc n'a pas non plus à nous préoccuper ; elle s'opère par une industrie à part, la charcuterie, dont les conditions économiques paraissent suffisamment bonnes. La raison en est simple, les principaux produits de cette industrie : la graisse, le lard, les jambons, etc., sont soumis à la concurrence directe des provenances extérieures. L'effet de cette concurrence est de limiter les abus qui pourraient résulter de la mauvaise organisation de nos marchés intérieurs. Si le commerce de la boucherie pouvait être placé dans des conditions semblables et subir directement l'influence commerciale de l'étranger, il n'y aurait pas autant lieu de rechercher un régime meilleur : la force des choses limiterait convenablement les prix de détail. Mais la viande fraîche ne se transporte pas à grande distance (1) comme la graisse ou les viandes salées ; aussi ne faut-il compter que sur nous-mêmes pour établir la pondération de nos marchés.

---

(1) Depuis, grâce aux appareils frigorifiques, le problème a été résolu.

2° Le stock en bétail, fonds commun du commerce de la boucherie, est une quantité à peu près constante dans le même pays. Il ne subit que des variations lentes, faciles à constater par les statistiques. Toutefois, les ravages occasionnés ou par une épizootie, ou par une guerre d'invasion, peuvent tout à coup diminuer le stock dans des proportions considérables; mais ce sont là des circonstances exceptionnelles, des catastrophes rares, dont l'organisation commerciale n'a pas à tenir compte; quelle qu'elle soit, d'ailleurs, ces désordres économiques l'atteindrait toujours.

La régularité du stock implique naturellement la régularité dans les prix de vente, en sorte qu'un boucher est en mesure de prévoir longtemps à l'avance le prix d'achat de sa marchandise; circonstance économique très importante qu'il est essentiel de ne pas perdre de vue et qu'il est bon d'utiliser.

Tout en constatant la permanence du stock, il ne faut pas en conclure l'impossibilité de l'accroître ou de le modifier à la longue. Nul doute que le système agricole adopté par un pays n'ait une influence considérable sur la production du bétail. Mais, en France, nos idées d'organisation agricole ne s'étendent pas si loin. On a établi et préconisé le système du morcellement indéfini du sol ou de la petite propriété qui remplace le travail à la charrue par le travail à bras, sans se préoccuper des conséquences qui devaient nécessairement en résulter, soit dans la production de la viande, soit dans la fertilité du sol. On a perdu de vue que la viande est l'élément nutritif par excellence et que la fertilité du sol ne peut se maintenir que par le fumier de nos étables. Aussi sommes-nous arrivés à payer la viande plus cher que dans aucune autre contrée du monde. Voudra-t-on remédier à ce mal, voudra-t-on modifier profondément notre organisation agricole et l'établir sur des bases plus raisonnables? Cela serait très nécessaire; la richesse et l'avenir de notre pays en dépendent. Mais il existe à cet égard un tel ensemble de préjugés, qu'on ne peut guère l'espérer.

Le système douanier fait aussi varier l'importance du stock disponible; avec des tarifs peu élevés, les limites des approvisionnements peuvent s'étendre, mais pas autant qu'on pourrait le supposer; car les grands frais qu'entraîne le déplacement du bétail y porte obstacle, et les dangers d'introduire quelques maladies contagieuses obligent à être très circonspect. Ce moyen d'action, du reste, doit se subordonner aux charges fiscales du producteur national.

3º Le prix de la viande a toujours suivi une progression ascendante, celle de bœuf qui coûtait 5 ou 6 *sols* la livre au siècle dernier, 11 à 12 il y a 3o ou 4o ans, vaut de 22 à 24 aujourd'hui et le prix tend à s'élever encore.

Cette plus-value considérable ne peut avoir que deux natures de causes. — Les premières fatales, inévitables, tenant aux lois qui régissent le développement des sociétés : telles que l'accroissement continu du bien-être et de la consommation individuelle, et les secondes d'un caractère accidentel contre lesquels on peut réagir. Parmi ces dernières causes se trouve le morcellement de la propriété, que nous n'avons pas à examiner, notre investigation étant plus limitée; il s'agit simplement d'harmoniser les éléments du travail tels qu'ils existent aujourd'hui, et de concilier les intérêts du boucher avec ceux du consommateur.

Si la variation du prix des animaux de boucherie est grande d'une période à l'autre, elle est ordinairement peu sensible dans le courant de l'année. Sans doute la plus ou moins bonne réussite des fourrages a une action importante sur les cours; seulement cette action n'atteint que le bétail maigre ou le bétail d'élevage, impropre à la boucherie ; la baisse provoquée sur ces animaux compense à peu près l'excès de dépense que la cherté de la nourriture occasionne à l'engraisseur. Ce fait remarquable maintient l'uniformité des prix du bétail gras, et donne au commerce de la boucherie une stabilité exceptionnelle. On n'a pas à craindre ici, comme pour le blé, des oscillations de prix capables de détruire l'économie des meilleurs calculs. Cette sécurité d'action est éminemment favorable à la bonne organisation du commerce de la boucherie et il y a lieu de s'étonner qu'elle n'en soit pas la première base. J'indiquerai ci-après la possibilité d'y arriver.

4° La consommation en viande d'une ville est à peu près régulière ; non pas de la même manière que celle du pain, car elle varie avec les jours de la semaine et avec les saisons ; mais ces variations se reproduisent périodiquement et peuvent se prévoir longtemps à l'avance. Il est donc possible de faire coïncider l'importance des arrivages de bestiaux avec l'importance des besoins journaliers. La première condition à remplir pour la bonne tenue de nos marchés est d'assurer ce résultat.

Certes, ce n'est point par l'ouverture d'un marché public abandonné à lui-même qu'on pourra jamais songer à l'obtenir. Chaque éleveur de bétail n'est pas en mesure de bien connaître les besoins du moment dans toutes les villes qu'il est appelé à desservir ; il lui est impossible aussi de s'entendre avec tous ses confrères en engraissement pour régulariser l'approvisionnement de ces divers marchés. Et, pourtant, l'exacte proportionnalité entre les besoins et la mise en vente est une nécessité économique de premier ordre. Car, d'un côté, des arrivages simultanés trop considérables entraîneraient par les frais du retour à l'étable, du bétail non vendu, ou par les frais de garde en ville, des dépenses assez fortes pour décourager le producteur; et, de l'autre, des arrivages insuffisants porteraient le désordre dans l'alimentation publique, ils occasionneraient des fluctuations de prix ruineuses pour le boucher et pour le consommateur.

Il se présente donc là une difficulté commerciale tout à fait propre à l'industrie de la boucherie, difficulté qui ne peut se résoudre par le magasinage, car le magasinage, si utile pour arriver à la bonne répartition de presque toutes les marchandises, est, quand il s'agit de bœuf ou de mouton, trop onéreux pour être une solution régulièrement acceptable.

Sur le marché de Bordeaux, comme sur beaucoup d'autres, on a éludé la difficulté par la création d'un emploi particulier, celui des commissionnaires en bestiaux. Le nombre en est restreint, 15 ou 16 je crois; entr'eux tous ils ont tacitement assumé la responsabilité de régulariser l'approvisionnement du marché au bétail. Leur mission était différente à l'origine; elle devait se borner purement et simplement au rôle d'intermédiaire entre l'engraisseur et le boucher, moyennant une commission fixe. Mais la force des choses, ou l'état défectueux de l'organisation existante, les a conduits peu à peu à modifier leurs attributions; sans doute, en apparence, ils semblent les avoir conservées, mais en réalité voici ce qui se passe : — les commissionnaires se sont liés d'intérêt avec des *maquignons* ou *ramasseurs*, ils leurs fournissent des fonds; ces individus courent les campagnes, suivent les petits marchés de la région et forment des bandes d'animaux gras qu'ils conduisent en ville suivant les besoins du moment. Là, ces animaux sont vendus au profit du commissionnaire et de ses associés.

Par conséquent, le commissionnaire a un intérêt évident

'à acheter bon marché dans les campagnes et à revendre cher en ville ; rôle commercial, le plus faux, le plus nuisible qu'on puisse donner à un agent intermédiaire. Les intérêts bien compris du producteur et du consommateur exigent que l'intermédiaire borne ses fonctions à celles de courtier, c'est-à-dire prélève une commission fixe ou proportionnelle au chiffre de ses opérations. En agissant autrement il devient, sans en avoir conscience, une sorte de parasite social entravant le travail d'un côté et exploitant le consommateur de l'autre. Cette transformation des commissionnaires en spéculateurs a d'autres conséquences fâcheuses, elle rend l'accès direct des marchés de la ville difficiles aux éleveurs. Cela s'explique, les envois de ceux-ci viennent mal à propos déranger les combinaisons faites par ceux-là, et instinctivement ces derniers se coalisent pour décourager une manière de procéder si nuisible à leurs intérêts.

« Il m'a été affirmé, dit un déposant de l'enquête municipale de 1870, que des éleveurs ayant conduit eux-mêmes leurs bestiaux sur la place, se sont vus enserrés de telle façon dans les difficultés de toute sorte que les commissionnaires leur avaient suscitées, qu'après des efforts onéreux, mais impuissants, ils avaient dû finir par leur abandonner, à vil prix, leur marchandise dépréciée. »

Le résumé des considérations qui précèdent me semble établir que, dans le mode actuel de nos transactions, la fonction de commissionnaire en bestiaux a sa raison d'être, puisqu'elle procure l'approvisionnement régulier de nos marchés, mais que malheureusement son influence est nuisible à l'harmonie des rapports entre le producteur et le consommateur. Aussi, semble-t-il opportun de chercher par un changement de système le moyen de conserver les avantages de la situation présente, tout en faisant disparaître les abus.

II

Après ces observations générales qui établissent l'importance de la question, on en trouve un grand nombre d'autres touchant de plus près à l'exercice de la profession de boucher; j'examinerai les plus saillantes :

1° Les boucheries des grandes villes ont chacune à desservir une clientèle spéciale; suivant les quartiers où elles sont établies, les unes vendent principalement des morceaux de choix, et les autres des morceaux de qualités inférieures. Cette répartition est facile à obtenir pour les viandes de veau et de mouton, elle s'établit par le choix des animaux fait sur le marché; mais, pour la viande de bœuf, elle présente quelques difficultés. Un bœuf, en effet, donne à l'abatage des morceaux dont la valeur varie de 1 franc à 5 francs le kilo, et qui tous ne peuvent convenir à la même boucherie. Cet inconvénient pourrait disparaître par l'entente de deux débits différemment placés, mais jusqu'ici on l'a éludée au moyen d'une industrie particulière, connue sous le nom de *chevillards*.

Les *chevillards* achètent les bœufs, les font abattre et les revendent en détail aux bouchers. L'introduction de ce nouvel intermédiaire apporte dans le commerce de la boucherie certains avantages, mais présente plusieurs inconvénients. — Parmi les avantages, il faut reconnaître que le *chevillard* facilite une judicieuse répartition des différentes qualités de viande entre les boucheries et, qu'en outre, son patronage accroît les affaires et le crédit des petits établissements. — Les principaux inconvénients sont, en premier lieu, d'augmenter le nombre des intermédiaires spéculateurs entre l'éleveur et le public, ce qui est toujours une mauvaise disposition commerciale; et, en second lieu, de provoquer, sans utilité réelle, la création d'un grand nombre de petites boucheries qui, en se multiplant dans des quartiers suffisamment approvisionnés, viennent nuire aux établissements déjà existants.

Un progrès serait donc de faire disparaître l'industrie du chevillard, tout en la remplaçant par un système capable de donner satisfaction aux intérêts que la vente à la *cheville* contribue à sauvegarder.

2° La viande abattue, de même que le pain, exige une consommation immédiate. La mévente occasionne au boucher de grosses pertes; il ne les évite, en partie, qu'en réduisant son stock au plus strict nécessaire, jusqu'au point même de mal servir quelques-unes de ses pratiques. Ces risques de perte sont tellement considérables dans l'état de choses que, pour les contrebalancer, le boucher est obligé de surélever de 10 à 15 centimes par livre ses prix de détail. Cela est si vrai que, devant la certitude d'un écoulement régulier, il fait sur ses prix habituels des remises très importantes. Beaucoup d'entre eux accordent aux cuisinières de grosses étrennes et une bonification personnelle de 5 centimes et plus par livre. Ce moyen de régulariser l'écoulement de leur marchandise ne me paraît pas très moral et, certainement, il serait bon d'arriver à le supprimer (1).

De ce qui précède, il résulte que toute organisation du commerce de la boucherie qui tendrait à diminuer les risques de mévente, serait un bienfait; et, à ce point de vue, on comprend que la multiplicité des établissements est un inconvénient grave, puisque chacun d'eux est exposé

____

(1) Il y a lieu de s'étonner que chaque boucherie ne soit pas pourvue d'un débit de bouillon pouvant utiliser convenablement tous ses déchets.

à des non valeurs qui, plus concentrées, deviendraient bien moindres. Une entente générale entre les bouchers ferait disparaître en partie la difficulté; car ceux embarrassés par des excédants les céderaient à ceux qui se trouveraient démunis. Mais une pareille entente, abandonnée à elle-même, pourra-t-elle jamais s'établir? Jusqu'à preuve contraire, il est bien permis d'en douter.

3º Les conditions financières dans lesquelles se traitent les affaires de boucherie sont bonnes en général. Le bétail gras est payé au producteur au moment de la livraison; peu de jours après, la viande est vendue au comptant et les fonds engagés redeviennent disponibles. Quelle différence avec les exigences du commerce de la boulangerie! Le boucher n'a pas, comme le boulanger, de crédit à faire, ni de pertes à redouter sur ses comptes, un faible capital lui suffit pour entreprendre des affaires considérables; d'ailleurs, les commissionnaires en bestiaux et les *chevillards* sont prêts à accorder tout le crédit nécessaire. Quelle est l'importance des avances faites? Quel intérêt en est exigé? On n'est pas bien renseigné à ce sujet. Cependant, un déposant à l'enquête affirme que le commissionnaire impose au boucher un droit de 1/2 pour cent pour un crédit de huitaine, ce serait 25 pour cent par an, c'est-à-dire que ce serait exorbitant.

En présence d'un tel abus, la création d'une caisse particulière de crédit affectée aux opérations de la boucherie, serait on ne peut plus désirable; mais l'influence des commissionnaires est, je le crains, trop puissante pour permettre, en dehors d'eux, à aucune institution de banque de fonctionner. Il ne faut pas s'en étonner; dans la marche des affaires, l'initiative individuelle est bien faible en présence de l'esprit de coalition; s'il y a lutte ou antagonisme, elle finit presque toujours par succomber.

4° Les rapports établis entre le boucher et ses clients n'ont pas le même caractère que ceux pratiqués dans le commerce de la boulangerie. Ils se maintiennent dans des conditions meilleures de loyauté et de concurrence ; car, d'un côté, la stabilité du prix du bétail supprime toute variation journalière dans le cours de la viande, et, de l'autre, les habitudes prises comportent un marchandage suffisamment efficace entre le boucher et le consommateur. On voit, en effet, grand nombre de ménagères débattre minutieusement le prix de leur pot-au-feu malgré la perte de temps ou les ennuis de langage qui peuvent en résulter. Il serait désirable, sans doute, que les rapports entre les domestiques de maisons et les bouchers soient plus régulièrement honnêtes ; mais c'est là une difficulté de détail plutôt qu'un vice d'organisation. Une mesure judicieuse a été prise d'ailleurs pour les atténuer. Le boucher est tenu de remettre à l'acheteur un bulletin constatant la qualité de la viande, son poids et son prix ; il en résulte un contrôle, sinon absolu, du moins efficace.

Une institution nouvelle est venue, dans ces dernières années, aider à la modération des prix de détail : c'est la vente à la criée. J'aurai occasion de l'étudier comme mode général d'organisation. Pour le moment, il faut reconnaître que ce procédé a obligé le boucher à renfermer ses exigences dans des limites connues du public.

En résumé, les bouchers n'exercent aucune pression bien répréhensible sur l'ensemble des consommateurs. Ils n'ont pas, comme les boulangers, la possibilité de transformer leur industrie en monopole. Les récriminations qu'on a pu faire contre eux semblent donc peu fondées. Le milieu dans lequel ils opèrent est vicieux ; mais ce n'est point par leur propre fait. Aussi, le procédé souvent proposé du régime de la taxe est sans sérieuse raison d'être et même serait nuisible. Il porterait à faux, les intérêts du consommateur étant suffisamment sauvegardés ; et, de plus, il nécessiterait des tarifs si minutieux sur la valeur des différentes qualités de viandes qu'il créerait plus d'erreurs et d'injustices que de bien réel.

5° Comme pour la boulangerie, mais à un moindre degré, l'exagération du nombre des étaux accroît les frais généraux de la boucherie ; seulement, grâce aux abattoirs publics, une boucherie a besoin d'un espace moins coûteux que celui d'une boulangerie. Mais, toutefois, l'abatage et le débit des animaux entraîne une grande manutention, qu'aucune disposition mécanique ne saurait remplacer, en sorte que l'accroissement dans le personnel suit à peu près celui des affaires. En boulangerie, au contraire, une bonne installation donne la faculté de réduire les frais de main-d'œuvre tout en augmentant la fabrication.

En définitive, la multiplicité des boucheries est fâcheuse, soit à cause du surcroît de certains frais généraux, soit à cause des pertes de marchandises qui résultent de la mévente. Donc, un mécanisme commercial qui arriverait à mettre le nombre des étaux en proportion convenable, mais réduite aux besoins du public, atteindrait un but utile.

Ici encore l'on pourrait être tenté de reproduire cette grosse objection, fondée sur la confiance absolue dans l'influence de la liberté commerciale, savoir : qu'il faut laisser la pondération s'établir d'elle-même et confier aux effets de la concurrence le soin de corriger les défectuosités existantes. Mais à cette manière de voir, si répandue, j'opposerai ces vieilles vérités toujours nouvelles : qu'un peu d'aide fait grand bien, même quand il se donne aux nobles efforts du progrès, et que passer sa vie à attendre les améliorations et à les espérer est, après tout, une manière

naïve d'en désespérer. Du reste, comme pour la boulangerie, je reconnais la limitation directe du nombre des boucheries difficile, sinon impossible; mais elle peut découler
du système commercial suivi, ainsi que j'aurai occasion
bientôt de le faire remarquer.

· 6° L'organisation actuelle du commerce de la boucherie
comporte la tenue de grands marchés et d'abattoirs publics. L'étude minutieuse de ces institutions serait longue
et sujette à bien des controverses; je me bornerai aux remarques suivantes :

Les marchés aux bestiaux tels qu'ils existent font partie
intégrante du système qui s'appuie sur le concours du commissionnaire et du *chevillard*, concours dont nous avons
reconnu les principaux inconvénients. Tant que ces deux
intermédiaires existeront, on ne pourra opérer dans la tenue
de nos marchés que des modifications de détail peu importantes; car le tout est lié d'une manière presque indissoluble.
Je crois même que dans l'état actuel le boucher a la part
belle, qu'il se trouve affranchi de soins et de responsabilités
qui devraient lui incomber. Tout serait donc pour le mieux
si le public ne payait chèrement ces avantages et n'était
pas exposé à les payer plus cher encore dans l'avenir. Un
détail assez singulier, est l'introduction fréquente en ville
de bandes de bœufs ou de moutons qui ne font que figurer
sur le marché et sont ensuite dirigées sur Paris. Pourquoi
ces frais inutiles d'introduction et de déplacement? D'autant plus que le parcours dans nos rues de ces nombreux
animaux présente un véritable danger. Ne serait-ce pas le
cas de se demander : Qui trompe-t-on ici?

L'opportunité de quelques améliorations de détail a été
signalée dans l'enquête de 1870. On a demandé, entre autres
choses, que les droits d'octroi soient perçus sur le marché
et payés par l'acheteur et non pas exigé aux barrières de la

ville. Cette demande est raisonnable. Les droits d'octroi sont établis en vue des charges qui incombent au consommateur de la ville, il doit les supporter toutes et ne pas en embarrasser le travail du producteur. On a demandé aussi l'abrogation des ordonnances qui interdisent le colportage de la viande et la vente à domicile; mais ces améliorations, très désirables du reste, ne peuvent qu'atténuer faiblement les défauts du système actuellement suivi.

Quant aux abattoirs publics, on ne peut méconnaître que leur création ne soit un progrès commercial et industriel; et presque toutes les villes les ont adoptés. Ils procurent simultanément une économie de main-d'œuvre au boucher et aux industries qui dépendent de la sienne; de plus ils permettent un contrôle sérieux dans la qualité de la viande et dans les mesures hygiéniques que les détritus d'animaux nécessitent.

C'est le cas de remarquer combien il est heureux que la crainte de troubler la liberté individuelle et de gêner les convenances des bouchers, n'ait pas arrêté les fondateurs de ces utiles établissements. Aujourd'hui les avantages en sont tellement manifestes que les plus chauds adeptes de la liberté commerciale ne songent pas du tout à les contester. C'est consolant, et donne lieu d'espérer qu'ils finiront par composer avec certains de leurs principes et par reconnaître l'utilité de réglementer encore quelques autres parties du commerce de la viande. Ainsi soit-il.

III

Telles sont les principales observations générales ou particulières auxquelles donnent lieu les phénomènes économiques du commerce de la boucherie. Il nous reste à compléter cette étude en les utilisant à la recherche d'un mode de procéder préférable à celui qui existe aujourd'hui, c'est-à-dire se rapprochant davantage des principes fondamentaux que nous avons indiqués et reconnus nécesaires.

Je ne me fais pas illusion sur les difficultés que présente un tel problème et sur le petit nombre d'éléments à ma disposition pour vaincre ces difficultés. Cela me porte à regretter que l'enquête municipale de 1870 ne se soit pas étendue à l'étude des systèmes d'organisation adoptés par certaines villes soit en France soit à l'étranger. Bien des idées nouvelles auraient pu surgir; et devant la pratique ou le fait accompli, bien des objections au premier abord insurmontables se trouveraient d'elles-mêmes écartées. Sous le bénéfice de cette observation et des conséquences pouvant en résulter sur la valeur des idées que je me propose d'émettre, nous allons passer en revue les diverses solutions que comporte le problème.

Les deux premières que nous rencontrons et auxquelles déjà bien des esprits ont songé, sont l'organisation de sociétés coopératives et le système de la vente à la criée. Rendons-nous compte de ce qu'il faut penser de l'un ou l'autre de ces procédés.

Sociétés coopératives. — Dans ce genre de société, le boucher ne travaille pas avec ses capitaux; il devient l'agent pur et simple du consommateur; il lui abandonne, moyennant un traitement fixe, tout le bénéfice de l'entreprise. Évidemment elle ne peut devenir avantageuse que si les affaires prennent une grande importance. Alors, seulement, les frais généraux de loyer, de patente, d'administration, de déchet, etc., se trouvent assez amoindris pour assurer des bénéfices, ou permettre une diminution dans le prix de vente. Arrivée à ce degré de prospérité, une boucherie coopérative offre de réels avantages; elle peut envoyer des agents sur les lieux d'engraissement, choisir les animaux et les faire conduire en ville au fur et à mesure des besoins; disposition commerciale éminemment bonne. Elle supprime l'intervention du commissionnaire en bestiaux et du chevillard, ainsi que la plupart des frais généraux que chacun d'eux occasionne : ces sociétés présentent donc un progrès réel sur le mode actuellement suivi. Les villes où elles ont été adoptées, la ville de Pau entr'autres, se félicitent des résultats.

Toutefois, l'expérience a démontré que ces sortes d'entreprises n'étaient pas toujours viables. Nous les avons vues à l'œuvre à Bordeaux et elles n'ont pas répondu aux espérances de leurs fondateurs ni de leurs souscripteurs. Un peu de réflexion pouvait le faire prévoir.

Une boucherie coopérative, pour marcher convenablement, doit exiger de sa clientèle une certaine discipline dans le choix des morceaux, la quantité à consommer, et le mode de livraison; agissements tout à fait contraires aux habitudes du public et qu'on ne peut espérer introduire dans les grandes villes où les intérêts sont si multiples et si exigeants. D'autant plus que ces exigences trouvent à se satisfaire dans les boucheries concurrentes.

En outre, une telle entreprise exige pour directeur un homme hors ligne comme intelligence, activité et moralité; de plus elle le place dans des conditions tout à fait contraires aux saines notions économiques. —En effet, est-il raisonnable de donner un salaire fixe à un employé chargé de pousser à l'extention et au développement d'une entreprise? Est-il raisonnâble que son travail et sa responsabilité augmentent et que ses profits restent les mêmes? Est-ce que le travail stimulé par l'intérêt privé n'est pas plus capable que celui réglé par le mécanisme d'un bureau d'apporter dans la marche des affaires une stricte économie,

un intelligent emploi de toutes les forces mises en jeu ?
Sans doute on peut intéresser le directeur aux bénéfices
obtenus; mais alors le caractère de la société coopérative
change; ce n'est presque plus qu'une entreprise d'intérêt
privé, avec ce risque en plus, que le directeur est placé de
façon à pouvoir abuser de la confiance de sa clientèle et des
fonds qu'elle lui a confiés.

Je crois donc que les sociétés coopératives ne présentent
pas, en thèse générale, une solution satisfaisante et ne peuvent
être employées, avec quelque succès, que dans les petites
villes et les localités trop isolées pour être convenablement
desservies par des boucheries privées ou bien encore par
des groupes de ménages attachés à de grandes usines, soit
en un mot dans toutes les circonstances où il est possible
de régulariser et de prévoir les demandes journalières de la
clientèle.

Vente à la criée. — Introduite depuis quelques années,
la vente à la criée a rendu des services aux consommateurs,
ne serait-ce qu'en maintenant les prétensions des bouchers
dans des limites réduites et connues de tous. Aussi le public
est favorablement disposé à l'égard de cette institution ; il
serait satisfait de lui voir prendre u.i plus grand développe-
pement.

La vente à la criée ne pourra néanmoins donner des résultats économiques sérieux que lorsqu'elle ne sera plus,
comme aujourd'hui, sous la dépendance des chevillards et
de quelques bouchers de la ville. Il faudrait que l'éleveur
lui-même puisse l'alimenter et puisse ainsi établir des rapports tout à fait directs avec le public. En lui donnant la
faculté d'abattre les animaux à la campagne et d'envoyer
les viandes mortes à la criée on supprimerait tout intermédiaire onéreux, et la condition principale d'une bonne organisation se trouverait remplie.

Reste à savoir si le transport des viandes mortes ne présente pas d'inconvénient. En Angleterre on n'en a pas trouvé et depuis peu l'adoption de ce système a changé complètement l'économie du commerce de la boucherie. En France, et particulièrement dans le Midi, pourrait-il être suivi avec le même succès ; la différence de climat n'y mettrait-elle pas obstacle ? La question est douteuse, et la pratique est nécessaire pour l'élucider.

Malgré les avantages que procure la vente à la criée, je ne pense pas que l'on puisse compter sur elle comme mode définitif d'organisation. Elle ne peut, en effet, suffire à régulariser convenablement l'arrivée de la viande sur le marché ; elle présuppose, pour bien fonctionner, une entente entre les expéditeurs réellement impossible à établir.

Et puis, vis-à-vis du consommateur, elle présente de graves inconvénients. Elle ne permet pas un choix judicieux dans la qualité ou dans la quantité ; elle fait perdre beaucoup de temps ; elle supprime toute responsabilité directe ; elle ne peut en définitive rendre service qu'à quelques groupes de consommateurs, je citerai les restaurants, les pensions et autres établissements publics.

Donc, en résumé, ni la vente à la criée, ni les sociétés coopératives ne sont susceptibles de fournir un mode d'organisation tout à fait satisfaisant. Par la comparaison avec le système actuellement suivi on trouve des avantages sur certains points, mais on trouve aussi des désavanges dont quelques uns sont trop graves pour ne pas en tenir compte. — Est-il possible de mieux faire ? Est-il possible de réserver les avantages tout en écartant les inconvénients ? C'est le point important qu'il nous reste à examiner.

IV

Des diverses observations que nous venons de faire, on est amené à conclure qu'une bonne organisation du commerce de la boucherie doit remplir les conditions fondamentales suivantes : 1° assurer l'arrivée de la viande ou du bétail en ville en proportion exacte avec les besoins du moment; 2° maintenir et même étendre la responsabilité du boucher vis-à-vis de sa clientèle; 3° supprimer tous les intermédiaires spéculateurs entre l'engraisseur et le public.

Les deux premiers points sont d'une nécessité évidente et indiscutable. Le dernier seul a besoin de quelques éclaircissements. Le principal reproche à adresser aux intermédiaires spéculateurs est de détourner à leur profit une forte partie de l'écart entre le prix d'achat et le prix de vente et en outre d'employer leur influence à augmenter cet écart. Une telle action est essentiellement nuisible au travail et à la richesse publique. En effet, quand les hauts prix payés par les consommateurs profitent aux producteurs, ces derniers sont portés à développer leur industrie, à accroître la production; l'élévation de leur fortune prépare donc une baisse de prix basée sur le perfectionnement des procédés industriels, baisse heureuse qui indemnise tôt ou tard le consommateur des sacrifices qu'il a pu momentanément s'imposer. Quand c'est le spéculateur qui profite des hauts prix, la perspective de bon marché que je viens de signaler n'existe plus; le bénéfice né du travail n'arrive pas jusqu'au travailleur pour le stimuler, et la prospérité industrielle n'augmente pas malgré les sacrifices qu'a pu supporter le public.

Dans le cas précisément qui nous occupe, il y a lieu de

croire que la production de la viande aurait suivi chez nous une progression plus en rapport avec les besoins, si les prix élevés payés depuis longtemps par le consommateur avaient toujours profité à l'éleveur.

Malgré ces observations on aurait tort de croire que la spéculation a toujours une influence néfaste; sans nul doute elle a parfois son utilité, mais, en général, la possibilité pour le travailleur d'être affranchi de sa redoutable influence est un bienfait économique, et une organisation capable de la supprimer est incontestablement un progrès social.

Les trois points fondamentaux que nous avons posés étant admis, nous n'aurons pas à étendre beaucoup nos recherches pour trouver un modèle d'organisation qui puisse les procurer. Nous le rencontrons tout établi dans les localités où l'industrie de l'engraissement du bétail existe.

Là, en effet, le boucher est dans des conditions parfaites au point de vue économique. Il visite lui-même les étables des engraisseurs voisins, choisit les animaux, échelonne leurs livraisons d'après les besoins de sa clientèle et conduit directement le bœuf de l'étable à l'abattoir. Quelquefois il afferme des pacages, et termine lui-même l'engraissement. Ce mode d'organisation supprime tous les intermédiaires, tous les faux frais, tous les rouages inutiles. Aussi constate-t-on que le prix de la viande dans ces conditions est de o fr. 50 à o fr. 6o centimes par kilo moindre que dans les grandes villes. Cette différence de 3o pour cent de la valeur, droits d'octroi déduits, détermine la part usuraire que prélèvent les intermédiaires et les vices du système actuel. De plus elle précise par un chiffre les avantages que peuvent donner la simplicité des rapports commerciaux et la suppression de tout intermédiaire spéculateur.

Donc, le procédé le plus simple pour obtenir une bonne organisation du commerce de la boucherie est de mettre les bouchers des villes dans des conditions semblables à celles que nous venons d'indiquer; c'est-à-dire, de les mettre en rapport direct avec les engraisseurs. Cela est-il toujours praticable?

Sans nul doute l'industrie de l'engraissement ne peut pas toujours s'organiser avec économie à proximité des grandes villes. Il faut que la nature du sol et du climat le permette. Mais on peut affirmer que Bordeaux, entouré de vastes étendues de prairies et de terres d'alluvions fertiles, jouit d'une situation très favorable à l'industrie de l'engraisse-ment. La réforme, pour nous, se réduit dès lors à pro-voquer la création dans la banlieue de Bordeaux de vastes établissements servant soit à l'engraissement, soit au dépôt de bétail gras, sortes de grandes fermes destinées à finir l'engraissement des animaux arrivant de pacages éloignés.

L'existence de ces entrepôts placerait le boucher dans d'excellentes conditions économiques; elle permettrait en outre d'utiliser les ressources si importantes de la ville en détritus de toute sorte. En vue de tels avantages on doit être surpris qu'aucun établissement de ce genre n'ait été déjà fondé et, de prime abord, on est disposé à en conclure que cela n'ayant pas eu lieu ces avantages sont plutôt apparents que réels. Cette raison ne me semble pas la véritable. Ces établissements ne se sont pas fondés parce que l'organisation que j'indique va trop à l'encontre du système commercial actuellement suivi, qu'il lui est anti-pathique et que l'un et l'autre ne sauraient coexister. Le commissionnaire en bestiaux domine trop le marché, il a trop les bouchers sous sa dépendance pour ne pas les contraindre à agir suivant ses intérêts particuliers; il n'a pas naturellement à favoriser, ni même à utiliser des

établissements qu'il a en vue de supprimer et son influence,
et son industrie personnelle. Il est bien plutôt porté à les
décrier et à leur nuire. On ne peut mettre en doute que ce
fait d'opposition systématique ne se soit plusieurs fois présenté.

Il faut, par conséquent, ici un changement de toutes
pièces qui ne se produira jamais si l'action gouvernementale, unie à celle des pouvoirs locaux, ne se donne pas la
peine d'intervenir. Sans doute, l'intervention des pouvoirs
publics dans les questions d'affaires est parfois nuisible, je
le reconnais; mais cela n'est absolument vrai que lorsque
le pouvoir est entre les mains d'hommes inéclairés et au-
dessous de leur mission. En réalité, la mission vraie des
hommes chargés de gouverner consiste à provoquer la
bonne répartition de la fortune du pays; ils ne sauraient
sans forfaiture fermer les yeux sur les gaspillages et les
abus généraux de la société, ni accepter comme invariables
les errements qu'une longue habitude a fait tolérer.

La création de dépôts de bétail gras autour des grandes
villes est donc le but à atteindre pour affranchir le commerce de la boucherie des influences malsaines qui l'ont
envahi, et pour arriver ainsi à une notable économie dans
l'alimentation publique. Toutefois, la création de ces dépôts, tout en constituant un notable progrès, ne suffit pas
seule pour résoudre toutes les difficultés et pour amener
les divers perfectionnements de détail que nous avons reconnus désirables.

Ainsi, l'industrie du *chevillard* continuerait à subsister,
et avec elle se maintiendrait l'exagération du nombre des
petites boucheries, de même que les abus signalés dans les
rapports avec les domestiques de maisons. Pour compléter
la réforme et lui donner tous les avantages dont elle est
susceptible, il faut aller plus loin encore, ne pas craindre

une transformation plus radicale. Nous allons brièvement
en indiquer les moyens.

V

En prenant pour point de départ la solidarité toute particulière qui existe entre les habitants d'une même cité et
qui les intéresse à la prospérité commune, on peut considérer l'ensemble des habitants comme formant une association industrielle. Ainsi envisagée, l'association urbaine
doit avoir, avant tout, le souci de développer la puissance
de travail de chacun de ses membres; pour y arriver, il lui
faut procurer au travailleur une nourriture substantielle et
bon marché. Augmenter la force des bras et l'économie
de leur entretien, c'est bien augmenter la puissance du
travail industriel et assurer la prospérité commune.

Quoi de plus essentiel, de plus utile, dans l'intérêt bien
compris de toute une ville désireuse de prospérer? Placés
sur ce terrain industriel, les procédés de l'industrie deviennent tout naturellement applicables; il paraît logique de
recourir, pour la fourniture de la viande, au moyen que
l'on emploie tous les jours avec succès pour un grand
nombre d'intérêts collectifs difficiles à sauvegarder, c'est-à-
dire qu'il devient rationnel de recourir à l'adjudication
publique. On utilise cet expédient pour une multitude de
besoins généraux, tels que ceux du pavage, du gaz, du plaçage, des théâtres, des grands travaux publics, etc. Quelquefois, même, la perception de l'octroi est publiquement
soumissionnée. Pourquoi, à cette série d'intérêts convenablement desservis par cette manière de procéder, n'en join-
drait-on pas un de plus : celui de la fourniture de la viande.
Déjà l'administration militaire et plusieurs établissements

publics ou particuliers ont appliqué cette méthode et y ont trouvé une économie considérable. — Pourquoi donc ne pas essayer d'étendre à tous les habitants d'une ville un semblable bienfait, et croire aveuglément qu'il faille le restreindre au service de quelques intérêts isolés?

La liberté des professions n'est pas en cause; elle n'aurait pas plus à souffrir, dans ce cas spécial, que dans une foule d'autres que nous avons énumérés à propos du commerce de la boulangerie. Lorsque tant de travailleurs honorables se soumettent à des examens, à des concours, à des formalités gênantes, pourquoi la profession de boucher serait-elle froissée ou humiliée d'en accepter aussi? D'ailleurs, qu'on veuille bien ne pas perdre de vue que, transformer un commerce, lui donner de meilleures bases, c'est simplement placer la liberté et l'activité humaine sur un autre terrain, ce n'est pas du tout les détruire.

Je ne prétends pas dire cependant que le principe d'adjudication puisse être généralisé et puisse s'appliquer indistinctement à tous les autres besoins journaliers, à la fourniture du pain, par exemple. Non, sans doute; pour que l'adjudication soit applicable et qu'un adjudicataire sérieux puisse se présenter, il est nécessaire que le travail dont on lui demande l'exécution repose sur des bases certaines lui permettant de calculer ses prix de revient; il faut aussi que les capitaux engagés ne soient pas hors de proportion avec les bénéfices à obtenir. Précisément nous avons reconnu, dans le cours de cette étude, que la valeur du bétail gras ne varie pas sensiblement et qu'avec un capital minime on pouvait faire de grandes affaires en boucherie, circonstance qui n'existe pas pour la boulangerie, où la valeur du blé est soumise à de grandes fluctuations et où les capitaux engagés sont très considérables.

Du reste, le système d'adjudication est si bien applicable

à la boucherie que déjà certaines villes d'Italie l'ont expérimenté avec succès, la ville de Nice entr'autres, avant son annexion, était soumise à ce régime et, jusqu'à cette époque, le prix de la viande s'y était maintenu très bas ; depuis, il a été supprimé, et le cours actuel ne diffère plus du nôtre.

En résumé, la solution que j'indique comme complément de la précédente, création de grands entrepôts de bétail gras, consisterait à diviser la ville en plusieurs zones, soit par cantons, soit par paroisses, et à provoquer, avec toute garantie désirable, l'adjudication publique de la fourniture de la viande dans chacune de ces zones. Cette adjudication devrait être faite pour une ou deux années, renouvelables à condition égale en faveur des précédents adjudicataires. Bien entendu, elle ne serait admise que si les prix offerts étaient moindres que ceux actuellement exigés par les bouchers. La fourniture porterait sur les viandes de bœuf, de veau et de mouton ; elle fixerait les prix des morceaux de première et de seconde catégorie ; ceux de luxe et les *défarques* pourraient être maintenus hors du cahier des charges et se vendre, comme aujourd'hui, à prix débattus.

Les avantages les plus saillants d'un semblable système me semblent être les suivants :

1º Le désir d'obtenir l'adjudication forcerait le boucher à réduire au minimum la part de profit qui lui revient comme intermédiaire entre le producteur et le consommateur. — La liberté d'action des acheteurs resterait intacte ; ils ne seraient en rien dérangés dans leurs habitudes, comme cela ne manquerait pas de se produire avec le système des boucheries coopératives ; de plus, ils auraient toujours leur recours contre une responsabilité personnelle bien définie ; — le service du public resterait assuré en obligeant chaque soumissionnaire à maintenir un nombre de débits en rapport avec l'importance du quartier adjugé. Transitoirement on pourrait leur demander d'utiliser les petites boucheries déjà existantes.

2° Le commissionnaire en bétail disparaîtrait ou ne pourrait plus se maintenir que comme agent subordonné du boucher. Il n'aurait plus ainsi la possibilité de spéculer pour son propre compte. Le marché au bétail n'aurait plus sa raison d'être, si ce n'est pour les animaux maigres ou les animaux d'élevage impropres à la boucherie. Les animaux arrivant du dehors pour le compte des bouchers seraient dirigés directement sur les abattoirs publics.

3° Les *chevillards* n'auraient plus aucune raison d'être, puisque les différentes qualités de viande seraient réparties en ville par les soins des adjudicataires eux-mêmes, qui feraient refluer les excédents d'un débit sur un autre, de manière à réduire considérablement les déchets habituels.

4° Le nombre des boucheries se trouverait réduit au plus strict nécessaire, ce qui diminuerait les dépenses de loyer, de patente, de personnel, de comptabilité, en un mot tous les frais généraux qui pèsent aujourd'hui sur le commerce de la boucherie.

5° Enfin les approvisionnements des ménages faits à prix réguliers et connus, faits le plus souvent à domicile, dispenseraient du marchandage, cette source de perte de temps et de discussions oiseuses. Cela gênerait un grand nombre de cuisinières dans le maniement de l'anse du panier, mais en compensation procurerait une grande satisfaction aux maîtresses de maisons; réforme économique très petite en apparence, mais en réalité devant à la longue acquérir une importance économique et morale fort étendue.

Voilà les principaux avantages; à mes lecteurs de les apprécier, de les juger; à d'autres ensuite le soin de chercher les difficultés et les inconvénients, je ne doute pas qu'il n'en existe, même de sérieux.

Mais mon sentiment est, que dans le cas particulier qui nous occupe, accumuler objections sur objections, difficultés sur difficultés, c'est rendre tout perfectionnement suspect, toute réforme impossible ; c'est ne vouloir ni l'amélioration de nos rapports sociaux, ni le progrès du bien-être général. Il me semble autrement préférable de marcher dans la voie que j'ai essayé de suivre ; celle qui consiste à mettre les lois naturelles de nos intérêts matériels en regard du mécanisme commercial que les générations passées ont cru devoir leur appliquer. La comparaison de ces deux choses donne le meilleur moyen de reconnaître si l'harmonie subsiste, quels sont les points sur lesquels d'utiles réformes peuvent être accomplies.

Puisse la généralité de mes lecteurs accepter cette idée, s'évertuer à la réaliser et prendre ainsi confiance dans une meilleure organisation des affaires commerciales de notre pays.

NOTE

SUR LA

DÉPOPULATION DES CAMPAGNES

———

(1884)

NOTE

SUR LA

DÉPOPULATION DES CAMPAGNES

PRÉSENTÉE A LA

SOCIÉTÉ D'AGRICULTURE DE LA GIRONDE

(1864)

Messieurs,

La dépopulation des campagnes que nous avons à examiner ne consiste pas précisément dans la diminution du
nombre d'habitants des communes rurales, mais consiste
surtout dans la diminution des travailleurs agricoles, dans
la rareté de plus en plus grande des bras spécialement
affectés au travail du sol et à la production des denrées
alimentaires. — Certaines communes, favorisées par l'exploitation d'une industrie particulière, ont pu voir le
nombre de leurs habitants beaucoup augmenter, et cependant celui de leurs agriculteurs rester stationnaire ou diminuer. Aussi l'étude du recensement fait tous les cinq ans
ne peut donner qu'une idée imparfaite de la dépopulation
des campagnes, c'est-à-dire de la diminution du nombre
des ouvriers ruraux. — Les observations des propriétaires,
les difficultés qu'ils éprouvent tous à compléter leur personnel, me paraissent établir ce fait d'une manière plus
certaine, plus positive, et même me semblent ne pas permettre de le considérer comme douteux.

Dans l'examen des causes et des conséquences de ce fait, je suis de l'avis de M. Ducasse nous disant qu'elles sont graves, immenses, et doivent préoccuper la Société d'agriculture, être le but principal de ses études et de ses recherches. — Il est grave, en effet, de voir dans notre pays se réduire sans cesse les moyens de production agricole, ou tout au moins de ne pas leur voir suivre la marche ascendante de la population générale. Cela ne doit-il pas faire craindre une production alimentaire insuffisante pour l'avenir? Cette insuffisance n'a-t-elle pas déjà commencé à se produire, malgré les nombreuses machines introduites dans les exploitations?

Je ne puis donc approuver les conclusions du rapport fait sur cette question, assurant qu'il n'y a rien à faire, qu'il faut laisser aller les choses, tout étant pour le mieux. Ces conclusions me semblent manquer de prévoyance en abandonnant à l'excès du mal, c'est-à-dire à la famine, le soin de ramener la population vers les champs. Je crois donc nécessaire, Messieurs, de faire une autre étude de la question, quelque remarquable que puisse être le rapport qui vous a été présenté.

L'étude de la dépopulation des campagnes me paraît devoir établir qu'elle est le résultat naturel et palpable d'un autre fait que notre Société est particulièrement appelée à reconnaître et à combattre. C'est, Messieurs, que le capital et, par suite le travail employé à la culture de la terre n'est pas rémunéré dans une proportion juste ou en équilibre avec les autres branches de l'activité humaine.

Malgré tout ce qu'on peut dire et croire généralement et officiellement sur la grande prospérité agricole de notre pays, je pense que l'on s'illusionne, que l'on se trompe, et que, prise dans son ensemble, notre agriculture n'est pas prospère, c'est-à-dire n'est pas suffisamment payée de ses peines et de ses débours. Sans doute, si l'on compare l'état actuel de ses ressources à celles dont elle disposait il y a 40 ou 50 ans, on pourra trouver des changements avantageux. Mais ce que je veux dire, c'est que l'état actuel ne répond pas à la situation générale de notre civilisation, à l'immense progrès de l'intelligence, aux vastes développements de la science et de l'industrie moderne.

Le seul argument sérieux que l'on puisse invoquer en faveur d'une appréciation contraire, est l'augmentation successive de la valeur du sol, de laquelle on déduit, comme conséquence forcée, l'augmentation des bénéfices du cultivateur et la certitude de sa prospérité progressive. Mais un examen attentif fera voir que cette conséquence est loin d'être forcée, et qu'il y a un grand nombre de causes qui ont pu faire augmenter la valeur du sol en dehors de tout accroissement général des bénéfices.

Ainsi, Messieurs, l'augmentation de la population de la France sur une même surface territoriale n'est-elle pas une cause de plus-value en dehors de toute influence commerciale! L'élévation du prix de la main-d'œuvre, dont les propriétés sont une véritable accumulation, ne fait-elle pas qu'une terre coûterait aujourd'hui beaucoup plus à créer, à organiser, qu'elle n'aurait coûté autrefois? N'y a-t-il pas, dès lors, tendance et raison de la payer plus cher?

La diminution de la valeur monétaire, l'accumulation des capitaux, ne portent-elles pas à donner une somme plus forte d'une même valeur, d'un même objet dont le nombre est limité?

Enfin le morcellement du sol, que le paysan recherche avec passion et achète sans tenir compte des intérêts à exiger de son capital, ni même du salaire dû à son travail incessant, n'a-t-il pas créé une élévation factice du prix de la terre?

L'ensemble de ces faits suffit, il me semble, pour expliquer l'augmentation de la valeur du sol en dehors de tout bénéfice agricole? D'ailleurs, quelle meilleure raison à donner pour démontrer la faiblessse de ce bénéfice, que la dépopulation elle-même? — Une industrie, dont le nombre des travailleurs va sans cesse s'amoindrissant, n'est certainement pas une industrie prospère. Le premier signe de la richesse n'est-il pas d'attirer les hommes et les choses?

Mon but, en ce moment, Messieurs, est de rechercher à quoi tient cette fâcheuse situation de notre agriculture, ce défaut de rémunération, et je crois que c'est seulement dans cette recherche qu'il sera possible de trouver un moyen praticable d'amélioration.

L'explication ordinaire consiste à dire que le prix des denrées suit la loi naturelle de l'offre et de la demande, et que si les prix sont trop bas, si l'agriculture est mal payée, c'est que la quantité des produits du sol est trop considérable. Cette explication est commode, elle est très scientifique, mais elle n'est ni satisfaisante, ni juste.

La trop grande abondance des produits du sol est inexacte. On ne voit d'encombrement nulle part; toutes les denrées agricoles trouvent peu à peu leur écoulement.

Les statistiques, au contraire, établissent en France une consommation relativement minime des principaux produits alimentaires, et vont même jusqu'à affirmer leur insuffisance. Que signifieraient, d'ailleurs, tous ces concours, toutes ces primes offertes aux cultivateurs, si ce n'était pour les porter à augmenter leur production? et songerait-on à les pousser dans cette voie, si la production était trop considérable?

Cette raison de trop grande abondance n'est donc pas acceptable.

M. Fournier nous en a donné plusieurs autres qui méritent l'étude attentive de notre Société; mais je crois qu'il en existe encore un grand nombre; dans ce nombre, j'espère avoir à vous présenter les principales, celles qui sont le plus près de nous, et par suite les plus accessibles à notre influence et à notre action.

Ces raisons, que j'ai déjà eu occasion de développer dans le Comice agricole de Lesparre, sont celles-ci :

Depuis le commencement du siècle, la marche rapide des progrès intellectuels et matériels, le développement d'un grand nombre de libertés a augmenté beaucoup la puissance individuelle, les moyens d'action de chacun : c'est une amélioration heureuse, une marche assurée vers le bien-être général; mais, par la nature même de notre organisation sociale, par la manière surtout dont la lumière intellectuelle se développe et se répartit, les villes ont forcément plus profité que les campagnes des progrès accomplis. Dès lors, leur influence, réunion des forces individuelles agrandies, est successivement devenue plus étendue, plus puissante; dans l'ordre commercial, elles dominent maintenant à peu près complètement les marchés agricoles; et le cultivateur, quand il veut vendre ses produits, subit les conséquences de cette puissance, et se trouve presque à la merci des agents et intermédiaires des villes. De cette raison grave qui fait presque redouter aux cultivateurs les progrès de la civilisation, il en est résulté d'autres plus graves encore.

Un réseau considérable de mesures, de règlements, d'institutions plus ou moins justes vis-à-vis de l'agriculteur, plus ou moins favorables à l'intermédiaire, s'est établi peu à peu sous la raison ou le prétexte de favoriser l'alimentation des villes et des centres populeux au meilleur marché possible et pour leur créer des revenus. Vous avez eu occasion, Messieurs, de combattre quelques-unes de ces mesures; mais il reste beaucoup à faire encore pour remettre les choses sur le pied de la plus stricte égalité, sur la base solide de la justice : car, non seulement les réglementations municipales et les mesures gouvernementales, mais les bourses, les banques, les courtiers, les grands journaux sont presque entièrement soumis aux influences des villes, et particulièrement des intermédiaires. Aussi ces intermédiaires, plus habiles et plus puissants d'un côté, mieux soutenus, mieux organisés de l'autre, et d'ailleurs bien plus nombreux qu'autrefois, arrivent naturellement à peser d'un poids très lourd sur la tenue des marchés agricoles, et sur la fixation du prix des denrées.

Leur intérêt unique, dont je ne songe pas à les blâmer individuellement, n'est-il pas d'acheter au meilleur marché possible, pour revendre le plus cher possible, en ne tenant aucun compte des charges sans cesse croissantes, et des prix de revient de plus en plus élevés de la culture? Il leur importe peu que l'agriculteur s'appauvrisse lorsqu'ils achètent trop bon marché, ou que la consommation diminue lorsqu'ils vendent trop cher. La nécessité pour les campagnes d'écouler leurs denrées, de les écouler avec profit, les préoccupe médiocrement; pour la plupart, il suffit que leurs affaires soient bonnes pour le présent et pour eux, sans prendre aucun souci de l'avenir; leur but enfin, conséquence de leur intérêt, est de rendre aussi considérable que possible l'écart entre le prix de consommation et le prix de production.

Messieurs, c'est dans cette fâcheuse organisation, dans ce manque de solidarité, qu'est le grand mal de notre époque, le mal sérieux qu'il faut combattre et qui doit éveiller toute la sollicitude de la Société. La difficulté, les dangers de l'entreprise, ne doivent pas vous arrêter, en présence de la grandeur et de l'importance des résultats!

Du reste, vous comprendrez encore mieux, je l'espère, la nécessité de remédier à ce mal, quand vous aurez reconnu qu'il est plus particulier à la France qu'à beaucoup d'autres nations civilisées. Je pourrais vous citer les États-Unis que j'ai habités plusieurs années, où l'organisation de l'écoulement des produits du sol est basée sur un tout autre principe que le nôtre. Cette différence est certainement, en grande partie, cause de la prospérité merveilleuse de ces contrées.

Tous les produits sont reçus et vendus dans les villes par des commissionnaires, pour compte des cultivateurs, et moyennant une commission variant de 2 à 5 pour cent. Ces commissionnaires, partie considérable du haut commerce, liés d'intérêt avec le cultivateur, sont tout dévoués au bon écoulement de ses produits. Ils influencent les journaux, les courtiers, les bourses et les banques dans le sens du maintien ou de l'élévation du prix des denrées de leur pays. Prévoient-ils de grandes récoltes, leurs mesures sont prises longtemps à l'avance; de nouveaux crédits, de nouveaux débouchés sont ouverts, et ces grandes récoltes s'écoulent en faisant la richesse des campagnes; tandis que, chez nous, nous en sommes tristement réduits à les redouter : n'avons-nous pas à craindre l'avilissement excessif des prix?

Ces négociants-commissionnaires font des avances de fonds au cultivateur, se chargent de tous ses achats, de tous ses besoins en ville, et forment enfin dans les grands centres la représentation sérieuse, efficace, dévouée, de tous les intérêts agricoles. Aussi il est merveilleux de voir, en temps ordinaire, la prospérité intérieure des États-Unis, le bien-être qui s'établit peu à peu et quelquefois très vite dans toutes les exploitations naissantes! Certainement le sol est vierge, mais il est aussi inculte et sauvage, et l'inutilité des engrais est largement compensée par l'obligation de faire tous les déboisements, tous les écoulements d'eau, tous les nivellements, toutes les routes, toutes les constructions. Aussi j'ai la croyance qu'avec une organisation agricole similaire, nous serions en France dans des conditions meilleures pour prospérer.

Nous ne pouvons guère, Messieurs, espérer arriver à cet enviable résultat, à cette organisation modèle; mais nous pouvons toujours essayer de combattre le mal sérieux que je vous ai signalé. Nous le pouvons avec d'autant plus de raison, que c'est seulement avec la prospérité des champs que celle des villes pourra être sûre et durable. Elles sont, au fond des choses, aussi intéressées que le cultivateur à une meilleure organisation agricole. Je n'en excepte pas même les intermédiaires, dont le nombre augmentant sans cesse, augmentant outre mesure, réduit de plus en plus la part de chacun dans les affaires générales du pays. Aussi voyez l'une des conséquences; voyez comme on se passionne pour les marchés étrangers, pour les colonies ; on va chercher bien loin des consommateurs, des affaires, quand on pourrait en créer plus économiquement, plus dignement au milieu de nous, sur notre propre sol, qu'aucune guerre, qu'aucune commotion politique étrangères ne pourrait nous enlever. Qu'on se représente, en effet, le mouvement commercial et industriel infini qui résulterait d'une population agricole de 3o millions d'hommes, riche, éclairée, se donnant toutes les satisfactions de la vie moderne. Et qu'on ne dise pas qu'avec le bien-être on quitterait les champs! Nous sommes tous ici un exemple du contraire, et nous pouvons nous fier à ce principe social infaillible qui complète ma pensée : que la misère éloigne et atrophie, tandis que la prospérité attire et agrandit!

En résumé, Messieurs, selon moi, la dépopulation des campagnes n'est que la conséquence évidente d'un fait supérieur, savoir : que le travail et surtout le capital employés à la culture de la terre ne sont pas suffisamment rémunérés ; et je pense que ce défaut de rémunération vient de la faiblesse de l'organisation agricole en présence de la force de l'organisation commerciale des intermédiaires.

Il y aurait donc urgence et nécessité, non seulement pour notre Société d'agriculure, mais pour la société tout entière, de s'occuper activement du développement intellectuel des cultivateurs, surtout en ce qui concerne l'élément commercial, pour le mettre au moins au niveau de celui des intermédiaires ; de faire une étude approfondie des règlements de toute nature qui pèsent sur l'agriculture, pour les établir dans la voie légitime de la justice et de l'égalité. Il y aurait urgence surtout de rechercher un meilleur mode d'écoulement de nos produits, une tenue mieux équilibrée de nos marchés agricoles. Et l'agriculture, ramenée ainsi dans le courant du progrès et du droit commun, n'aurait plus rien à craindre pour son avenir, ni pour celui de notre pays.

Je soumets respectueusement, Messieurs, ces considérations à l'appréciation bienveillante de la Société.

LES

SOUFFRANCES DE L'AGRICULTURE

ET LES

VICES DE SON ORGANISATION

DEVANT

LA SOCIÉTÉ ET LE DROIT COMMUN

———

(1866)

LES

SOUFFRANCES DE L'AGRICULTURE

ET LES

VICES DE SON ORGANISATION

DEVANT

LA SOCIÉTÉ ET LE DROIT COMMUN

Les vices de notre organisation agricole ne peuvent être mis en doute; ils sont rigoureusement établis par les souffrances notoires des cultivateurs. Les uns sont la conséquence obligée des autres, en vertu d'une corrélation aussi intime que celle qui existe entre le feu et la fumée. En sorte qu'étudier les souffrances agricoles, en rechercher les causes, c'est mettre le doigt sur la plaie et préparer la guérison.

L'enquête entreprise par les soins éclairés du Gouvernement est appelée à remplir cette mission bienfaisante; aussi toutes les forces, toutes les intelligences dévouées à l'agriculture doivent la seconder, apporter à cette grande œuvre, avec leurs convictions personnelles, le tribut de leurs recherches et de leurs méditations. Tel est le but que je me propose dans cette étude; heureux s'il pouvait en résulter quelque intérêt pour mes lecteurs et quelque profit pour la vérité. Bornant là tous mes vœux, j'ai cru devoir conserver l'anonyme, comme un titre de plus, soit à la fermeté, soit à l'indépendance des idées et des appréciations.

I

Quelles sont la nature et l'étendue des souffrances agricoles? Que doit en penser la société? Voilà d'abord les points qu'il est essentiel d'examiner.

Ma conviction sincère est que notre agriculture se trouve en ce moment dans un état de crise et de malaise des plus graves. Ce n'est pas qu'à un point de vue absolu, elle subisse des conditions matérielles plus dures ou moins bonnes que celles des siècles passés; mais elle est relativement dans un état organique d'extrême infériorité rendue insensible à l'apparence par l'effet ordinaire de l'habitude et d'un accroissement lent et successif. Dans cette situation, elle retarde plutôt qu'elle ne suit la marche continue du bien-être et du progrès général; étant dominée de plus en plus par les forces rivales qui l'entourent, elle languit, au préjudice de sa dignité, de son avenir, de l'équilibre et du bonheur social.

Ainsi, le cultivateur vit, à notre époque, dans une gêne et des privations inexplicables (on pourrait dire intolérables), en présence du développement prodigieux donné au travail mécanique et industriel, du luxe croissant des villes, des ressources, des perfectionnements accumulés d'âge en âge, de la plus grande facilité acquise pour toutes les productions. Puis un mal nouveau, cruel, le déborde, l'accable : c'est la ruine sortant pour lui de l'abondance même; c'est la fécondité lui apparaissant comme un malheur et le châtiant par ses bienfaits. Non seulement les

grandes récoltes sont redoutées dans les campagnes, à
cause de l'avilissement des prix qu'elles produisent, mais
encore l'extension naturelle des familles y est devenue une
charge trop lourde ; aussi la population de la France s'accroît moins que dans les périodes précédentes, et moins
que dans les contrées voisines ; elle ne se développe même
pas autant qu'on pourrait le supposer par l'examen des statistiques, car l'augmentation signalée tient en grande partie
à une élévation de la longévité moyenne, et non à un nombre
plus considérable de naissances.

Dans un ordre d'idées moins étendu, on découvre une
multitude de souffrances locales ou privées que l'enquête
ne manquera pas d'établir. Entre autres faits, on reconnaît
que le cultivateur n'est pas en général suffisamment payé
de ses peines et de ses débours ; que les prix de certains
produits sont à peine rémunérateurs, celui de quelques
autres avilis. On constate que les bras et les capitaux fuient
les occupations rurales ; que le titre de paysan constitue
une espèce d'humiliation et d'éloignement ; que le village
est devenu un foyer habituel de jalousie, de duplicité et de
haine, au lieu d'être resté, comme au temps de nos pères,
le modeste asile de la cordiale et franche gaieté, unie à une
probité sincère. On peut voir le jeune homme instruit,
voué aux travaux agricoles, trouvant difficilement une
compagne possédant une éducation et une fortune égale à
la sienne, disposée à partager son isolement, ses privations,
les charges de son labeur. Lorsque l'intérêt individuel et
l'instinct féminin y voient si juste et si clair, comment l'esprit public pourrait-il continuer à s'aveugler ? Comment
ne comprendrait-il pas que la misère, et non la richesse,
éloigne les hommes ou atrophie les choses, et que l'agriculture obéit en ce moment à cette fatale loi ?

II

Toutes les appréciations contraires ou toutes les négations de la crise agricole reposent sur de simples apparences et n'ont pas de fondement sérieux. L'examen des principales d'entre elles le démontrera, je l'espère, à tous les esprits logiques et de bonne foi.

On dit : Comment l'agriculture pourrait-elle être en souffrance, lorsque, d'un côté, le prix de la main-d'œuvre a doublé depuis trente ans, cause assurée de plus de bien-être pour les populations rurales, et lorsque, de l'autre, le prix des terres s'est élevé généralement dans la proportion de 3 à 4, et a, par conséquent, accru d'autant le capital foncier? Certainement, en présence de ces deux faits, il faut reconnaître une amélioration intrinsèque sensible; mais, ainsi que je l'ai apprécié précédemment, l'agriculture souffre aujourd'hui plutôt par insuffisance que par manque total de progrès. Lorsque tout marche, marcher moins vite, c'est s'amoindrir, c'est changer les proportions relatives de l'ancien état des choses, et, par conséquent, développer des tiraillements qu'on n'avait pas encore connus. — Du reste, l'important, dans le succès d'une industrie, n'est pas que ses employés secondaires soient bien payés. Le taux des salaires ne se subordonne point aux bénéfices d'une exploitation; il suit, bon gré, mal gré, le mouvement général développé par les industries environnantes, et telle entreprise aboutissant à la ruine peut parfaitement payer tous ses ouvriers.

La hausse du prix des terres tient aussi à des causes autres qu'une augmentation des bénéfices du cultivateur. Ainsi, l'accroissement de la population de la France, sur une même surface territoriale, n'est-elle pas un motif essentiel de plus-value? Le renchérissement de la main-d'œuvre dont les propriétés sont une accumulation successive, ne fait-il pas qu'une terre coûterait aujourd'hui beaucoup plus à créer, à organiser, qu'elle n'aurait coûté autrefois? N'y a-t-il pas, dès lors, tendance et raison de la payer plus cher? — La diminution de la valeur monétaire, l'importance sans cesse accrue des capitaux, ne portent-elles pas à donner une somme plus forte d'une même valeur, d'un même objet dont le nombre est limité? Le diamant n'a-t-il pas doublé de valeur depuis vingt ans, sans donner un centime de plus de revenu? Et pour beaucoup de grands capitalistes, l'achat d'une terre qu'ils n'exploitent pas eux-mêmes, n'est-ce pas une affaire de placement, de convenance, ou de luxe, une bague de plus à leur doigt? — Enfin, le morcellement du sol, que le paysan recherche avec passion, et achète sans tenir compte ni des intérêts à exiger de son capital, ni des salaires dus à son travail incessant et à celui de sa famille, n'a-t-il pas motivé une élévation factice dans le prix des terres?

Tous ces faits démontrent, ce me semble, que les revenus du cultivateur, c'est-à-dire son bien-être, ne dépend pas plus de la hausse des salaires que de la hausse des terres, et, par conséquent, que l'argument présenté est sans valeur.

Quelques esprits superficiels font d'autres objections. Pourquoi s'inquiéter, disent-ils? Si en ce moment l'agriculture ne donne aucun profit, cela tient à ce qu'elle paie la terre ou la rente de la terre beaucoup trop cher, et qu'elle grève ainsi son travail de trop lourds intérêts; mais tout finira par s'équilibrer de soi-même; la situation présente fera baisser la valeur du sol, et cette baisse diminuera le prix de revient des denrées. L'avenir de l'industrie agricole n'est donc pas en cause; le propriétaire foncier seul est condamné à en souffrir.

Cet argument spécieux commence par faire bon marché des propriétaires fonciers; il manque ostensiblement de charité à leur égard, on peut dire qu'il manque aussi de justice. De quel droit déclarer le prix du sol exagéré ? Connaît-on les sueurs, les travaux accumulés de générations en générations pour le disposer à la culture et le rendre fécond? Il n'y a pas en France un mètre de terrain fertile qui n'ait coûté à l'humanité au delà de sa valeur; il n'y a pas une exploitation rurale ordinaire dont les frais d'établissement ne s'élèveraient au double de ce qu'elle se vendrait aujourd'hui. Peut-on prétendre dès lors que le prix en soit trop élevé ! — Mais ce n'est pas tout; ruiner les propriétaires, diminuer leur fortune de moitié, par exemple, n'est-ce point une chose grave, n'est-ce point en même temps ruiner le pays, abaisser d'une somme énorme la masse des capitaux accumulés, le fond de richesse et la garantie hypothécaire de la nation? Entre la valeur du sol et la puissance matérielle et morale de notre pays, il y a une liaison intime; l'abaissement de cette valeur, lorsqu'il ne s'étend pas en même temps sur les propriétés des nations voisines, nous amoindrit, nous fait reculer vers le passé, et nous rapproche de l'état sauvage, le seul qui n'exagère pas le prix des terres.

Si encore cet immense holocauste pouvait sauver la situation ! Mais c'est une erreur complète. N'y a-t-il pas en France un grand nombre de propriétaires qui exploitent leurs terres par eux-mêmes ou par métayers, et qui ne sont pas dans des conditions meilleures que les fermiers? Pour ceux-là, l'abaissement de la valeur territoriale ne change rien à leur prospérité, ce serait tout simplement une ruine directe et une difficulté de plus dans leur exploitation ; car désormais ils ne sauraient se procurer par l'emprunt que la moitié des capitaux dont ils pourraient avoir besoin : trouveront-ils, eux, que la situation est améliorée, et qu'il n'y a rien de mieux à faire?

Pour les terres affermées, la perspective n'est pas plus brillante. Admettons que le fermier paie désormais 3o fr. au lieu de 6o fr. par hectare; le propriétaire, ne recevant que la moitié de ses revenus, dépensera moitié moins chaque année. Croit-on que ce résultat n'aura pas un contre-coup désastreux pour toutes les industries? Sept à huit cent millions de moins à consacrer en achats de produits, en salaires et travaux de toutes sortes, n'occasionne-ront-ils pas, faute de demandes, une baisse proportionnelle sur les marchés intérieurs? ne ramèneront-ils pas les choses à un niveau inférieur à peu près semblable au précédent? Et le fermier ne devra-t-il pas encore recourir à une nouvelle baisse sur les fermages pour sauver la situation? — En un mot, tout se tient, tout se lie dans notre organisation sociale, et ce n'est point par des remèdes empiriques qu'il est possible de guérir les maux qui viennent s'y révéler.

On soulève d'autres objections : on prétend que tout le mal est dans un excès de production; que l'agriculture s'est trop développée, et qu'il y a encombrement de produits; — d'où résulte, en vertu de la loi de l'offre et de la demande, la baisse des denrées et l'insuffisance des prix. La société n'y peut rien; c'est uniquement la faute des cultivateurs, et leurs misères actuelles sont, tout considéré, un bien véritable, puisqu'elles les arrêtent dans leur culture et les con-duisent justement à établir un équilibre plus intelligent.

Voilà donc l'agriculture condamnée à livrer à l'abandon une partie de ses terres; on ne peut pas même lui conseiller de les reboiser, de revenir aux temps primitifs, car l'indus-trie forestière n'est pas en ce moment plus prospère que les autres. Est-il possible au nom du progrès de donner un pareil conseil? Comment! on a conquis des terrains à la culture, on a lutté victorieusement contre les mille obstacles de la nature, on a fait un pas en avant, et l'on vient proposer aujourd'hui d'abandonner cette conquête, de la livrer de nouveau à tous les parasites du règne végétal et animal qu'on a eu tant de peine à extirper! On appellerait cela du progrès? Soyons sincères, et nous dirons que c'est plutôt de la décadence!

Mais la trop grande abondance des produits de notre sol est-elle bien exacte? n'est-elle pas plutôt apparente que réelle? Voit-on quelque part des encombrements, des produits jetés, perdus, faute de consommateurs?

Les statistiques, au su de tous, établissent en France une consommation relativement minime des principaux produits alimentaires, et vont même jusqu'à affirmer leur insuffisance ; on n'a qu'à ouvrir les yeux pour voir autour de soi de nombreuses, de très dures privations. Que signifieraient, d'ailleurs, tous ces concours, toutes ces primes offertes par le Gouvernement aux cultivateurs, si ce n'était pour les porter à augmenter leurs productions? et songerait-il à les pousser dans cette voie, si la production était réellement trop considérable?

Après cette appréciation erronée, basée sur une trop grande abondance, on en présente une diamétralement contraire. L'agriculture est seule coupable, dit-on; elle ne produit pas assez; c'est-à-dire que, sur la même surface de terrain, elle devrait récolter le double; cela abaisserait le prix de revient, et le cultivateur serait mieux rétribué; dès lors plus de souffrances.

Quelle confusion de raisonnements et d'idées à faire reculer l'esprit le plus intrépide! Que doivent en penser les partisans d'une trop grande abondance? Ne seraient-ils pas dans le vrai, en répondant à leurs adversaires : « Mais vous vous illusionnez; cet accroissement du rendement des terres est impossible dans l'état de gêne où se trouvent les cultivateurs. Il ne suffit pas de leur dire. — Doublez vos récoltes, — pour que cela soit; le bon sens exige de leur procurer d'abord les conditions nécessaires pour y arriver; or, l'établissement de la culture *intensive* entraîne une dépense de 1,000 francs par hectare, soit 3o milliards environ pour toute la surface arable de la France : où voulez-vous que l'agriculture trouve cette somme, lorsqu'elle se plaint déjà de manquer de ressources, de vendre à perte, et qu'elle a toutes les peines du monde à se maintenir et à vivre? Certainement le but que vous lui indiquez est le sien, elle y marche avec courage depuis le commencement du monde; mais, si vous n'avez que ce conseil, digne de M. de La Palisse, à lui donner, il vaudrait mieux vous taire et le garder pour vous-mêmes. Du reste, quand l'abondance des récoltes est une cause de ruine, la proposer pour remède est une absurdité ou tout au moins une inconséquence. »

A cette réfutation un peu vive, on peut ajouter que l'état économique actuel n'étant pas changé, un accroissement considérable de production réagirait défavorablement sur les prix, les amoindrirait beaucoup plus, et, par le fait, changerait le mal de niveau sans y remédier.

Enfin vient le chapitre obligé des exceptions; on ne saurait y échapper. On cite tel ou tel propriétaire qui a très bien réussi dans son entreprise, a obtenu la prime d'honneur, ou mieux, a su réaliser des profits considérables. De là, on s'étonne qu'il n'en soit pas ainsi pour tous, et sans plus d'examen on s'écrie : « Tans pis pour les arriérés ! » Mais, en toute conscience, que prouvent quelques points isolés en présence du fait général ? Ne comprend-on pas que

ces exceptions heureuses ne se sont pas généralisées parce
que les conditions du sol, d'action, de fortune n'étaient
point partout les mêmes et qu'il y avait impossibilité de
les créer? A quoi sert de donner en exemple à un viti-
culteur dans l'embaras le domaine du Château-Laffitte, en
Médoc, qui réalise chaque année 35 ou 40 pour cent de son
capital primitif, ou huit à dix fois tous ses frais de culture?
N'est-ce pas de la dérision? C'est-à-dire qu'ici, comme
ailleurs, l'exception ne peut changer la règle et ne prouve
absolument rien.

III

Ainsi, on est amené invinciblement à reconnaître que la
situation agricole est très grave, très compromise. Il reste
maintenant à s'édifier sur les préoccupations qu'elle doit
faire naître, et sur l'importance que la société doit y atta-
cher.

Peut-on, sans une agriculture florissante, marcher toujours dans la voie du progrès? Suffit-il, pour faire vivre le
pays, de la culture de luxe ou de fantaisie très à la mode
aujourd'hui, de cette culture d'amateur ne visant pas au
profit, entreprise uniquement dans le but d'occuper les
heures de repos ou de loisir de quelques capitalistes
urbains? Ces propositions, que je vais examiner, me
paraissent aussi déraisonnables qu'inadmissibles.

Sans la phalange prospère des agriculteurs, sans cette
pépinière d'hommes calmes, sobres, économes, vivant
librement au grand air, conservant parmi eux la santé, la
moralité et la force physique de la nation, il ne peut y
avoir que décadence. Les familles urbaines, soumises à
toutes les tentations du luxe et à tous les excès de la vie
mondaine, ne sauraient se perpétuer vigoureuses qu'à la

condition de se retremper sans cesse dans ce milieu conservateur. Que de malheurs privés, que d'infirmités physiques et morales le démontrent tous les jours ! La domesticité même en est pervertie, et sa démoralisation croissante rend aux familles aisées la conduite des ménages et la première éducation de l'enfance de plus en plus difficile. Qu'on y réfléchisse, et l'on reconnaîtra sans peine que la force matérielle et morale des individus, que l'énergie et la grandeur des caractères ont leurs plus fermes bases, leur point d'appui le plus sûr dans l'élévation progressive des mœurs rurales; l'histoire de tous les peuples, en effet, démontre que l'influence des campagnes, bien plus sûrement que celle des villes, a maintenu la vigueur et la moralité sociale. Or, le progrès dans le bien-être général, dans la science, la littérature et dans les arts ayant sa base dans l'amélioration des mœurs, pour l'obtenir il faut conclure que la prospérité de la classe rurale devient indispensable.

Avec l'agriculture d'amateur, on enfouit, on gaspille, on perd dans des tâtonnements ou des méprises agricoles inévitables, d'immenses capitaux dont la perte peut donner au pays comme au propriétaire quelques satisfactions d'amour-propre, mais certainement le ruine au lieu de l'enrichir ; on crée par ce système, très borné du reste, des rivalités, des découragements et des déceptions, mais non pas de nobles et sincères émulations ni des cultures durables et fécondes.

D'ailleurs, la nourriture d'un peuple est le premier élément de son existence, elle est pour lui une question de vie ou de mort; il ne doit point par une imprévoyance coupable réduire sciemment les moyens de se la procurer; il ne doit point laisser son agriculture sur des bases mal assises, souffreteuses, ni la subordonner aux caprices du luxe. En négligeant ses propres ressources, en se liant à celles des nations voisines, comme on a certaine tendance à le faire aujourd'hui chez nous, non-seulement le pays se place dans une dépendance humiliante et dans un état manifeste d'infériorité, mais encore il s'expose à de cruelles, à de dures anxiétés. La paix perpétuelle est loin, hélas! d'être une certitude; trop de questions de nationalité, de race, de suprématie restent encore à résoudre, et, avec les ravages de la guerre, l'alimentation par l'étranger peut être à chaque instant compromise. Bien plus, les fléaux naturels, les épizooties, les maladies végétales peuvent aussi à l'improviste détruire les excédents disponibles des nations voisines. Certes, ce serait de la prudence élémentaire de réserver ces ressources extérieures, de ne compter sur elles que pour les circonstances malheureuses où soi-même on serait abîmé par quelques fléaux.

Donc, véritablement, il est pour la société d'une nécessité vitale et de premier ordre de porter un prompt remède à la position fâcheuse de nos agriculteurs, en recherchant avec impartialité et conscience les causes susceptibles de produire au milieu d'eux des souffrances aussi déplorables que dangereuses.

Ces causes sont anciennes, multiples, et de deux natures très différentes : premièrement, celles qui concernent les rapports de l'agriculture avec la société et avec l'État; — secondement, celles qui résident dans son organisation particulière. — Je me bornerai à indiquer ces causes dans leur effet général le plus étendu, laissant à d'autres écrivains le soin d'une étude détaillée qui dépasserait les limites de ce travail. Au reste, sur un grand nombre de points la lumière est déjà faite, l'opinion publique est complètement édifiée, et sur les autres la vérité ne peut tarder à se dégager vivante, des obscurités où elle est encore ensevelie.

IV

Première série. — Vices et inégalités qui existent dans les rapports de l'agriculture soit avec l'État, soit avec la société en général, et qui affectent l'ensemble de notre organisation sociale,

§ Ier. — La *douane*, les *octrois*, la *régie*, l'*impôt des boissons*, le *monopole des tabacs*, et toute autre institution fiscale de ce genre, troublent l'agriculture par une multitude d'entraves et de règlements très variés dans leurs effets. La plupart de ces institutions sont vicieuses, parce qu'elles s'écartent des grands principes d'égalité et de liberté dans leurs rapports avec le travail et les transactions.

L'égalité sociale, les libertés politiques sont, en effet, insuffisantes ou trompeuses, si elles ne s'étendent pas jusqu'au produit du travail de l'homme, concentration par excellence de ses plus grands efforts, partie intégrante de sa valeur individuelle. Quel motif sérieux, équitable peut justifier une différence radicale de traitement entre le vin, le blé, le sucre, la viande, le tabac, le sel... produits sur notre sol par des hommes officiellement déclarés égaux et libres ? Qu'importe l'égalité devant l'urne du scrutin, si elle n'existe pas devant la charrue ou le sillon ? Les intéressés ne doivent-ils pas rester seuls juges du mérite de leur industrie ? Est-ce bien dans les vraies attributions de l'État, est-ce conforme au pacte social, de restreindre ou d'étendre par mesures administratives telle branche ou telle partie de la production nationale, de l'imposer arbitrairement par pure convenance budgétaire ; de remplacer, en un mot, par d'étroits calculs humains, l'impénétrable sagesse divine ?

A l'égard des nations étrangères, on peut très bien comprendre une différence de régime ; elles ont des lois, des conditions économiques particulières qui nécessitent des règlements inégaux et exceptionnels. Mais chez nous, pour nos propres produits, l'égalité et la liberté ne doivent avoir incontestablement d'autres limites que la justice ; et c'est tout confondre, c'est rendre toute pondération impossible, c'est mettre le chaos dans les intérêts matériels que de maintenir un système de législation fiscale, basé uniquement sur la fantaisie de quelques individualités ou de quelques intérêts. L'intérêt bien compris du gouvernement, en pareille matière, est même de subordonner son avantage immédiat à celui de la nation, beaucoup plus grand, beaucoup plus élevé ; n'en reçoit-il pas force et ressources en proportion du bien-être et des richesses qu'il a habilement laissés s'y accumuler ?

Un examen spécial de chacune de ces institutions fiscales fera mieux saisir les points défectueux qu'elles renferment et leur influence rétrograde.

— La *Douane*, avec ses lois compliquées, tantôt favorables à certaines industries, puis à d'autres, tantôt dévouée aux intérêts du producteur, et puis à ceux du consommateur, a non seulement troublé toutes les conditions nécessaires de stabilité et d'équilibre, mais encore elle a, dans le dédale de ses réglementations, méconnu l'impartialité et la justice dues à l'agriculture nationale.

L'irrégularité des tarifs douaniers, pour les denrées spéciales aux nations étrangères, peut s'expliquer, ainsi que je l'ai déjà fait remarquer, par la variété même des relations commerciales ou politiques établies entre elles et nous ; mais, pour les marchandises similaires aux nôtres, il importe que les procédés du fisc soient uniformes et déterminés d'une manière absolue. Dans ce cas, ou bien un système complet de réciprocité, c'est-à-dire de compensation internationale, devrait être imposé, ou bien la règle suivante scrupuleusement maintenue : il faudrait faire supporter aux denrées introduites en France l'équivalent des charges gouvernementales de toutes natures que supportent celles de nos nationaux.

N'est-il pas de la plus stricte équité d'étendre sur tous les producteurs qui viennent profiter de nos marchés, de nos travaux publics, de notre législation, de notre Gouvernement enfin, la part proportionnelle de dépense qui en résulte pour tous ? Les intérêts du consommateur ne sont pas finalement les seuls à sauvegarder ; le producteur national a les siens ; il est juste qu'il puisse devenir consommateur à son tour ; il est utile, pour la richesse générale, que rien ne l'oblige à troubler la valeur et la répartition des salaires. En définitive, il incombe à chaque citoyen une part proportionnelle dans les charges qui pèsent sur la production de son pays, charges qu'il est absurde de confondre avec celles qui pèsent sur la consommation. Affranchir quelques-uns de cette part, au moyen d'habiles mesures de douane, n'est-ce pas leur créer un privilège aux dépens du travailleur ? n'est-ce pas violer à leur avantage les premières lois de la justice et du bon sens ?

Il est essentiel de remarquer aussi que certaines professions ou industries, ne pouvant s'exploiter que sur le sol français, sont, par le fait, affranchies de l'influence ou de la concurrence étrangère, pouvant toujours, par conséquent, répartir leurs charges sur le consommateur, tandis que d'autres sont forcément soumises à toutes les chances de dépréciation qu'entraîne le commerce extérieur ; presque tous les produits agricoles sont de ce nombre. L'État ne saurait se dispenser de pondérer cette situation ; il est tenu de sauvegarder toutes les forces nécessaires au développe-

ment normal de la nation, et d'empêcher que le travail
sans défense soit sacrifié à celui qui est privilégié par la
nature. Une abstention complète, sous le prétexte de
liberté, est une injustice et une erreur; elle tend à détruire
l'équilibre et l'harmonie des intérêts; elle provoque des
crises financières et industrielles qui font perdre en un jour
les progrès de plusieurs années.

Quant à l'exportation, il est indispensable au succès des
industries qu'elle soit régulièrement libre. Cette liberté
permet d'écouler les excédants de marchandises qui avili-
raient les prix sur les marchés et amoindriraient le travail
national. La Douane ne doit donc établir à la sortie que des
droits de balance minimes, incapables de compromettre
l'écoulement sur aucun marché, ni de restreindre le champ
d'exploitation du pays. Elle n'a pas à s'inquiéter d'une
exportation exagérée, nuisible à l'approvisionnement intérieur, parce que l'intérêt immédiat des détenteurs est de
bien surveiller la sortie des produits et de l'arrêter par la
hausse successive des prix qui s'opère à leur profit.

La ligne de conduite que je viens d'indiquer placerait la
Douane dans une neutralité intelligente et équitable entre
les diverses industries, tout aussi bien qu'entre le consommateur et le producteur; elle mettrait l'égalité et la justice
à la place de l'arbitraire et de la fantaisie, l'harmonie dans
le travail à la place de la spoliation des intérêts; elle appli-
querait les principes élevés de la science économique sur la
liberté des échanges, en les subordonnant, comme de raison aux situations imparfaites, inégales, créées et transmises par l'ignorance des temps passés; elle rendrait enfin
à la production agricole une sécurité et une stabilité sans
lesquelles elle ne peut ni vivre ni prospérer.

Aux personnes qui pourraient croire la richesse d'un
peuple basée sur l'étendue des relations extérieures, et, par

suite, sur la suppression complète des droits de douane qui entravent ce genre d'affaires, je ferai remarquer que les relations extérieures sont un signe de prospérité seulement quand elles sont appelées ou provoquées par un accroissement continu de bien-être à l'intérieur, et non pas quand elles sont surexcitées d'une manière factice par des facilités douanières exagérées. Presque toujours les résultats obtenus ainsi, beaux en apparence, préparent quelques désillusions, si ce n'est quelques désastres. Qu'importe de vendre beaucoup aux étrangers, si on le fait à perte ou à des prix insuffisants ! A quoi bon la facilité d'importer, si les ressources qui permettent d'acheter avec profit diminuent dans le pays !

Je ferai remarquer ensuite que le mouvement d'affaires, en France, sur toutes les valeurs qui y sont créées et consommées, n'est malheureusement constaté par aucune statistique régulière ; mais qu'il peut s'apprécier certainement à plus de vingt fois la somme des exportations ou des importations annuelles. Le moindre ralentissement dans ces immenses affaires risque donc de faire perdre bien au delà des avantages retirés des relations internationales. En vérité, il ne saurait être raisonnable de sacrifier un intérêt aussi étendu à un autre relativement minime, ni d'augmenter les relations extérieures aux dépens des relations intérieures déjà créées. Les forces productives se développent avec trop de lenteur pour qu'il puisse être sage de les compromettre quand elles ont acquis une haute importance.

En résumé, s'enfermer absolument chez soi et se priver par calcul des ressources des autres climats ou des autres nations, est une faute, un égoïsme condamnable ; mais une faute nationale plus grande est d'exposer étourdiment sa production, son travail, sa richesse à tous les hasards du monde, à toutes les convoitises étrangères : autrement dit, ce n'est pas faire une inconséquence de garder sa porte quand sa maison contient un trésor; mais cela est ridicule de la laisser toujours ouverte, et de compromettre ainsi ce trésor pour courir au loin chercher une fortune douteuse et vingt fois moindre.

Les théories douanières qui se basent purement et simplement sur l'intérêt unique et momentané du consommateur, sont fausses, attendu qu'avant le souci étroit d'obtenir les produits à bon marché, un intérêt plus grand à sauvegarder est celui d'en assurer la production, de ne pas l'amoindrir, et surtout de ne pas la livrer pieds et poings liés à une seule source, à un monopole écrasant; car, une fois bien établi par la ruine de la production et de la·concurrence intérieure, ce monopole ne manquera pas de se faire valoir d'une manière exagérée et d'exploiter la situation à son profit. Les étrangers ne s'en priveront pas plus que les nationaux; maîtres du marché, ils se donneront le loisir d'en régler les prix à leur convenance particulière, de faire payer cher leur supériorité. Il faut être dans une complète ignorance de la pratique et des lois commerciales pour douter d'un pareil résultat.

— Les *Octrois*, obstacle factice entre le producteur et le consommateur, constituent une anomalie étrange, au milieu de l'activité et de la liberté des échanges, officiellement proclamée comme principe fondamental de la richesse des nations.

Cette institution pousse à la fraude et à la falsification des produits; elle est assez injuste pour faire contribuer les habitants des communes rurales au luxe monumental des villes, tandis que les villes ne contribuent en rien à leurs plus modestes travaux.

Par la variété, l'irrégularité et le caprice des tarifs; les

octrois portent une atteinte évidente à l'égalité proportionnelle des impôts ou des charges, et à la liberté du travail,
base et pacte fondamental de notre société. On ne peut pas,
en effet, faire une distinction réelle entre le travail lui-
même et le produit qui en est la personnification, la concentration, et on ne peut pas le déclarer véritablement libre
quand les fruits de son activité sont soumis à des gênes
sans nombre, à des formalités de circulation vexatoires,
onéreuses, et à des taxes qui ressemblent bien plus à des
pénalités qu'à des impôts. L'excuse ordinairement donnée,
que le consommateur des villes, après tout, paie et rembourse ces charges, est inexacte; mais, fût-elle vraie, elle ne
changerait rien à l'action énervante, rétrograde, subie par
le travail, car il est écrit au fond de nos consciences que
l'argent ne saurait ni payer ni compenser la liberté. — Une
remarque essentielle est qu'aujourd'hui, avec la division
des industries, l'homme produit spécialement pour vendre,
et, tant que l'objet confectionné n'est pas arrivé au consommateur et vendu, soit directement, soit par un intermédiaire, on peut dire que le travail n'est pas terminé. De telle
sorte que toute gêne, toute entrave dans la transmission
des produits est, en vérité, un accroissement des frais de
production; — c'est une complication bénévole du travail
corporel, lorsque tous les efforts de l'humanité tendent, au
contraire, à le simplifier, à le rendre prompt et facile, à
éviter les pertes de temps, les embarras et les rouages inutiles. Quelle inconséquence! arrêter volontairement d'une
main l'élan qu'on provoque de l'autre; quelle faute impardonnable envers le progrès et la raison!

— La *Régie, avec ses divers impôts sur les boissons*, est
une aberration économique d'un autre âge, qui fera sourire
nos descendants les plus naïfs. Elle s'appesantit principalement sur les vins, trouvant en eux une matière imposable

par excellence, une industrie assez vitale pour subir toutes
ses exigences, et elle ne songe pas que la vigne est notre
spécialité, notre force ; qu'il faudrait, au lieu d'arrêter sa
marche, la délivrer de toute entrave, l'abandonner à son
puissant essor ! C'est le meilleur élément de travail de notre
sol ; qu'on lui laisse produire la richesse, et la richesse une
fois créée apportera à l'État sa contribution légitime ! Ici,
l'intérêt public est assez puissant pour montrer le chemin,
dans le cas où la justice et l'égalité ne suffiraient pas pour
l'éclairer.

Les principales nations civilisées nous donnent l'exemple ; les industries dont elles ont la spécialité sont maintenues prospères avec une scrupuleuse sollicitude, délivrées
de toute entrave, armées quelquefois de privilèges pour
mieux conquérir les marchés intérieurs et extérieurs, pour
abattre la concurrence, et, comme on dit vulgairement,
pour faire la loi ; elles ne perdent pas de vue, ainsi que
nous, la science et les moyens de s'enrichir, et se gardent
— l'expression n'est pas trop forte — de tuer ou de plumer
leurs *poules aux œufs d'or*.

Est-ce à dire que, le vin n'étant pas un produit de première nécessité, il n'y a pas lieu de favoriser le développement de sa production, et qu'alors la conduite exceptionnelle de la Régie à son égard est toute justifiée ? Si c'est là le
point de vue où le législateur s'est placé, il aurait dû avoir
la franchise de le publier hautement, et les viticulteurs
n'auraient plus aujourd'hui, pour rentrer dans le droit
commun, qu'à démontrer d'abord que le vin est aussi
nécessaire à la vie que le sucre, le café, l'huile, le lait, ou
n'importe quel autre produit beaucoup moins maltraité ;
puisque le vin contient les principes nutritifs de la viande,
et est appelé ainsi à suppléer cette dernière dont la production est naturellement limitée et insuffisante. Ils pour-

raient encore montrer l'heureuse influence que cet admirable produit a sur la santé, l'énergie et le caractère des individus, au point que les populations adonnées au cidre, à la bière ou à l'alcool, sont, toutes choses égales, atteintes d'une infériorité physique ou intellectuelle manifeste. Ils pourraient enfin placer leurs produits avec orgueil sous la protection de l'histoire la plus reculée, sous la sanction glorieuse de notre sainte religion. La tâche serait facile, et la justice ne se ferait pas longtemps attendre.

— Le *monopole des tabacs par l'État* est une de ces monstruosités économiques qui ne peuvent se soutenir que par l'habitude et l'irréflexion; c'est du communisme, du fouriérisme, de l'autocratie ou tout autre principe social étrange appliqué à une branche particulière de l'agriculture; c'est tout cela, excepté le seul principe bon, le seul juste, celui de la liberté et de l'égalité. Pauvre cultivateur! machine animée, il te faut planter un nombre déterminé de pieds de tabac par hectare; il faut que chaque pied ait un même nombre de feuilles, que des visites domiciliaires incessantes constatent ton obéissance passive; il faut que tu vendes tes *manoques* à la manufacture voisine, au prix et aux conditions qu'elle voudra bien t'imposer. Si ce prix te ruine, s'il te constitue le mercenaire impayé du fisc, tu ne peux ravoir ta marchandise ou en disposer, comme tout homme libre a le droit primordial de le faire du fruit de ses œuvres! non, elle restera prisonnière, — et quelques paroles railleuses, te souhaitant ou te faisant espérer un meilleur résultat pour l'année suivante, seront ta seule et unique consolation. — Dignité humaine, liberté sainte du travail, soyez sacrifiées; il s'agit de produire un peu de fumée : êtes-vous donc plus que cela!...

Certainement, on peut, à la rigueur, comprendre sur le

tabac, comme sur les cartes à jouer, un droit élevé de consommation ayant pour tendance de restreindre un emploi ou une dépense inutile au progrès de l'humanité; mais cela ne saurait excuser les charges, les tracasseries imposées au travail créateur, qui, après tout, ne perd rien de sa nature morale en s'appliquant sur tel ou tel objet, et devrait être indemne des hautes considérations gouvernementales.

— Pour les sucres et pour les sels, ces deux produits devenus essentiels à la vie, l'instabilité législative est extrême; elle change sans cesse toutes les données économiques de la fabrication : ce qui met le trouble, la confusion où devrait briller, pure et sans tache, l'harmonie de l'égalité et de la liberté.

§ II. — *L'enregistrement et les droits de mutation* nuisent aussi au cultivateur de diverses manières, principalement en empêchant la propriété rurale de s'organiser industriellement; ils établissent une espèce de pénalité de 6 à 8 p. 100 à la circulation du capital foncier, ce qui le rend *inerte*, impropre aux opérations du crédit, et, privant les campagnes de cette force immense, les constitue dans un état radical d'infériorité. Aucune transformation sérieuse dans l'état précaire des finances rurales ne pourra être entreprise avec succès et durée tant que ces entraves n'auront pas été complètement supprimées. Des réductions ou des atténuations seraient sans effet sensible, car ce n'est pas tant la quotité du droit qui nuit au crédit que les démarches et formalités imposées; il n'y a pas d'illusion à se faire à cet égard; il faut en prendre son parti, c'est tout à détruire ou rien à obtenir; c'est l'assimilation pure et simple de la terre à toute autre valeur négociable, afin d'arriver à une égalité parfaite d'allure entre la richesse mobilière et la fortune immobilière.

Le crédit agricole, dont une commune voix reconnaît aujourd'hui la nécessité, ne pourra être fondé qu'à ce prix. C'est pourquoi, dans les conditions présentes, toutes les tentatives de ce genre ont avorté ou sont restées à peu près impuissantes; et il en sera ainsi tant qu'une modification radicale n'aura pas été adoptée.

§ III. — *Les lois de partage des successions, et le morcellement exagéré du sol*, qui en est la conséquence, d'un côté empêchent l'emploi des machines de s'étendre et de réduire les frais de main-d'œuvre, arrêtent les grandes améliorations culturales, celles précisément qui ont le plus besoin de temps et d'espace pour s'exécuter, — et, de l'autre, augmentant sans cesse le nombre des producteurs et avec eux le nombre des vendeurs, créent sur les marchés une concurrence de plus en plus active. Cette concurrence, agissant entre individus jaloux les uns des autres, entraîne une baisse de prix tout à fait indépendante d'une plus grande production, elle diminue irrésistiblement la valeur intrinsèque du travail agricole.

Ce serait une erreur capitale de croire la prospérité industrielle ou rurale seulement subordonnée à l'accroissement de la production; l'étendue des bénéfices réalisés a une toute autre importance. Ils constituent, en réalité, la vitalité et le progrès d'une industrie. Le travail est un devoir relatif; l'homme n'est porté à le continuer ou à l'accroître que s'il en retire une rémunération satisfaisante; produire beaucoup et gagner peu sont deux faits qui s'excluent et se nuisent à la longue. Le gain doit donc suivre une certaine progression avec l'accroissement du travail. Or, pour obtenir des bénéfices, il faut faire de bonnes ventes, arriver à des prix rémunérateurs; croit-on, malgré la célèbre loi de l'offre et de la demande, loi si facilement faussée par la spéculation, que le petit cultivateur vaille autant que le grand pour défendre ses produits sur les marchés et maintenir les prix? Cela n'est pas admissible; chacun peut constater autour de soi l'influence qu'exerce la capacité des détenteurs sur le prix des marchandises. Aussi le mor-cellement contribue-t-il à avilir les produits du sol et à étouffer bel et bien l'agriculture au lieu de la faire prospérer.

Libre à certains esprits étroits de penser qu'en cela tout est pour le mieux, que l'économie réalisée par quelques-uns sur leur nourriture est le comble de la prospérité publique. L'égoïsme est une si belle chose, quand il ne porte pas ses regards au delà du cercle restreint où il se produit! quand il réussit à s'étourdir sur ses conséquences funestes, sur le paupérisme et la misère dont il est la source empoisonnée!

Le morcellement ne nuit pas seulement à la valeur du travail agricole, il nuit aussi, dans la plupart des cas, au travail lui-même. Il triple en moyenne la durée et les frais de déplacement, la peine exigée pour le transport des instruments, des engrais et des récoltes. Il augmente beaucoup les frais généraux nécessités par la vente des produits, par les approvisionnements journaliers, par le plus grand nombre de clôtures et de bâtiments d'exploitation. Il rend difficile la surveillance des terres; consacre en pure perte des surfaces considérables de terrain en passages communs, en chemins ruraux. Il crée un nombre indéfini de servitudes, d'enclaves enchevêtrées, source intarissable de contestations et de procès. Il porte enfin le désordre et la confusion dans la configuration du sol et dans la tenue des plans cadastraux.

Certainement le petit cultivateur emploie très bien son temps sur le morceau de terre qu'il possède; il en retire assez habituellement, à surface égale, un produit brut plus élevé que celui obtenu par le grand propriétaire; mais à quoi bon ce résultat, si d'autres charges inhérentes à cette situation arrivent à le compenser ou à l'annihiler? Pour la société, le sol est un instrument de production, une véritable fabrique alimentaire; l'intérêt général est qu'il se maintienne dans les meilleures conditions économiques, ou que le revenu net en soit le plus grand possible. Rechercher seulement le revenu brut, comme on le fait aujourd'hui, est une faute impardonnable, aussi nuisible à la nation qu'aux individus pris isolément.

On prétend, il est vrai, que l'accroissement du nombre des petits propriétaires a pour avantage immédiat de peupler le pays, d'augmenter le nombre des familles et des habitants; mais c'est une illusion dont les recensements périodiques démontrent la funeste étendue. Le bon sens devrait suffire pour faire comprendre que l'entretien d'une famille nombreuse est une charge trop lourde pour le petit propriétaire, car, soumis à des conditions générales d'exploitation très défavorables, il ne peut vivre auprès du grand qu'à la condition de se résoudre à un travail corporel excessif, exagéré, faisant obstacle à la bonne tenue du ménage, et de subir une série de privations dont la stérilité volontaire est la première en ligne, parce que c'est la plus facile à adopter. Les familles d'ouvriers employés sur les grands domaines sont loin d'avoir ces natures de préoccupations à un degré aussi prononcé. Dans les moments difficiles d'ailleurs, elles trouvent chez le propriétaire riche un soutien, un aide obligé, qui fait défaut au petit cultivateur vivant par ses seules ressources. L'association ne saurait toujours compenser cette influence protectrice du capital, attendu qu'elle ne pourrait se produire qu'entre des intérêts locaux, soumis aux mêmes catastrophes, aux mêmes vicissitudes culturales, et impropre dès lors à por-

ter un secours efficace dans une mauvaise année agricole
ou dans un désastre général.

Ainsi, il y a, dans cette question du morcellement, des
réformes immenses à rechercher et à accomplir. Il est urgent que le législateur se demande si le partage forcé des
terres n'est pas une condition fatale et permanente non
seulement de ruine pour l'agriculture, mais aussi de décadence pour la société.

§ IV. — *La conscription*, basée sur le sort, principe
antiéconomique, aveugle et cruel, désorganise sans cesse
le personnel agricole; elle enlève aux campagnes les meilleurs bras, le meilleur sang, et soutire au petit cultivateur,
par les frais d'exonération militaire, la plus grande partie
de ses économies; elle gêne les mariages, nuit à la formation des familles, et va même jusqu'à en provoquer l'amoindrissement systématique; car, pour beaucoup d'entre elles,
c'est une dure perspective d'entrevoir dans l'avenir ou une
séparation douloureuse, ou un sacrifice d'argent hors de
proportion avec leurs faibles ressources. Cette conséquence
déplorable compromet, dans une mesure très importante,
aussi bien la fortune et la stabilité agricole, que le développement de la population du pays; elle nous prépare une
infériorité à la fois corporelle et numérique vis-à-vis des
nations assez intelligentes pour n'avoir pas de conscription :
inévitable retour de la Providence, qui fait naître de l'abus
de la force aujourd'hui, la faiblesse de demain !

En dehors de tous ces maux, cette institution est, sauf
l'état de guerre nationale, une inégalité sociale criante; car
sa première raison d'être réside dans la protection des
grands intérêts communs, tels que le maintien des frontières, la sauvegarde de l'indépendance et de la fortune publique. En bonne justice, ces intérêts devraient concourir

à leur défense dans la proportion exacte de leur valeur; or, une famille millionnaire n'est pas plus taxée pour cet objet qu'une famille sans ressource; une ville riche, pas plus qu'un village pauvre d'une population égale; une grande propriété pas plus qu'une petite; celle appartenant à un étranger ne paie rien. On dit bien que l'armée, étant destinée à la défense du sol, doit surtout être prise dans les campagnes; mais on ne réfléchit pas que la terre, par la nature alimentaire et indispensable de sa production, est aussi utile à la nation entière qu'aux seuls agriculteurs, et que la sauvegarde des produits importe tout autant que celle du fond. Par conséquent, au nom de la justice et au nom de la solidarité qui lie tous les habitants, toutes les fortunes d'un pays, l'entretien de la force publique, la défense du sol de la patrie devrait être une charge commune, supportée par chacun dans la mesure exacte de ses ressources ou des valeurs matérielles qu'il représente.

§ V. — *Le défaut d'équilibre et de solidarité* dans la tenue des marchés agricoles, le mode arriéré, vicieux, employé pour l'écoulement ou la dissémination des produits, la grande influence, le nombre exagéré des intermédiaires, empêchent le cultivateur de vendre dans des conditions rémunératrices. Ces diverses causes réduisent ses bénéfices légitimes dans des proportions considérables, quelquefois même elles arrivent à les supprimer.

Que penser de ce système primitif adopté pour la vente de la plupart des produits du sol : l'apport sur le marché, la mise en ligne de l'offre sur la place publique, pendant que la demande se cache ou se dissimule avec le plus grand soin ? Ce système arriéré, tout au plus admissible pour les relations directes de consommateurs à producteurs, est vicieux et faux devant les intermédiaires ou les spéculateurs. Si le vendeur n'accepte pas l'offre de l'intermédiaire, lequel n'est presque jamais pressé d'acquérir comme peut l'être le consommateur, il est réduit à rapporter chez lui des denrées amenées souvent d'une distance de dix à vingt kilomètres, à perdre sans aucun résultat sa journée et celle de son attelage ; — et devant une pareille perspective, n'est-il pas contraint d'abaisser ses prétentions les plus modestes du montant même des frais de déplacement ? La concurrence entre les intermédiaires ne remédie pas au mal, car elle est largement compensée par celle des vendeurs, dont la rivalité et la jalousie dépassent très souvent les limites de l'intérêt. On ne peut donc admettre qu'il y ait un équilibre satisfaisant dans ce mode de transaction, et que la base en soit équitable.

Certainement le commerce est indispensable, il vivifie toutes les industries ; ce serait une chimère absurde, une niaiserie des plus grandes, de supposer que la société puisse marcher sans lui ; mais dans les relations intérieures ayant les produits de notre sol pour base, il ne devrait pas être indépendant, c'est-à-dire purement personnel. La liberté a des limites infranchissables, elle s'égare quand elle devient nuisible à autrui et surtout à la richesse du pays. L'intermédiaire agissant pour son propre compte, quelque honnête qu'il soit d'ailleurs, a-t-il à s'inquiéter aujourd'hui un seul instant du prix de revient des produits du sol ? Que lui importe individuellement d'appauvrir l'agriculteur lorsqu'il achète trop bon marché, ou de diminuer la consommation quand il vend beaucoup trop cher ? Songe-t-il à l'obligation morale de sa profession, d'obtenir l'écoulement de toutes les valeurs extraites du sol, dans des conditions justement rémunératrices ? Bien loin de là, il n'a qu'un souci, la vie sociale dût-elle en être désorganisée : rendre aussi grand que possible l'écart entre le prix de consomma-

tion et le prix de production, accroître démesurément ainsi
le champ et la chance de ses profits. Existe-t-il en cela
une ombre de solidarité, de fraternité sociale? Est-ce une
organisation économique digne des principes civilisateurs,
des principes de haute charité de notre religion et de notre
foi ? A quoi bon, en vérité, la morale et ses préceptes ?
quelle confiance peut-elle inspirer, si les transactions matérielles de l'humanité n'en portent pas le sceau impéris-
sable et ne sont pas soumises à la sagesse de ses'lois ?

Ce n'est pas tout. Quand le consommateur paie largement le producteur, il lui donne des facilités de production,
il prépare d'une manière heureuse une baisse certaine pour
l'avenir, il le pousse vers le progrès; mais, quand c'est
l'intermédiaire indépendant qui est largement payé, le
nombre en augmente, s'exagère, le *parasitisme* s'accroît,
tandis que la production reste stationnaire ou dépérit.

Ce défaut de liaisons fixes et régulières, entre le producteur et le consommateur, rend l'écoulement des produits
aléatoire, incertain. Si plusieurs intermédiaires se trom-
pent dans des spéculations hasardeuses, ou se trouvent
arrêtés dans leurs affaires par une gestion inconsidérée, ils
entraînent dans les mêmes embarras les producteurs en
rapport avec eux, lesquels, en bonne justice, devraient ne
pas souffrir ou ne pas être responsables de fautes qui leur
sont tout à fait étrangères. Aussi n'est-il pas d'étude plus
utile, plus impérieuse, mais en même temps plus délicate,
que celle de la solution de ce vaste problème : l'organisation des marchés au point de vue de la justice, de l'hon-
nêteté et de l'économie des transactions.

Déjà l'esprit public s'en est ému, des sociétés coopératives s'organisent de toute part; cette solution me paraît
trop radicale. L'enquête devrait en rechercher d'autres plus
générales et d'un caractère moins absolu.

Les États-Unis, sous ce rapport, sont nos maîtres et peuvent nous indiquer la voie à adopter. L'admirable organisation économique de leurs marchés, du mode de dissémination de leurs marchandises, contribue bien plus que leur organisation politique au développement merveilleux de leurs richesses; et c'est là que nous devrions aller chercher des exemples à suivre et la solution des difficultés au milieu desquelles nous nous débattons depuis tant d'années.

A peine récoltés, les grands produits du sol américain sont expédiés dans les villes, et reçus dans d'immenses magasins (*warehouses*). Des commissionnaires (*merchant-commissioners*) sont chargés de la réception et de la vente pour le compte des cultivateurs, moyennant une commission déterminée par les chambres de commerce; elle varie, suivant la nature des produits, entre 2 et 5 pour cent de la valeur réalisée.

Ces commissionnaires, partie considérable du haut commerce, se trouvent ainsi solidaires des cultivateurs; ils ont intérêt à prôner, à faire valoir leurs denrées et à en obtenir l'écoulement à des prix élevés. Dans ce but ils influencent, attachent à leur cause les journaux, les courtiers, les bourses et les banques; ces dernières surtout leur sont entièrement dévouées. Prévoient-ils une abondante récolte? leurs mesures sont prises longtemps à l'avance; de nouveaux crédits, de nouveaux débouchés sont ouverts; l'administration supérieure est avertie, elle leur vient en aide quand il y a lieu, et cette grande récolte s'écoule en faisant la richesse des campagnes, tandis que, chez nous, nous serions tristement réduits à la redouter. L'esprit public même est associé à cette tendance; à tel point que la nation se considère comme une vaste usine, une immense maison de commerce, intéressée à tirer un bon parti de

ses denrées, à donner une haute valeur à son travail, et
qu'une forte baisse sur le coton, le maïs ou le blé, est dé-
plorée comme une calamité publique.

En outre, ces négociants-commissionnaires font des
avances de fonds au cultivateur, se chargent de tous ses
achats, de tous ses besoins en ville, et forment ainsi, dans
les grands centres, la représentation sérieuse, puissante,
efficace de tous les intérêts agricoles. Aussi est-il vraiment
merveilleux de voir en temps ordinaire la prospérité inté-
reure des États-Unis, le bien-être qui s'établit peu à
peu, et quelquefois très vite, dans toutes les exploitations
naissantes. Certainement le sol est vierge, mais il est en
même temps inculte et sauvage, et l'inutilité des engrais
se trouve largement compensée par l'obligation de faire
tous les défoncements, tous les écoulements d'eau, tous les
nivellements, toutes les routes, toutes les constructions. Il
est donc naturel de croire qu'avec une organisation agricole
similaire, nous serions en France dans des conditions
meilleures pour prospérer.

V

Deuxième série. — Vices et défauts inhérents soit à
l'organisation rurale, soit au mécanisme affecté à la constitution propre de l'agriculture française, plus particuliers
à l'agriculteur qu'à l'ensemble de la société.

§ Ier. — *Les rapports entre le travail et le capital* consacrés à la culture sont en France mal définis, défectueux,
trop souvent entachés d'égoïsme. Dans bien des cas, ils ne
sont pas soumis à des conditions stables et rigoureusement
équitables.

Le fermier, par exemple, ne devrait-il pas jouir de baux d'une durée proportionnée à la probabilité de son existence, et avoir une part assurée dans la plus-value des terres? plus-value qui presque toujours est la conséquence ou le résultat de son travail. Peut-il perfectionner sa culture sans améliorer le sol qui est son principal instrument? S'il entreprend ce travail avec conscience, une augmentation de fermage ne vient-elle pas bientôt tourner contre lui ses peines, son intelligence, l'arrêter dans ses succès financiers? Est-ce réellement de la justice? Est-ce surtout une condition normale de prospérité?

Les Anglais l'ont si bien compris qu'une loi dite de lord Kames assure au fermier, à la fin de son bail, la moitié dans la plus-value des terres, dûment constatée par la plus-value du fermage. C'est aussi cette proportion de moitié qu'il serait juste d'établir chez nous. Grâce à cette mesure, le fermier deviendrait riche, exploiterait mieux le sol, et serait bientôt conduit à combler la perte momentanée imposée au propriétaire.

Le métayage est une association disparate entre le capitaliste et le travailleur, lorsqu'il donne des droits égaux sur la production du sol. Le premier, en effet, est porté à ne reconnaître que les améliorations faites par le capital, tandis que le second ne sait comprendre que celles obtenues par le travail; et pendant leurs discussions pour essayer de s'accorder, le fonds reste dans le même état de culture, aucun progrès ne s'accomplit. En industrie, une association pareille peut être féconde; mais en agriculture c'est le triomphe de la routine et du *statu quo*. La terre n'est pas un outil ordinaire, une machine à effets déterminés. Les améliorations effectives qu'elle reçoit ne sont pas chiffrables avec exactitude, la durée en est très incertaine. Puis les produits du sol sont variables en qualité et en quantité;

soumis à des conditions atmosphériques d'une irrégularité désespérante. Établir le progrès sur des bases d'entente justes avec des éléments si mobiles, est d'une difficulté à peu près insurmontable.

Ce n'est pas le seul reproche à adresser au métayage. Il fait en outre des propriétaires du sol une classe de désœuvrés, ayant pour unique occupation et souci, 3 ou 4 fois dans l'année, de partager les récoltes et d'en recueillir leur part. Le reste de leur temps aussi bien que les ressources de leur intelligence se trouvent ensuite sans emploi fixe et sont presque toujours perdus pour eux et pour la société.

Les salaires, les associations rurales, le bail à cheptel, le droit de chasse, les biens communaux, la voirie vicinale, les prestations, les risques et les assurances agricoles, la falsification des produits, le monopole du courtage, et bien d'autres points secondaires, mériteraient d'être étudiés en vue des droits stricts du travail et des travailleurs agricoles; mais ce serait compliquer cette étude sans y découvrir des moyens très importants d'amélioration, d'autant plus que la guérison des grands maux entraîne à sa suite et naturellement celle des maux moindres ou subordonnés.

Une loi nouvelle vient de supprimer le monopole des courtiers en marchandises, précisément de ceux dont l'action gênait souvent l'équilibre des relations entre le travail agricole et le capital commercial : c'est un progrès. Mais la réorganisation à intervenir a besoin d'être sagement dirigée pour ne pas tomber à l'égard des cultivateurs dans le même excès ou peut-être dans un excès pire. Ce serait l'occasion de songer au système américain des négociants-commissionnaires, en essayant de l'appliquer avec les modifications que comporte la nature de nos produits et de nos débouchés. — Sans aucun doute, les capitaux engagés dans cette voie trouveraient des profits aussi assurés que légitimes, sans parler de l'importance sociale et de la haute moralité attachées à leur emploi.

§ II. — *L'absence d'un code rural* sagement conçu, d'une police locale bien faite, n'a pas favorisé dans les campagnes le développement de l'ordre, l'amour et le respect de la propriété privée ; il en résulte que les produits du sol restent abandonnés à des vols, à des déprédations décourageantes, et que les relations entre les ouvriers et les chefs de culture sont devenues difficiles, désagréables, on pourrait dire souvent impossibles. La concurrence entre les travailleurs permettait autrefois une certaine sanction pénale ; si Paul négligeait son travail, on le menaçait de prendre Pierre à sa place ; aujourd'hui, avec la rareté des bras, cette utile sanction n'existe plus, et le cultivateur est soumis sans contrepoids aux exigences ou au mauvais vouloir de ses subordonnés. Les choses en sont arrivées à un tel point de gravité, les tribulations des propriétaires sont parfois si poignantes, si absurdes, qu'elles suffisent pour dégoûter les plus débonnaires et les porter à fuir pour toujours la vie rurale.

Le cadastre de toutes les communes, de toutes les propriétés foncières a été un grand et utile travail ; mais malheureusement on n'en a pas tiré tout le parti possible. On l'a consacré d'une manière exclusive à l'intérêt fiscal, au lieu de l'étendre à l'intérêt particulier des détenteurs du sol, à notre époque presque tous cultivateurs.

Ainsi, de nombreux points de repère, fixes, indiscutables, auraient dû être établis dans toutes les sections rurales pour faciliter le bornage, la délimitation des terres et lui donner un caractère public d'authenticité peu coûteux à constater. — Puis le classement des propriétés par sections et par numéros fait par le cadastre, aurait dû être imposé dans la confection des titres et servir de désignation principale ou officielle.

Ces deux dispositions si simples auraient rendu la possession, ou le droit de possession plus clair, plus déterminé; elles auraient permis d'éviter des procès, des frais de justice toujours hors de proportion avec les intérêts engagés, et ruineux pour les cultivateurs obligés d'y recourir.

On peut comprendre que les procédures multipliées, les frais onéreux attachés aux contestations nées de la jouissance ou de l'exploitation du sol, contribuent beaucoup à gêner l'agriculture, à lui enlever une partie de ses ressources, et qu'un bon code rural, de bonnes règles pour le travail agricole, seraient d'une nécessité absolue.

§ III. — *Une statistique détaillée*, exacte de toutes les cultures, des ressources et des produits de notre sol, dressée non seulement par commune, mais aussi par grande propriété ou agglomération de petites, devrait être publiée chaque année, peu de jours après les récoltes, affichée dans les villages; elle est indispensable au cultivateur pour déterminer sûrement la valeur de ses produits et le mettre à l'abri des manœuvres intéressées de la spéculation ou du commerce. La fixation des prix provient d'une lutte, et la société devrait veiller à ce que chacun eût des armes égales; car user ou abuser de l'ignorance des gens peut être une manœuvre tolérée d'individu à individu, mais elle ne saurait l'être par l'État; il ne doit pas du moins s'en rendre complice. Le réseau si savamment combiné, si habilement conduit de l'Administration, et le cadastre dressé à si grands frais, auraient d'ailleurs dans ce travail une nouvelle raison d'être, qui ne serait pas la moins utile et la moins sympathique aux administrés, la moins profitable à la nation.

§ IV. — *L'insuffisance de l'éducation agricole* est incontestable. La profession d'agriculteur exige, pour être réellement comprise, des connaissances très variées. Elle a besoin de saines notions de mécanique, de chimie, de botanique, de météorologie, d'hydraulique, d'architecture, de géodésie, etc. ; des connaissances économiques et commerciales lui seraient même nécessaires. Cependant on se préoccupe fort peu, dans nos écoles communales, de l'étude de ces sciences; à peine si leurs noms y sont connus.

Puis la direction, soit trop futile, soit trop littéraire, donnée aux études généralement suivies, enlève le goût de la vie des champs. Elle prédispose les enfants bien plus aux occupations sédentaires, uniformes des bureaux ou de l'industrie, qu'aux rudes travaux agricoles, où la prévoyance, le calcul et la force physique sont à chaque instant indispensables. — On trouve la faucille, la bêche et la charrue lourdes à manier, quand on n'a tenu entre les mains pendant plusieurs années qu'une aiguille, une plume, ou un livre; on les trouve sans attrait, quand on n'a pas appris de bonne heure à reconnaître l'utile et à le mettre au-dessus du superflu.

La crainte que l'éducation dans les campagnes ne contribue à augmenter la rareté des bras adonnés à l'agriculture et l'éloignement pour la vie rurale, n'a pas de fondement, si cette éducation reçoit une direction professionnelle convenable; car tout esprit habitué à un aliment particulier, ou dominé par une aptitude, est maintenu dans sa sphère par un lien intellectuel très difficile à rompre; tandis que l'ignorance et la banalité du travail ne sauraient former aucun attachement déterminé. On abandonne évidemment sans peine une profession avec laquelle l'intelligence n'a établi aucune intime solidarité; on se passionne, au contraire, pour celle qui absorbe, utilise les

facultés acquises et relève l'individu à ses propres yeux. —
Ensuite l'application des instruments, des méthodes per-
fectionnées d'agriculture n'est possible qu'avec des aides
capables de les comprendre, qu'avec des ouvriers éclairés.
Vouloir le progrès de cette branche de l'activité humaine
et laisser son personnel dans l'incapacité ou la routine, est
une contradiction, une inconséquence des plus grandes.

§ V. — Enfin, *le manque de publicité locale et de prépon-
dérance communale*, résultant de l'excès de centralisation
administrative, entre autres conséquences fâcheuses, enlève
aux populations rurales le mouvement et la force politique dont elles auraient besoin. Cela permet aux misères
agricoles de s'étendre sans que l'opinion publique en soit
avertie ou puisse les soupçonner.

La plupart des fonctionnaires que crée la centralisation
sont nomades, étrangers à la localité, et tiennent avant tout
à y conserver leur suprématie; partisans du bon marché
quand même, appréciant superficiellement les choses, les
bornant à peu près toutes à leur horizon, ils ne voient pas
sans ombrage leur importance personnelle et leur bien-
être matériel menacés par la hausse des denrées et, conséquemment, par l'accroissement du revenu ou de la fortune
des producteurs qui les entourent, avec lesquels ils n'ont
aucune solidarité. Aussi, en général, le cultivateur trouve-
t-il en eux, pour la défense de ses intérêts matériels, plutôt
du mauvais vouloir qu'un appui sincère. Ce n'est pas la
faute des hommes, c'est uniquement celle des institutions.

Dans les grandes villes, l'action des fonctionnaires est
toute différente : forcément débordés par des situations de
fortune très supérieures, ils ne dédaignent pas de se mettre
au service des hautes notabilités du commerce, de l'industrie ou de la finance, et d'augmenter ainsi l'importance de

situations déjà prépondérantes par elles-mêmes. — Mais qu'y faire? — Malheureusement rien, et « honni soit qui mal y pense ».

VI

Tel est, je crois, l'ensemble des principales causes de souffrance de notre agriculture. Cette investigation cependant n'est pas tout à fait complète; elle ne s'étend ni aux causes purement politiques, ni à celles d'un ordre tout particulier, telles que *l'impôt foncier*, *l'organisation maritime et coloniale*, *l'émigration*, *le commerce des engrais*, *le monopole des banques*, *le régime des eaux et forêts*, *les concours régionaux*, *le charlatanisme agricole*, etc. Mais les points signalés expliquent péremptoirement, ce me semble, pourquoi le travail agricole s'atrophie, s'arrête dans sa source et perd tous les jours de sa force vitale. Il lui faut, en vérité, une vigueur exceptionnelle pour avoir résisté et résister encore à toutes ces influences pernicieuses; mais la lassitude, le découragement commence, un ébranlement funeste se fait sentir, et, dans l'intérêt de la société, on doit enfin placer les cultivateurs et leurs produits sous le régime du droit commun, sous l'égide de l'égalité. Cette organisation renferme une grande question d'avenir, de sécurité, de patrie; l'harmonie dans les intérêts, le bonheur de la vie, la prospérité de chacun et de tous s'y rattache et en dépend.

On ne doit pas rester dans une situation tellement défectueuse et pleine de périls, qu'elle renferme, *a priori*, la cause transcendante de nos crises sociales ou politiques et de nos immenses désastres financiers : l'ensemble du travail et des capitaux peut-il impunément négliger ou abandonner les terres, base et origine de toute valeur? Des mesures administratives mal étudiées, irréfléchies, peuvent-elles impunément aussi détourner de l'agriculture, cette force tutélaire, cette mère-nourricière des nations? Comment ne pas croire que sur cet aveugle esprit d'ingratitude, comme sur toutes les erreurs humaines, la justice suprême n'étende ses droits et ne réserve ses châtiments!

On se perd en hypothèses sur les causes premières de nos misères sociales : la stérilité et l'antagonisme dans les familles, le paupérisme, et ce flot montant de crimes et d'incendies, de suicides et de folies, de détournements et de faillites. On ne songe pas à les rattacher à la situation présente de notre agriculture; on préfère attaquer la philosophie, le culte, la science, la politique, la littérature, les journaux, etc., sans se douter que l'on fait fausse route, ou tout au moins que l'on s'arrête en chemin. Il est grand temps d'ouvrir les yeux sur toutes ces choses, de penser à une réforme radicale, et de quitter les régions spéculatives pour s'occuper terre à terre et sérieusement de la réalité.

On parle beaucoup, à notre époque, d'initiative individuelle; on est assez enclin à s'en rapporter tout à fait à elle pour résoudre les plus graves questions du moment; sans dénier entièrement le bon côté de cette tendance, à l'égard de l'esprit d'entreprise ou d'affaire, je pense que le Gouvernement a ici une mission tutélaire à accomplir, facile, d'ailleurs, à comprendre et à justifier.

Il existe une différence considérable entre les conditions économiques qui régissent l'industrie et le commerce, d'un côté, et l'agriculture, de l'autre. Quand le prix des denrées ou du travail est trop bas, n'est pas rémunérateur, l'industriel peut arrêter ses machines, suspendre sa production; le commerçant peut restreindre ses affaires, fermer momentanément ses livres ou son comptoir; — mais le cultivateur, soumis aux lois supérieures de la nature, est contraint de poursuivre l'assolement de ses terres, l'élevage de ses bestiaux, la taille de ses arbres ou de ses vignes; la plus légère modification dans ses cultures exige des années et des dépenses. Il ne peut pas, comme l'industriel, travailler sur commande, calculer, discuter à l'avance ses profits; il lui faut, au contraire, attendre deux ou trois ans pour rentrer dans ses débours et connaître le résultat financier de son labeur. Durant les années ou les périodes passagères de grande prospérité, il ne saurait suivre l'exemple des fabricants et des négociants qui doublent, triplent, décuplent à volonté leurs productions ou leurs affaires; il ne saurait, comme eux, augmenter indéfiniment ses bénéfices, ni les multiplier en proportion de l'état favorable des circonstances.

De là une différence radicale de force et d'action, très préjudiciable au cultivateur. Sans aucun doute, cette différence est l'origine première de tous les mécomptes, de toutes les souffrances de l'agriculture, et elle est suffisante pour justifier l'ingérence gouvernementale aux yeux de tous les hommes de sens et de progrès, de tous les esprits consciencieux qui recherchent l'égalité devant le travail, comme une conséquence obligée de l'égalité devant la loi, comme un principe essentiel, absolu de la civilisation moderne. Du reste, les hommes puissants et éclairés qui nous gouvernent savent que la prospérité générale, noble sujet de leurs recherches, de leur ambition, est intimement liée à celle de l'agriculture, qui assure la nourriture et la vie de la société en proportion de ses ressources et de sa richesse; ils savent que le commerce et l'industrie ne trouvent d'affaires durables et sûres que dans l'extension des besoins, des dépenses et des récoltes de nos campagnes; ils savent enfin que la prospérité matérielle des individus est la base certaine, le point de départ le plus vrai de tous les perfectionnements moraux et intellectuels de l'humanité; — et quand on vient leur prôner l'initiative individuelle absolue, c'est-à-dire l'abandon du faible à la rapacité du fort, ils peuvent répondre que leur mission est de gouverner, c'est-à-dire d'harmoniser les intérêts, en maintenant au profit de tous l'équilibre et la justice!

VII

Dans la nomenclature précédente des causes générales des souffrances de l'agriculture, je n'ai pas indiqué *la dépopulation des campagnes, la cherté de la main-d'œuvre, l'absentéisme des propriétaires, les procédés arriérés de culture, les voies incomplètes de communication, la baisse ruineuse des céréales*, etc......, parce que, à mon avis, ce sont simplement des conséquences ou des effets bien plutôt que des causes. Effets palpables, qui mettent au grand jour la gravité et les difficultés de la situation, mais qu'il serait très fâcheux de confondre avec les vices organiques d'un ordre plus élevé.

Cette faute d'appréciation pourrait rendre la recherche de la vérité difficile, peut-être même impossible. Croire, en effet, que l'agriculture souffre uniquement parce que les bras et les capitaux s'éloignent d'elle, et borner là son investigation, c'est vouloir rester dans le vague et l'inconnu; c'est apporter dans cette question sérieuse l'esprit le plus superficiel en s'arrêtant aux apparences, au lieu de rechercher l'origine des choses. Aussi l'enquête projetée n'aboutirait à rien, si, dans ses déductions, l'ombre pouvait y être prise pour la proie, et si des catégories distinctes entre les diverses natures de perturbations agricoles n'y étaient pas scrupuleusement établies et maintenues. — Une pareille nullité dans les résultats serait un malheur, non seulement pour les modestes cultivateurs dont les sueurs infécondes et le dévouement s'épuisent peu à peu à leur œuvre ingrate, mais pour la France entière qui, depuis 1789, aspire de tous ses vœux, de toute son âme, à l'établissement d'un état économique stable, digne de sa grandeur et de ses hautes destinées, et qui, sous la beauté de son ciel, n'a cessé de comprendre qu'elle peut, qu'elle doit faire la vie large à tous ses enfants.

VIII

Que conclure de toutes les observations précédentes? Quels conseils, quels remèdes faut-il apporter à la situation compromise de nos cultivateurs?

Certes, chaque lecteur, appréciant la portée plus ou moins grande des vices que j'ai signalés dans l'organisation agricole, peut lui-même arrêter son attention sur ceux qui lui paraissent les plus graves ou les plus fondés; et comme conclusion, il me suffit de l'engager à employer tous ses efforts, à user de tout son pouvoir pour les faire disparaître ou pour les modifier. Le suffrage universel existe, inexpérimenté sans doute, mais enfin il met les réformes entre les mains de tous, et chacun est tenu de s'en servir ou de le diriger dans les limites de son jugement et de ses convictions.

Cependant, j'ajouterai que chacun aussi doit arriver à se convaincre que le retour sérieux à la vie rurale bien organisée est une nécessité pour son propre bonheur et pour la prospérité du pays; qu'aucune occupation n'est plus

noble, plus grande; qu'en rapport direct avec la nature,
l'agriculteur reçoit d'elle seule ses ordres et ses inspira-
tions, et que, placé ainsi au-dessus des petitesses humaines,
la sérénité et la confiance l'accompagnent dans les sentiers
difficiles de la vie. La femme, la mère elle-même recevra
dans ce milieu régénéré une influence salutaire et vivifiante,
une intuition meilleure de l'esprit pur et vrai de sa destinée.

Aller plus loin, formuler quelque article de loi ou de décret applicable dans la circonstance, serait, je le crains,
vouloir guérir le malade avant de bien connaître sa maladie; ce serait risquer d'embarrasser les recherches particulières par des idées prématurées ou préconçues. — L'étude
attentive du mal et le retour sincère à la vie des champs
me paraissent donc la conduite pratique à proposer en ce
moment, et j'y convie tous les esprits observateurs dévoués
à leur pays.

Je crois, en outre, que l'entente entre les diverses
branches de l'industrie rurale, que l'union de tous les intérêts qui s'y rattachent, que la manifestation publique des
besoins et des droits des cultivateurs, sont nécessaires pour
conduire à un remède radical; car, avant tout, il faut
dissiper dans l'opinion les préjugés, les erreurs, les
égoïsmes, qui constituent les vrais obstacles au triomphe
du travail, les termites rongeurs de ses fruits précieux.

Je crois que les agriculteurs, membres actifs, innés de la
société, n'ont, en somme, qu'à réclamer hautement du
pouvoir législatif la place due à tous, l'application immédiate, à leur égard, du droit commun. Heureux de consacrer une part de leur labeur aux charges de la patrie, ils
doivent exiger, au nom de la justice et au nom du progrès,
que cette part soit désormais fixée égale ou proportionnelle, et qu'au lieu de la baser sur de simples apparences,

on se donne la peine d'aller jusqu'au fond des situations et des choses.

L'enquête agricole commencée est un pas décisif vers cet indispensable résultat, surtout si elle s'éclaire dans ses déductions par ce principe sublime de charité chrétienne : Ne faites pas à autrui ce que vous ne voudriez pas qu'on vous fît; c'est-à-dire : *Ne chargez ni d'impôts, ni d'obstacles le travail d'autrui, plus lourdement que vous ne voudriez que le vôtre même fût surchargé.*

Toute l'économie sociale est là, se résumant par *liberté, égalité, justice,* symbole vrai des besoins de l'agriculture, aussi bien que des besoins de la nation. Il renferme le secret de toutes les souffrances agricoles du moment et la trace lumineuse de tous les progrès à accomplir; lui seul enfin peut nous montrer la route vers ces grandioses, ces irrésistibles aspirations de notre époque : le bien-être et le bonheur de tous par le travail rendu honnête, intelligent et libre !

IX

Lecteurs, songez-y; chacun de vous, dans la mesure de ses forces, tient entre les mains la prospérité réelle de notre pays; vous constituez l'opinion; en France, n'est-elle pas tôt ou tard souveraine? Si vous êtes étrangers à la vie rurale, faites un peu de place à vos concitoyens, à vos frères de l'agriculture; invitez-les à la table commune; ils vous rendront au centuple le bienfait que vous leur aurez accordé; et, ineffable récompense ! la postérité, vos enfants vous béniront.

ÉTUDE

SUR LE

MORCELLEMENT DE LA PROPRIÉTÉ FONCIÈRE

———

(1869)

ETUDE

SUR LE

MORCELLEMENT DE LA PROPRIÉTÉ FONCIÈRE

COMPARAISON ENTRE LES RÉSULTATS ÉCONOMIQUES

D'UN PETIT, D'UN MOYEN & D'UN GRAND VIGNOBLE

Lecture faite à la Société d'Agriculture de la Gironde.

(1869)

Sur l'invitation bienveillante de notre honorable Président, je viens vous soumettre, Messieurs, un travail de comparaison entre les résultats économiques susceptibles d'être obtenus par l'exploitation d'une petite, d'une moyenne et d'une grande propriété vinicole, que nous supposons placées en Médoc, dans les environs de Lesparre, et livrées à la production des vins rouges ordinaires non classés par le commerce.

Les trois types ou systèmes différents que je me propose d'examiner et de comparer dans leurs résultats, sont les suivants :

1º *La petite propriété, cultivée à bras par un paysan et sa femme*, propriété établie sur un terrain de consistance moyenne, formé d'argile et de sable graveleux. Dans ce système, l'étendue de terre la plus convenable pour faire vivre le ménage et permettre sans aucun aide la bonne exécution de tous les travaux, comporte, en mesure locale un tiers d'hectare environ.

4 journaux de vignes maintenus en plein rapport, et *1 journal* de terre utilisé partie en emplacement et petit jardin, partie en culture sarclée, maïs, pommes de terre, etc. (total 1 hectare 60 ares). Cette dernière nature de récolte ne peut s'obtenir en Médoc, dans le vignoble même, parce que les souches de vigne y sont placées à trop petite distance les unes des autres. Pour la même raison, le froment ne peut y être cultivé; d'ailleurs, placé près d'une habitation, il est trop exposé aux déprédations de la volaille et des oiseaux.

2° *La moyenne propriété, basée sur l'emploi et l'entretien d'une paire de bœufs pour exécuter les façons de la vigne.* Ce genre de domaine est exploité par le travail du propriétaire, celui de sa femme, d'un aide laboureur et de quelques journées d'ouvriers.

Le type qui me semble le plus avantageusement disposé pour bien utiliser le temps du propriétaire et la force de son attelage doit comporter :

20 journaux de vigne, dont 1 journal environ de plantes destinées à renouveler le vignoble ;
6 journaux de terre arable consacrés à la culture du froment, du maïs et des pommes de terre;
6 journaux en prairies naturelles ou artificielles servant à la nourriture des bœufs.

32 journaux en totalité (10 hectares 25).

3° *La grande propriété, dont le possesseur ne travaille*

pas directement lui-même et borne ses soins à la direction, à la surveillance et à la comptabilité de son exploitation. Tout le travail mécanique est exécuté par un maître-valet à gages, des valets laboureurs sous ses ordres et des vignerons à prix faits. De telle sorte que, dans ce système, le capital, plutôt que le travail personnel, supporte les chances aléatoires de la culture.

Le meilleur type pour utiliser convenablement toutes les forces mises ainsi en œuvre m'a paru devoir être composé d'une étendue de vigne et de terre cinq fois plus considérable que pour la moyenne propriété, soit 160 journaux comprenant :

100 journaux de vigne, dont 4 à 5 de plantes encore improductives, et 4 à 5 autres de vieilles vignes ne donnant qu'une demi-récolte.

Dès à présent, il est bon d'observer que les vieilles vignes, si elles produisent moins, ont le grand avantage de donner des vins d'une qualité supérieure. Il est bon d'observer aussi qu'un vignoble très étendu contient nécessairement des terrains de qualités inégales et des parties maigres où la production et la durée de la vigne ne peuvent être aussi considérables que dans les propriétés petites ou moyennes qui s'établissent sur des terrains choisis. Il en résulte que, toutes proportions gardées, le grand vignoble exige des fumages plus fréquents que le petit; mais cet inconvénient est en partie compensé par ce fait remarquable que la qualité des vins est presque toujours meilleure dans les terrains maigres.

Les 60 journaux de terres jointes au vignoble sont, dans nos domaines du Bas-Médoc bien organisés, distribués de la manière suivante :

20 journaux de terre arable consacrés à la culture du froment, et servant à utiliser le travail des bœufs, quand
les labours des vignes sont terminés. Ces terres sont
fumées tous les deux ou trois ans, partie avec le fumier d'étable produit sur le domaine, partie avec des
engrais artificiels, guano ou autres.

20 journaux formant la seconde sole des terres à blé et
cultivées à moitié fruit, en maïs, pommes de terre,
haricots, par les valets et les vignerons de la propriété.
En outre de cette destination, ces terres servent de
réserve pour remplacer, à de longs intervalles, les
terrains épuisés par la vigne, et assurer ainsi la durée
indéfinie du vignoble. Le surplus du domaine consiste
en :

10 journaux de prairies artificielles, plantes fourragères,
ou pacages pour la nourriture des bœufs de travail.

10 journaux de prairies naturelles de bonne qualité,
pouvant donner 20 charretées de foin et de regains.

______

60 journaux en totalité, pour la culture desquels 4 paires
de bœufs sont nécessaires (51 hect. 25).

Tels sont les trois principaux systèmes de propriétés qui
concourent à l'exploitation de notre sol. Tout autre type ne
pourrait être en réalité qu'un mélange des conditions ci-
dessus, et ne pourrait, par conséquent, que participer aux
avantages et aux inconvénients de chacun de ses éléments
constitutifs.

Le but que je me propose, Messieurs, est d'établir avec
impartialité et aussi exactement qu'il me sera possible, le
compte de culture des trois propriétés que je viens de désigner, et de rechercher ensuite quelle est, en définitive, celle
qui, toutes choses égales, ou plutôt toute proportion gar-

dée, donne le bénéfice net le plus élevé, et accroît le plus rapidement ainsi la richesse du pays. Il m'a semblé qu'une recherche de cette nature avait quelque intérêt, et même qu'il serait bon d'en entreprendre de semblables pour chaque région et pour chaque espèce de production.

Vous le reconnaîtrez sans peine, le problème à résoudre est très délicat, et ne saurait au fond comporter qu'une solution approximative. Pour ne pas se perdre dans les détails et les calculs, il est nécessaire de supprimer toutes les recettes et toutes les dépenses trop faibles pour changer sensiblement le résultat, et d'accepter les nombres ronds, approchant le plus près de la vérité.

Il est nécessaire aussi de ne pas tenir compte des particularités ou des difficultés exceptionnelles qui troublent l'existence du propriétaire : telles que les charges d'une famille nombreuse, les calamités atmosphériques, les influences commerciales ou politiques, les lourdes exigences du fisc, de l'enregistrement, et de l'exonération militaire ; causes diverses de mécomptes qui tour à tour, hélas ! viennent désorganiser et atrophier profondément les résultats du travail agricole.

Nous devons même, dans l'examen de nos trois types, les supposer placés dans un état analogue de sol, de culture et de production, affranchis de tout privilège naturel, de toute servitude, de toute subdivision en parcelles gênante pour le travail, et de plus administrés avec une économie et une intelligence parfaitement égales : conditions irréalisables en fait, et auxquelles il n'est possible de conserver qu'un caractère purement hypothétique.

Enfin, dans les divers chiffres servant à représenter le prix du travail journalier, la valeur des terres et l'importance des récoltes, nous ne pouvons admettre d'autres différences que celles qui résultent de la nature même du travail, c'est-à-dire que nous devrons conserver des bases d'appréciation à peu près idendiques, bien que la réalité ne les comporte guère.

Mais comment serait-il possible, sans toutes ces réserves, d'établir un point quelconque de comparaison, et d'apporter quelque lumière dans un ordre d'idées si complètement obscurci? Le régime du sol en France est tellement abandonné au hasard, à la fantaisie, à l'indéterminé, que la science d'observation et de calcul a besoin de beaucoup de latitude et d'une grande indulgence pour s'y introduire; et je l'espère, Messieurs, vous voudrez bien, en faveur du but, m'accorder ces deux indispensables points d'appui.

La marche que je me propose de suivre dans l'établissement des comptes sera naturellement celle-ci : reconnaître d'abord le capital engagé dans chaque exploitation; établir ensuite : 1° la somme due pour les intérêts de ce capital; 2° les débours et les frais de culture; 3° la valeur du temps ou du travail employé; et 4° comparer la totalité de ces sommes à l'ensemble des produits réalisables en argent.

Nous nous formerons ainsi, je l'espère, une idée assez exacte du bénéfice net de chaque exploitation, et, par suite, une idée de la vitalité et du concours efficace que chacune d'elles apporte au développement de la fortune publique.

§ Ier. — COMPTES DE LA PETITE PROPRIÉTÉ.

Observations préliminaires. — Le type que nous avons adopté, composé de 4 journaux de vigne et de 1 journal de terre et jardin, comporte en outre une maison à deux chambres, un petit cuvier servant de chai, et un parc pour quelques volailles et un ou deux cochons.

Le fumier produit dans ce parc est utilisé dans les terres et dans le jardin ; en sorte que le bon entretien des vignes exige l'achat de quelques charretées d'engrais dans les écuries du village ou de la petite ville voisine.

Le temps absorbé chaque année par la culture d'un pareil vignoble est assez difficile à apprécier. Cependant, d'après les données recueillies dans le pays, on approche suffisamment de la réalité en le fixant à 250 journées d'homme et à 200 journées de femme. Ce qui revient à admettre qu'à certaines époques de l'année, et particulièrement après les façons de vigne, le ménage peut disposer, pour des travaux étrangers à sa propriété, de 50 journées d'homme et 50 journées de femme environ. Cela ne veut pas dire qu'il pourrait facilement cultiver un vignoble plus étendu, car les façons de vignes doivent se renfermer entre des époques déterminées et ne peuvent se diviser de manière à occuper successivement tout le temps du vigneron.

Quant à la valeur moyenne du travail journalier dans notre région, elle peut actuellement se calculer à raison de 2 fr. 25 pour l'homme, et au tiers, 75 c., pour la femme. Ces prix donnent à l'ouvrier agricole, capable de disposer tout au plus de 300 journées dans l'année, un revenu possible de 675 fr. Cette somme est de 187 fr. environ pour la femme, qui ne peut, à cause des soins du ménage, guère utiliser plus de 250 journées.

Enfin, nous remarquerons que les produits à vendre du petit domaine que nous examinons se bornent absolument au vin récolté. Les piquettes, les sarments, les légumes, le maïs, le porc, la volaille, sont absorbés par les besoins du ménage. Et la vente de ces petites provisions ne pourrait être faite sans nuire à l'alimentation et sans compromettre la force et la santé du cultivateur.

Ces quelques données admises, nous établirons le compte
de culture de la manière suivante :

1° *Capital consacré à l'exploitation.*

4 journaux de vigne estimés 1,200 fr. chaque en y comprenant la valeur du cuvier et des vaisseaux vinaires,
soit..F.   4,800
1 journal de terre en culture sarclée, jardin ou
emplacement..   900
1 maison à deux chambres et un petit parc à cochon
d'une location possible de 40 à 45 fr. par année.   1,000
Les outils et le matériel d'exploitation sont sans
valeur appréciable............................   »

Le capital engagé est donc....... F.   6,700

Le prix de 1,200 fr. pour un journal de bonne vigne est
certainement inférieur à celui généralement payé dans nos
contrées par le petit cultivateur. Mais je crois devoir faire
abstraction de la valeur d'engouement qu'il consent à supporter, et n'adopter que le prix moyen applicable à l'ensemble des vignobles du pays. Ce prix, d'ailleurs, représente à peu près la somme des dépenses à faire pour créer
un vignoble sur un terrain nu ou en nature de bois, valant
12 à 1,300 fr. l'hectare.

Le taux moyen d'intérêt, que tout capital peut obtenir
en France aujourd'hui avec une entière sécurité ou en
patronnant les entreprises les plus sûres, est de 4 p. 100
environ. Le petit cultivateur, consacrant 6,700 fr. à l'achat
ou à la possession de sa terre, se prive donc volontairement
d'un revenu de 268 fr. Et il est juste de porter cette somme
au débit du compte de son exploitation, comme cela se pra-

tique du reste dans toute sérieuse comptabilité industrielle;
ci, au débit du compte de culture.............. F,   268

2° *Débours et frais de culture.*

Impôt foncier, cote personnelle............. F.   3o
Prestations   6
Échalas ou carassonnes pour les vignes........   25
3 gerbes de vime au prix moyen de 5 fr........   15
Achat de fumier, 6 charretées pouvant fumer un
    huitième de vignoble, à 6 fr. 6o c...........   4o
Achat de paille ou litière pour le porc.........   16
3 journées de location d'un attelage pour le trans-
    port des fumiers ou du bois nécessaire à la
    vigne, au ménage et aux autres transports, à
    5 fr..   15
Entretien de la maison et des autres bâtiments.   15
Assurances contre l'incendie..................   4
Entretien des vaisseaux vinaires, des barriques
    pour la boisson............................   1o
Vendanges. — Quelques journées d'hommes ou
    de femmes payées ou rendues, et la nourriture
    achetée, estimées...........................   2o
Soufre pour la vigne, entretien des outils, achats
    de plants ou de graines et autres menues
    dépenses 3o
Intérêts pendant six mois à 4 p. 1oo de ces
    débours...................................   4

Total des débours............ F. 23o et 23o

A reporter. .   498

3° *Valeur du temps employé.*

Report. .   498

Le petit cultivateur ne se rend pas habituellement compte de la valeur du temps et du travail qu'il consacre à la culture de sa propriété ; cependant c'est une valeur certaine et un élément essentiel dans toute espèce de production. Sa conduite à cet égard est d'autant plus déraisonnable, qu'aujourd'hui, avec la rareté des bras, il peut toujours tirer bon parti des siens en se plaçant comme valet à gages sur un grand domaine ou en adoptant n'importe quelle autre profession industrielle.

Dans la circonstance, nous avons admis que le ménage consacrait à sa propriété :

250 journées d'homme dont la valeur, à 2 fr. 25 c.,
   représente .... F. 562
200 journées de femme, dont la valeur, à 75 c.,
   représente........................ 150

Soit en totalité............ 712 et 712

Le débit total du compte de culture s'élève ainsi à F. 1,210

4° *Recettes et comparaison avec les dépenses.*

Les recettes, comme nous l'avons déjà fait remarquer, dépendent entièrement de la production de la vigne, production des plus irrégulières, soit en quantité, soit en qualité. Cependant, en tenant compte des conditions analogues de terrain et de cépages dans lesquelles nous supposons nos trois vignobles placés, je crois être dans la meilleure approximation des faits en adoptant pour récolte moyenne

un tonneau de vin par journal de vigne et un prix de
3oo fr. par tonneau logé en barriques neuves et rendu au
port d'expédition. Quelques exemples de plus grande production pourraient être cités; mais nous n'avons pas évidemment à baser nos calculs sur des faits exceptionnels. Du
reste, notre base d'appréciation devant s'étendre à nos trois
types, sa modification ne changerait pas la proportionnalité des résultats. L'achat des barriques et les frais de
livraison des vins représentent au moins 6o fr. sur le prix
de vente de 3oo fr. En sorte que la valeur nette du vin,
sans logement et au sortir de la cuve, peut s'établir à 240 fr.
par tonneau.

Toute la recette probable est donc de 4 tonneaux de vin à
240 fr., soit .... F.   96o

En comparant ce chiffre à celui des dépenses, on constate en définitive une perte de 250 fr. dans l'exploitation de
notre petite propriété. Et l'équilibre ne peut être rétabli
qu'en faisant abstraction de la presque totalité des intérêts
dus au capital engagé, ou en réduisant la valeur de la journée du propriétaire aux deux tiers environ de ce qu'elle
vaut couramment dans le pays.

Ce résultat me semble démontrer que le petit vignoble,
travaillé à bras, ne possède pas dans nos contrées des conditions normales d'existence, qu'il n'a pas une vitalité propre, un avenir assuré, et qu'il constitue au contraire une
cause permanente de perte dans l'emploi des ressources de
la société.

Certes, nous pourrions nous en tenir à ce premier calcul
pour affirmer la fausse position économique de nos petits
propriétaires de vignes. Mais nous avons encore un autre
moyen de l'établir, c'est de comparer le revenu total que
leur procure le travail de l'année avec celui que peut obte-

nir un valet à gages sur une grande propriété. Il me semble
bon de faire ce second calcul pour l'édification des partisans
quand même de la petite propriété et du morcellement
du sol.

D'après les chiffres précédemment posés, le petit cultivateur retire, du rude travail fait sur sa terre, la somme
de.. F.   462
obtenue en déduisant des recettes la somme totale
des intérêts et des débours. Il lui reste durant l'année
quelques journées disponibles, et il les utilise en
allant travailler chez les propriétaires voisins. De
ce chef, il peut obtenir, pour 50 journées à
2 fr. 25.............................F. 112 50
pour 50 journées de femme, à 75 c......... 37 50
                                    150 » et 150

Veuillez remarquer, Messieurs, que ce surcroît de
ressources de 150 fr. serait irréalisable sans l'existence de la grande ou de la moyenne propriété, et
que, dans une localité où il n'existerait que des petits
propriétaires, ce temps serait inutilisé et perdu.

La recette totale en argent que peut faire le petit
cultivateur, par son travail, est donc tout au plus de F.   612

En outre, le ménage est logé, il a le maïs, les pommes de
terre, les légumes, la volaille, le cochon, le menu bois qui
lui sont nécessaires; mais il se prive habituellement de vin
et achète le gros bois à brûler.

Quel serait le revenu de ce même ménage travaillant sur
un grand domaine? Certainement, un homme capable de
cultiver par lui-même quatre journaux de vigne doit être
assez actif, assez intelligent pour occuper chez un propriétaire la place de premier valet dont les gages annuels sont
les suivants :

15 hectolitres froment à 25 fr., prix de revient..F.   375
En argent...   200
Etrennes et gratifications diverses.................   10
Bois : 100 fagots de chêne   40
       Plus des sarments et le menu bois
Boisson : 1 barrique vin de presse...............   50
       Plus la piquette et une râpée.
La nourriture pendant les vendanges pour lui et sa
   femme, estimée................................. .   15
200 journées dont peut disposer la femme, à 75 c...   150

           Total..................F.   840

En outre, le ménage soigne à temps perdu un petit jardin; il reçoit la moitié du produit de deux journaux de terre exploités en maïs, pommes de terre, haricots, avec les attelages et le fumier de la propriété. Comme le petit propriétaire, il peut élever un cochon et quelques volailles. Il est logé, mais sans avoir de frais d'entretien, d'assurances ou d'impôts à payer, ni un capital quelconque à débourser. Enfin, il a cet avantage que les jours de maladie ne changent ni ses revenus, ni ses frais, car le plus souvent il est soigné au compte du propriétaire.

Ainsi, toutes choses à peu près égales, le premier ménage reçoit de son travail une rétribution annuelle de 612 fr., et le second une de 840 fr. ou de 228 fr. plus élevée. Le premier n'obtient son revenu que d'une manière éventuelle, en subissant des privations dans sa consommation de vin ou de bois, en se livrant à un travail opiniâtre, assidu, sans repos ni trève, dans lequel il risque l'altération de sa santé ; tandis que le second, quoique mieux rétribué, travaille avec conscience sans doute, mais certainement avec un calme faisant plutôt son bonheur que celui du propriétaire qu'il sert.

En se bornant aux appréciations du sens commun et à la rigueur des chiffres, on n'est certes pas embarrassé pour décider quelle est la meilleure de ces deux situations, soit en vue de l'intérêt individuel, soit en vue de l'intérêt général; mais les partisans de la petite propriété ont à leur service une multitude de considérations et d'idées d'une portée tellement contraire aux résultats de nos calculs, qu'il me paraît indispensable d'examiner et de discuter quelques-uns de leurs principaux arguments.

« Soit, peuvent dire les adeptes du morcellement, dans
« la circonstance, le travail d'un valet à gages est un peu
« plus rétribué que celui du petit cultivateur; mais est-ce
« le seul point de vue à considérer ? Le petit propriétaire
« n'a-t-il pas l'immense avantage d'être libre, indépendant,
« de ne relever que de lui-même ? Et n'est-ce rien qu'une
« situation qui spécialise les forces du travailleur, multi-
« plie son activité et son énergie ? La société n'y trouve-
« t-elle pas son compte par des éléments plus nombreux
« de vitalité et d'indépendance ? »

Ah ! Messieurs, que d'erreurs me semblent contenues dans cette manière étrange d'apprécier les questions de bien-être et de travail; et combien me paraît peu sérieux de parler de la liberté ou de l'indépendance du petit cultivateur !

Il est possible que, dans d'autres carrières, le travail morcelé spécialise les forces et augmente l'habileté de l'individu ; mais assurément c'est le contraire qui est vrai dans presque toutes les branches du travail agricole. Qu'on veuille bien y réfléchir : le morcellement du sol n'empêche pas la variété des occupations champêtres, et, par conséquent, ne favorise pas les aptitudes, comme peut le faire la division du travail dans l'atelier industriel. Au contraire, il impose à l'individu une multitude de soins différents, et l'oblige à des changements continuels dans l'emploi de ses bras. Sous ce rapport, la grande propriété est bien préférable, elle permet beaucoup mieux que la petite la régularité dans le travail et la création des emplois spéciaux.

Le développement d'activité que l'on porte ensuite au compte de la petite culture me paraît être une considération tout aussi erronée que la précédente. A quoi bon la mise en œuvre d'une force, d'une énergie plus grande, si en fin de compte il n'en résulte aucun profit ? Le travail pour le travail même n'est-il pas un non-sens économique ? Et sa véritable raison d'être ne se trouve-t-elle pas dans le bénéfice ou la satisfaction matérielle qu'il procure ? — L'intérêt social est ici exactement le même que celui de l'individu, car la société commune aussi bien qu'une simple société particulière bénéficie des résultats financiers que chacun de ses membres obtient honnêtement par son labeur. Donc, plus le bénéfice acquis par chaque individu est grand, plus il faut s'en applaudir, et l'activité dépensée en pure perte reste un motif de regret et non pas une raison quelconque de satisfaction publique.

Quant à la perspective d'indépendance si pompeusement invoquée, les faits politiques du moment, l'état arriéré des esprits dans les campagnes où le morcellement domine, suffisent sans autre considération pour en démontrer l'inanité; mais adressons-nous un moment aux données du bon sens et de la raison : — La nature n'est-elle pas le maître le plus exigeant que l'on puisse avoir à servir ? Est-il comparable d'être soumis, pour gagner son pain, à toutes ses inconséquences, à tous ses caprices, ou d'être soumis d'une manière facultative à la direction d'un homme sévère peut-être quelquefois, mais le plus souvent bienveillant et paternel ! D'ailleurs, le petit cultivateur n'est-il pas contraint, pour utiliser le temps que sa terre ne réclame pas, d'accepter les journées et les ordres que veut bien lui donner quelque grand propriétaire du voisinage, et de s'exposer ainsi à l'influence de l'un de ces soi-disant destructeurs de la dignité humaine?

En définitive, la question d'indépendance et de dignité se résume pour le petit propriétaire en une question de privations, c'est-à-dire en un ménage moins bien pourvu, moins bien nourri, moins assuré du lendemain.

Enfin, reste cette appréciation purement morale que l'indépendance dans le travail engendre le bon vouloir qui, à son tour, stimule les facultés de l'individu et provoque leur perfectionnement. Tout en ce point n'est pas contestable sans doute, et la satisfaction des intérêts matériels ne doit certainement pas être le seul but ou le seul mobile de l'humanité; mais l'avantage morel qu'on invoque ici n'est-il pas accompagné d'un inconvénient immédiat? N'a-t-on pas à redouter l'abus des forces physiques, la surexcitation exagérée des efforts corporels? Pas plus pour l'homme que pour les animaux le travail surmené ne saurait, à aucun titre, être une condition de perfectionnement, et le petit cultivateur y est sans cesse exposé, à ce point qu'on en rencontre beaucoup d'usés avant l'âge par l'excès de leur labeur. Du reste, si l'on ne veut pas admettre pour l'homme adulte les inconvénients que je signale, il est du moins impossible de les nier pour la femme vouée aux fonctions de la maternité. Le travail corporel que la petite propriété lui impose d'une manière incessante, ne suffit-il pas pour atrophier l'homme à sa naissance et le rendre chétif dès son berceau? Cette raison de virilité sociale invoquée en faveur de la petite exploitation ne vaut donc guère mieux que les autres, et nous sommes conduits à penser que, dans bien des cas, celui qui nous occupe entre autres, l'avenir et le bien-être de la société sont plutôt compromis que favorisés par le nombre croissant des petits cultivateurs.

Une circonstance d'ailleurs aggrave la situation. Le taux de plus en plus élevé des salaires augmente de plus en plus aussi la perte éprouvée dans la petite exploitation, et, par conséquent, augmente le préjudice qu'elle occasionne à la société. Malheureusement le propriétaire n'est pas, comme on pourrait le croire, libre quand il lui plaît de faire cesser ces inconvénients. Le capital déboursé le retient, le lie, et cela d'autant plus que ce n'est pas toujours pour lui chose facile de revendre sa terre au prix élevé qu'il a consenti à la payer.

Je dois faire observer, Messieurs, que ces diverses considérations sur la division de notre sol n'ont pas un caractère absolu. Elles ne s'appliquent point au jardin ou au petit champ qui entoure dans nos villages la demeure des ouvriers agricoles, et leur sert de réserve pour utiliser les heures de loisir et les jours de chômage. C'est une importante distinction à faire : nous avons uniquement en vue les terres employées à une culture industrielle, et nous ne trouvons utile de combattre que le morcellement érigé en principe général sous le faux prétexte de tirer un meilleur parti de l'ensemble des ressources de nos campagnes.

§ II. — COMPTE DE LA MOYENNE PROPRIÉTÉ.

Observations préliminaires. — Le type que nous nous proposons d'examiner est composé de 32 journaux dont 20 en vignes et le reste utilisé de la manière suivante : 4 journaux en blé, 2 en pommes de terre, maïs ou avoine, 2 en farrouch, pesille, maïs, fourrage, et 4 en prairie naturelle de moyenne qualité.

Les *façons* des vignes et des terres sont faites à la charrue conduite par une forte paire de bœufs. Les bœufs sont
préférés dans nos contrées pour plusieurs raisons, mais
principalement parce que le capital d'achat, l'entretien et
l'amortissement de leur valeur, sont bien moindres que
pour une paire de chevaux. Il arrive même que, nourris
avec soin, ils obtiennent après quatre ou cinq ans de travail un prix plus élevé qu'au moment de l'achat, et procurent ainsi un petit bénéfice au propriétaire; mais c'est là un
revenu trop éventuel pour en tenir compte dans nos calculs.

Un cultivateur vigneron qui utilise un attelage doit nécessairement prendre à son service un garçon de ferme ou
valet laboureur pour conduire et soigner ses bœufs. Sans
cela, l'attelage chômerait souvent, ou des travaux indispensables resteraient en souffrance. Ce valet, d'ailleurs, aide à
tailler la vigne et prend part à tous les ouvrages que le propriétaire seul ne pourrait exécuter.

L'étendue de vignes qu'il est possible de cultiver convenablement avec un seul attelage ne peut guère dépasser
20 journaux, car, avec une plus grande surface, il serait
difficile de donner les quatre façons successives de labour
qu'exige la vigne en quatre mois, du 15 mars au 15 juillet,
et de faire en outre les charrois et les autres travaux réclamés par l'entretien général de la propriété.

Les bœufs qui servent au labourage fournissent en même
temps les engrais nécessaires pour fumer chaque année un
huitième à peu près du vignoble et les 4 journaux de terre
arable consacrés au blé; mais, pour obtenir ce résultat, il
faut réserver toutes les pailles, et de plus acheter quatre ou
cinq charretées de *soutrages*, consistant en bruyères des
landes ou en joncs des marais.

Sur ces données, le compte de culture doit s'établir de la
manière suivante :

Capital consacré à l'exploitation :

20 journaux de vigne estimés 1,200 francs chaque, cuvier,
chai et vaisseaux vinaires compris.........F. 24,000

8 journaux de terre arable de bonne qualité à
812 fr. 50 c., en y comprenant la valeur des
étables et des outils aratoires............... 6,500

4 journaux en prairie naturelle de qualité moyenne,
à 1,000 francs............................. 4,000

1 maison à quatre ou cinq chambres avec petit
jardin, parc à cochon, fournière, etc.......... 2,000

1 paire de bœufs en bon état 1,000

F. 37,500

Le capital engagé est donc de 37,500 francs, et les charges
d'intérêt qui incombent à la moyenne propriété, calcu-
lées au taux précédemment admis de 4 pour cent, s'élèvent à...............................F. 1,500

Débours et frais de culture :

Gages d'un valet laboureur et vigneron soit en argent, soit en blé, gros bois et autres produits
non fournis par la propriété.........F. 600

Impôt foncier, cote personnelle.......... 160

Prestations pour 2 hommes et un attelage. 30

Carassonnes et lattes pour la vigne....... 120

14 gerbes de vime, à 5 francs............ 70

Entretien de la maison et des bâtiments... 45

Assurances.............................. 10

A reporter.... 1,035 1,500

Report.... 1,035   1,500

Entretien des vaisseaux vinaires, barriques de boisson...........................   25

Comptes du charron, forgeron et maréchal-ferrant...........................   75

Vétérinaire et déperdition annuelle du bétail..........................   30

Achat de 5 charretées de *soutrage* ou litière........................   60

Vendanges. — En ne tenant pas compte du travail et de la nourriture des 3 personnes attachées à la propriété, elles doivent coûter de débours environ 13 fr. 15 c. par tonneau, ou pour 19 tonneaux récoltés..   250

Achat éventuel de soufre pour la vigne, de graines, et entretien des petits outils et autres dépenses.......................   125

F.   1,600

En outre de ces dépenses, on doit prévoir l'emploi de quelques journées d'hommes et de femmes pour aider aux divers travaux de taille, de fauches, de sarclages, de moisson, de fumage, de transport de terre. Le nombre en est variable et difficile à apprécier. Cependant je crois être assez près de la vérité en la fixant ainsi :

50 journées d'homme, à 2 fr. 25.. F.   112

100 journées de femme, à 75 c......   75

187

Enfin, il faut ajouter l'intérêt des débours ci-dessus pendant six mois à 4 p. 100 l'an, soit environ.............................   33

Total des débours........ F.   1,820   ci 1,820

A reporter........ 3,320

Valeur du temps employé.

Report...... F. 3,320

Nous n'avons à tenir compte que du
temps fourni par le propriétaire et par sa
femme, car la valeur du temps des autres
travailleurs a déjà été appréciée. Évidemment, dans la circonstance, tout le travail
dont l'homme et la femme sont susceptibles est mis au service de l'exploitation, et
nous devons débiter le compte de culture
de :

300 journées d'homme, à 2 fr. 25..... F.   675
250   —   de femme, à 75 c........... 187
                                          ——— 862

Total de la dépense en travail et en argent.. F.   4,182

Recettes et comparaison avec les dépenses.

La production moyenne du vignoble type que nous
examinons ne saurait, dans les conditions similaires admises de sol et de cépages, différer sensiblement de celle du
vignoble à bras ; car le même soin, la même sollicitude sont
apportés dans les deux cas. Nous apprécierons donc la
récolte à 19 tonneaux de vin, soit 1 tonneau par journal de
vigne en plein rapport ; seulement, sur ces 19 tonneaux,
nous devons supposer 2 barriques au moins de vin de
presse inférieur, réservé pour la consommation des cultivateurs. Il ne reste donc que 18 tonneaux 1/2 de vin à
vendre.

Quant au prix de vente, nous le fixerons net à 250 fr.,

soit à 10 fr. de plus par tonneau que dans le calcul précédent, bien que la différence entre le prix de vente d'un chai de 3 à 4 tonneaux et celui d'un chai de 18 à 20 tonneaux soit souvent plus considérable et puisse atteindre 25 fr. ou 3o fr. Une telle différence se justifie par la pratique constante du commerce et par cette considération que la fermentation des raisins placés dans des cuves d'une capacité de 5 à 6 tonneaux s'effectue mieux et assure au vin une meilleure réusssite.

18 tonneaux 1/2 vin rouge au prix de 250 fr. net, barriques et frais de livraison non compris, donne une recette probable de........................... 4,625

Le revenu des terres arables doit se calculer de la manière suivante :

20 hectolitres froment (semence déduite), à 25 fr.. 500

La paille est utilisée sur la propriété pour la nourriture ou la litière des bœufs.

12 hectolitres maïs ou avoine en sus du prélèvement pour la volaille et le cochon nourris sur le domaine, à 10 fr............................ 120

Autres menus produits qu'il est possible de vendre après satisfaction des besoins du ménage, tels que : sarments, pommes de terre, légumes, œufs, volaille, etc., estimés net de tous frais à......... 112

Tous les foins et tous les fourrages sont consacrés à l'entretien des bœufs, et nous n'avons pas à les faire figurer dans nos calculs.

Le total des recettes s'élève ainsi à....... F. 5,357

En déduisant de cette somme la totalité des frais qui est de 4,182 fr., on trouve pour bénéfice net de notre exploitation le chiffre de 1,175 fr., résultat qu'on ne peut s'empêcher de trouver satisfaisant. Assurément, il ne veut pas

dire que les moyennes exploitations du pays réalisent toujours un profit analogue; ce ne serait ni logique ni exact;
il veut dire simplement qu'une moyenne propriété bien organisée et se rapprochant des bases que nous avons indiquées est normalement en situation de payer tous ses frais,
de faire vivre le propriétaire et de donner un bénéfice; et
que ce bénéfice probable est de 1,175 fr. pour un capital foncier de 37,500 fr., soit de 3 p. 100 environ. Par conséquent,
les seules données du calcul nous portent à trouver bonnes
les bases d'exploitation de nos vignobles de moyenne étendue, ou du moins nous portent à les considérer telles jusqu'à plus ample examen.

La perspective de bénéfice que nous venons de reconnaître est une circonstance heureuse dont nous avons,
Messieurs, à nous féliciter, non seulement par rapport à
l'individu, mais encore par rapport à la société tout entière. La société, en effet, a un intérêt transcendant à ce
que les entreprises qui mettent en jeu les forces et les capitaux de ses membres réalisent un profit quelconque ou ne
restent pas stériles, car alors le fonds commun devient plus
considérable, les moyens d'action et de travail se multiplient, et, en définitive, tout marche dans la voie du progrès.

Aussi, combien est regrettable la tendnce de certains
esprits systématiques qui dénient ou jalousent toute marge
dans les bénéfices de l'industrie rurale, et croient très suffisant de lui allouer pour tout profit 2 ou 3 p. 100 sur son
capital! Ils ne veulent pas admettre que la richesse du cultivateur soit le plus sûr moyen d'arriver à l'amélioration
matérielle et morale de la société; ils osent considérer, au
contraire, la médiocrité de sa fortune comme un stimulant
favorable au maintien de son industrie; et, sous le grand et
commode prétexte d'alimentation à bon marché, ils décla-

rent tout permis pour faire baisser le prix des denrées agricoles. Que de réglementations et que de lois injustes pour les campagnes n'ont pas eu d'autre raison d'être! Cependant il serait temps de songer à cette conséquence économique fatale : c'est que l'absence de bénéfice est l'absence de tout perfectionnement, de tout progrès, et qu'à notre époque l'absence de progrès n'est autre chose que la décadence.

Ces tristes aberrations économiques ne sont pas à craindre parmi nous, je le sais, Messieurs, et nous nous féliciterons tous des bons résultats financiers que nos moyens vignobles sont susceptibles d'obtenir; et loin d'y trouver une anomalie ou une cause de perturbation sociale, nous y verrons, au contraire, une certitude de bien-être général et un honneur pour l'agriculture de nos contrées.

La comparaison entre le résultat avantageux que nous venons de reconnaître et la perte précédemment établie dans l'exploitation d'un petit vignoble, suggère plusieurs graves réflexions :

Nous y trouvons d'abord la certitude que l'organisation de la propriété, que son agencement joue un grand rôle dans l'économie de nos campagnes, et qu'il n'est point suffisant de travailler la terre avec le même zèle, la même aptitude ou la même énergie, pour obtenir un profit proportionnel à l'étendue du terrain cultivé.

Nous remarquerons ensuite qu'on ne saurait impunément remplacer le travail à la charrue par le travail à bras, et se priver ainsi d'une machine remuant en dix heures six à sept fois le terrain qu'un seul homme a de la peine à façonner dans toute une journée. C'est une faute économique d'autant plus grande, qu'avec la charrue l'engrais se produit sur la propriété, et la fertilité du sol se retrouve dans le procédé même d'exploitation; tandis que la culture à bras est obligée de recourir aux engrais fournis par les villes, ressource naturellement limitée et très dispendieuse.

En résumé, il est impossible de ne pas admettre que la charrue ne soit le pivot principal de la culture du sol ; par conséquent, organiser la propriété rurale de manière à rendre son emploi inutile ou onéreux, c'est méconnaître un des grands principes de la science agricole, c'est en quelque sorte nous ramener sans discernement au premier âge de la culture et de la civilisation.

§ III. — Compte de la grande propriété.

Observations préliminaires. — La grande propriété vinicole que nous avons choisie pour terme de comparaison comporte 160 journaux de terre dont 109 seulement plantés en vigne. Ce choix pourrait faire supposer qu'il n'existe pas dans le pays de vignobles plus étendus. Ce serait une erreur, car on peut en citer d'une contenance de 200 journaux et au delà; mais la grandeur de ces vignobles ne change pas sensiblement leur mode de culture, et l'on peut *à priori* admettre que leur résultat économique est semblable et proportionnel à l'étendue du terrain cultivé. Toutefois dans une très grande exploitation la présence d'un homme d'affaires devient à peu près indispensable, et rigoureusement les frais de culture augmentent alors de la valeur de ses gages, soit de 1,000 ou de 900 fr. environ.

Quatre paires de bœufs suffisent pour cultiver le domaine que nous prenons pour type et exécuter en temps convenable toutes les façons des vignes; en sorte que la force d'attelage est ici relativement moindre que dans le mode précédent. Cela tient à ce que, après l'hiver, les valets d'un grand domaine ne sont presque jamais détournés de leur attelage et qu'ils peuvent ainsi consacrer tout leur temps et toutes les belles journées aux façons des vignes.

La quantité de fumier produite dans les étables n'est pas assez considérable pour suffire à tous les besoins de la culture : l'insuffisance est de un quart environ; on y supplée par des achats d'engrais. Les plus faciles à se procurer aujourd'hui sont les engrais artificiels, guano et autres : on les emploie de préférence sur les terres à blé, en réservant pour les vignes presque tous les fumiers d'étable dont on augmente la quantité par des mélanges de *terreaux*. Les pailles récoltées sur le domaine sont également insuffisantes, et il faut acheter diverses litières de peu de valeur, telles que *bruck*, *bauges* ou autres.

Sur les propriétés très étendues, on pourvoit au manque de fumier par l'entretien d'un troupeau de vaches d'élevage qui, en outre de l'engrais, procure les jeunes bœufs nécessaires au remplacement des vieux *madels*. C'est une disposition culturale très favorable; mais, au fond, c'est une industrie nouvelle ajoutée à celle que nous examinons.

La portion de vigne fumée chaque année comprend ordinairement un sixième à un septième du vignoble; ce fumage est plus énergique que celui usité dans la petite ou moyenne propriété, mais l'emploi de ce surcroît de matière fertilisante est commandé par la qualité inférieure d'une partie des terres englobées dans un grand vignoble.

Le personnel nécessaire à l'exploitation se compose de valets et de vignerons. Le groupe des valets comprend un maître-valet et trois valets gagés à l'année. Il est mieux de prendre un second maître-valet et deux petits valets seulement; la bonne marche du travail est plus assurée. Ces quatre hommes soignent et conduisent les bœufs; ils opèrent tous les labours et tous les transports. Et l'hiver, alors que le travail des terres est impraticable, on les occupe à tailler un ou deux *prix-faits* de vigne. Cette manière de procéder n'est pas suivie partout ; beaucoup de nos valets laboureurs ne savent pas manier la serpe ; mais il y a un avantage incontestable à propager ce système, fallût-il, pour y arriver, accorder de plus forts gages aux valets-vignerons.

Le groupe des vignerons se compose de 6 ou 7 hommes, une partie logés sur la propriété, l'autre partie dans les villages avoisinants. La plupart de ces derniers sont de petits propriétaires ne possédant qu'un ou deux journaux de vigne et qui utilisent ainsi le reste de leur temps. On les engage à l'entreprise, de manière à stimuler le plus possible leur activité. Le prix qu'on leur donne actuellement pour la taille, le garnissage, le pliage et la sortie des *cavaillons*, est en moyenne de 25 fr. par journal, plus la boisson et le menu bois. Ces mêmes hommes entreprennent aussi les fauches, la moisson, et fournissent les journées pour les autres travaux indispensables du domaine. Généralement la moisson est faite au treizième de la récolte, et, par conséquent, n'exige aucun débours en argent. Généralement aussi la journée des vignerons est un peu moins payée que celle des ouvriers étrangers ; c'est une différence accidentelle qui tend à disparaître, et je ne crois pas qu'il faille en tenir compte dans nos calculs.

Les femmes des vignerons et des valets occupent la principale partie de leur temps aux soins des diverses cultures ; elles ont à leur disposition un journal et demi à deux journaux de terre à moitié produit, et, faute de mieux, elles peuvent aller travailler hors du domaine. Sous ce rapport, les vignobles auxquels est annexée une étendue de terre arable suffisante pour utiliser constamment tout leur personnel, me semblent jouir d'une meilleure situation économique.

Enfin, la production moyenne doit s'apprécier à 75 tonneaux de premier vin, et à 3 tonneaux de vin de presse réservés pour les valets et les vignerons. Nous admettons un rendement plus faible de près de un quart que celui des exploitations précédemment examinées, parce que cela existe en fait et se justifie par la moins grande surveillance exercée sur chaque pied de vigne, la qualité inférieure de certaines portions de terrain, et l'existence forcée de vignes trop jeunes ou trop vieilles pour donner une production complète. Mais, par contre, la qualité du vin, même à égalité de cépages, est, dans ces circonstances, toujours meilleure, et le commerce les paie souvent 80 ou 100 fr. par tonneau plus cher que ceux des petits cultivateurs. Cependant, nous croyons devoir ne fixer cette plus-value qu'à 25 fr. seulement, parce que nous apprécions que c'est la part la plus réduite qu'on puisse attribuer à la qualité, et parce que nous nous maintenons davantage ainsi dans le champ d'une comparaison rigoureuse. D'ailleurs, à mon avis, l'excédant de la plus-value est dû aux éléments constitutifs du marché, à la position ou garantie meilleure du vendeur à l'égard de l'acheteur, plutôt qu'au mérite réel de la culture. Le prix moyen de nos vins sera donc de 275 fr. net par tonneau à la sortie de la cuve, barriques et frais de livraison non compris. Ce qui suppose à la vente un prix de 400 fr. environ dans les conditions ordinaires où elle s'effectue.

Capital consacré à l'exploitation.

100 journaux de vigne à 1,100 fr. le journal... F. 110,000

Nous faisons ici une différence de 100 fr. par journal sur le prix précédent, parce que nous avons reconnu qu'un grand vignoble contient presque forcément des parties de terrain maigre dont la valeur intrinsèque est moindre que celle des terrains choisis par la petite propriété. Bien entendu, ce prix de 1,100 fr. comprend la valeur des chais, cuviers et vaisseaux vinaires attachés à l'exploitation.

Les 50 journaux de terre arable valent 800 fr. le journal en y comprenant les étables et les instruments aratoires........................ 40,000

Les 10 journaux de bonne prairie peuvent valoir, en n'acceptant pas les hauts prix de convenance payés quelquefois, 1,500 fr........... 15,000

6 maisons de valets ou de vignerons, avec leur petit jardin, 1,000 fr...................... 6,000

1 maison de maître pour le propriétaire, avec cour et jardin.............................. 12,000

Une maison d'un plus grand prix deviendrait du luxe et ne saurait raisonnablement surcharger le compte d'exploitation.

4 paires de bœufs estimées 1,000 fr.......... 4,000

F. 187,000

L'intérêt à 4 p. 100 de ce capital est de 7,480 fr. que nous
portons au débit du compte de culture, ci. F.   7,480

Débours et frais de culture.

Gages des domestiques :

1 maître-valet, dirigeant les valets et entretenant les outils aratoires, reçoit en blé, argent, gros bois et autres valeurs non fournies par la propriété.	700
1 premier-valet laboureur et vigneron capable de remplacer le maître valet..................	650
2 seconds-valets laboureurs et vignerons recevant 550 fr...........................	,100

L'hiver, ces quatre hommes sont occupés dans
le vignoble; ils taillent de préférence les jeunes
plantes et les vieilles vignes. Ensemble ils peuvent
entretenir 20 journaux environ, et faire les labours
et les charrois qu'exige alors la propriété. Les
80 journaux de vigne restants sont seuls tra-
vaillés à prix-fait.

Prix-fait de 80 journaux de vigne, à 25 fr. le journal.	2,000
Impôts du domaine.........................	700
Prestations pour 5 hommes et 4 attelages......	105
Carassons et lattes	550
70 gerbes de vime, à 5 fr..................	350
Entretien des bâtiments.....................	200
Assurance contre l'incendie.................	30
Entretien des vaisseaux vinaires, barriques de boissons, etc.............................	150
Charronnage et ferrage des bœufs............	325

A reporter... F.   14,340

Report... F.   14,340

Vétérinaire, assurance du bétail, ou déperdition de valeur, plus forte relativement que chez le petit cultivateur.............................   200

Achat de 18 à 20 charretées de soutrage, bruyères, jonc.............................   210

Achat de 15 sacs guano ou autres engrais artificiels.............................   400

Vendanges : nourriture et journées revenant en moyenne à un débours de 15 fr. par tonneau, pour 78 tonneaux récoltés.............................   1,170

Journées :

300 journées d'homme pour les fauches, le fumage, les terrassements, l'entretien des chemins, etc., à 2 fr. 25.............................   675

900 journées de femme pour les menus soins de la vigne, le sarclage des blés, les soins, le fumage, à 75 c..............................   675

Achat éventuel de soufre, de graines pour prairies artificielles, et dépenses diverses ou imprévues.............................   625

Intérêt à 4 p. 100 pendant six mois des débours s'élevant à 10,800 fr..............................   215

Total du débit...... F.   18,510

La moisson étant faite au treizième, et la culture des terres en maïs ou pommes de terre étant donnée à moitié fruit, ne figurent pas dans ces débours. Nous n'avons pas à tenir compte non plus de la valeur du temps ou de la journée du propriétaire, car nous avons admis que, pour lui, sa terre était un placement de capital. Sans doute, ce placement exige de sa part des soins, de l'intelligence et une certaine force morale, mais il ne l'empêche pas pourtant d'exercer quelque autre fonction ou d'entreprendre quelque autre affaire lucrative. Au reste, fallût-il à ces dépenses ajouter les 675 fr., qui représentent la valeur matérielle de ce temps, le résultat économique de l'exploitation ne serait pas sensiblement changé.

Recettes et comparaison avec les dépenses.

D'après les données précédentes, le produit de la récolte du vignoble est de :

75 tonneaux vin rouge vendus sur lie, non logés,
à 275 fr.. F.   20,625

Les terres arables fournissent les recettes suivantes:

90 hectolitres froment, produits sur 20 journaux,
déduction faite de la semence et de la part des
métiviers, à 25 fr..........................   2,250

Ces blés servent en grande partie à payer les gages des valets, de telle sorte que la variation des prix influence très peu le résultat financier de l'exploitation.

Le produit des 20 autres journaux cultivés à
moitié fruit en maïs, pommes de terre, etc.,
donne en moyenne au propriétaire pour sa
part 25 fr. par journal, soit................   500
Les sarments, la secaille et la volaille qu'on élève
dans les vignes peuvent rapporter net de tous
frais......................................   155
Les foins des prairies naturelles ou artificielles
sont employés en totalité à la nourriture des
bœufs, ainsi que toutes les pailles de froment
et de maïs. On utilise même à cet objet les
épamprages des vignes.

Le total des recettes est de........... F.   23,530

La différence entre cette somme et celle de 18,510 fr.
trouvée pour les dépenses est de 5,020 fr. Elle représente
le bénéfice net probable d'un grand vignoble dans les conditions hypothétiques que nous avons posées, c'est-à-dire
qu'elle représente ce bénéfice en ne tenant pas compte des
causes d'altérations étrangères au mécanisme du travail.

Ainsi donc, dans les communes non classées du Bas-
Médoc, la grande propriété vinicole peut, comme la
moyenne, s'organiser de manière à payer dans des conditions normales tout le travail qui y est consacré, à pourvoir aux intérêts à 4 p. 100 des capitaux mis en œuvre, et
de plus à laisser au directeur de l'entreprise un bénéfice
probable de 5,000 fr. pour un capital de 187,000 fr., soit
un profit approximatif de 2 et 2/3 p. 100. Il y a même
assurance d'obtenir un résultat meilleur à cause de ce fait
important, que le grand chai vend toujours plus cher que
le petit chai voisin, et que la différence de 25 fr. admise en
faveur de la qualité est au-dessous de celle réalisée habituellement à la vente. Heureuse circonstance, dont on use,
dont on profite tout naturellement et sans songer le moins
du monde à l'étudier ! Cependant, au point de vue des
intérêts généraux de l'agriculture, que de sérieuses réflexions
elle devrait faire naître ! celle-ci, entre autres : que le trop
bas prix des denrées agricoles n'est pas toujours le résultat, comme on le croit généralement, d'une réduction dans
le prix de revient, ou d'une culture plus étendue ou plus
habile ; loin de là, il provient le plus souvent de la manière
défavorable ou inintelligente dont les objets sont présentés
à la convoitise des acheteurs. En sorte que l'organisation
favorable des marchés est un élément essentiel au maintien des prix et au succès des exploitations rurales, et que
l'intérêt de l'agriculture exigerait l'étude scrupuleuse des
usages commerciaux imposés aux cultivateurs.

§ IV. — COMPARAISON DES RÉSULTATS.

I

Mais reprenons l'étude de nos calculs, et tâchons de reconnaître quels sont les principaux renseignements qui ressortent de leur examen comparatif.

La comparaison des résultats trouvés pour le grand et le petit vignoble établit que les 100 journaux de vigne du premier, s'ils étaient cultivés suivant le système du second, donneraient une perte probable de vingt-cinq fois 250 fr, ou de 6,250 fr., au lieu d'un bénéfice de 5,020 fr., soit 11,270 fr. de différence. Cette perte considérable, représentant le travail et la vie de treize à quatorze familles, ne suffit-elle pas, Messieurs, pour démontrer combien sont désastreux les effets du morcellement de la propriété foncière, et combien chez nous le petit vignoble nuit au développement de la richesse publique? Et si, comme je suis porté à le croire, un résultat aussi peu satisfaisant se rencontre en France dans la plupart de nos cultures, ne faut-il pas se résoudre à considérer la tendance au morcellement comme une chose regrettable?

Il n'entre certes pas dans ma pensée, Messieurs, d'admettre qu'il ne puisse exister quelques branches de l'industrie rurale et quelques terrains exceptionnellement placés où, dans une limite plus étroite, la division du sol ne soit susceptible de résultats avantageux. Le jardinage, par exemple, exigeant une grande main-d'œuvre, est fréquemment dans ce cas. Sans nul doute, il importe de ménager cette nature d'intérêts; mais ne serait-il pas illogique de trancher la question d'une manière absolue, et d'établir en vue de ces cas particuliers une règle générale nuisible à toutes les autres industries agricoles?

Je ne perds pas de vue non plus que le morcellement des propriétés est occasionné en grande partie par un fait commercial qui n'est pas cependant sans quelques exceptions : c'est que le paysan consent à payer la terre plus cher que le capitaliste; dès lors, la vente en parcelle des grandes propriétés a une invincible raison d'être, et, produite par la force des choses, elle ne semble avoir besoin ni de contrôle, ni de justification. — Messieurs, cette observation serait, en effet, sans réplique, si le paysan était un homme parfaitement éclairé et dont les connaissances fussent à la hauteur des progrès de notre civilisation; mais la plupart se rendent-ils bien compte de notre mécanisme social, du rôle considérable que joue le capital dans nos sociétés modernes, des revenus légitimes qui lui sont inhérents? Ont-ils, d'ailleurs, à leur disposition les moyens de placer convenablement leurs économies ou d'en tirer tout autre parti avantageux? Et si la manière d'agir du paysan, si le prix élevé qu'il donne de la terre vient de son ignorance, de son isolement, ou de son manque de calcul, peut-on approuver sa conduite au nom de la science sociale, et doit-on l'accepter pour preuve dans les hautes questions de progrès agricole?

Du reste, en étudiant de près cette conduite, on reconnaît aussitôt qu'elle préjuge encore la question. L'idée fixe du petit propriétaire n'est-elle pas d'accroître à toute occasion l'étendue de terrain qu'il cultive, de s'arrondir, comme on dit vulgairement dans le pays? Cette aspiration vers un champ plus vaste d'activité serait-elle aussi générale et aussi vivace, si le cultivateur n'était pas convaincu que l'agrandissement de son domaine facilite son travail et améliore sa situation économique? Et voyez quelle singu-

lière anomalie se montre ici : le procédé adopté aujour-
d'hui dans le régime du sol consiste donc, en dernier
ressort, à désorganiser les grandes propriétés pour en reconstituer péniblement et onéreusement de nouvelles;
transformation systématique sans limite et sans fin, qui
ressemble assez à un travail de Pénélope et qui, en vérité,
ne peut pas trouver grâce devant les esprits sérieux.

II

Ces considérations, et quelques autres du même ordre
que l'on pourrait encore invoquer, arriveraient sans doute,
Messieurs, à fixer vos convictions et à vous ranger contre
le morcellement continu de la propriété foncière, si vous
n'aviez devant les yeux deux objections capitales, un peu
hors de la question, mais qu'il est nécessaire, je crois,
d'examiner un moment.

En premier lieu se présentent nos lois civiles; elles ont
proclamé le partage égal des successions dans les familles,
et certainement la conscience humaine ne peut s'empêcher
d'y applaudir. Mais en provoquant ainsi légalement la
division continue des terres, ne fait-on pas fausse route?
N'établit-on pas une confusion regrettable entre la valeur,
le capital de la terre qui peut toujours être partagé, et
l'instrument de production que le sol représente? instrument qu'on ne saurait la plupart du temps diviser sans
altérer l'économie de la production, sans détruire le bon
agencement du travail agricole. Dans nos villes on ne
songe pas, et pour cause, à faire plusieurs parts de la maison recueillie en héritage, et l'on trouve cependant moyen
de s'accorder. Pourquoi dans nos campagnes n'en serait-il
pas forcément de même lorsque la propriété constitue un

tout complet, une bonne machine rurale, une mère nourrice, comme disent nos paysans, machine dont il est nuisible et absurde de séparer les divers rouages?

Comment empêcher ce grave désordre? Je n'ai pas à le rechercher, Messieurs; mais assurément le problème n'est pas insoluble, et nos codes pourraient y pourvoir. Ils le pourraient certainement sans revenir aux errements du passé, sans reconstituer ce vieux régime où la grande propriété, démesurée dans son étendue, était un privilège, une sinécure, plutôt qu'une exploitation industrielle. Les choses ont bien changé depuis; et avec le mécanisme social nouveau, rien de semblable n'est à craindre. La terre n'est plus aujourd'hui qu'un capital qui, vous le savez, ne donne pas le moindre privilège, et ne possède par nature que l'influence productive attribuée à tous les autres capitaux. Je dirai même à ce sujet que l'on s'abandonne à une bien trompeuse illusion, et que si, bravant des craintes mal fondées, on se décidait un jour à baser notre législation rurale sur le grand principe d'égalité, le capital consacré à la terre aurait incontestablement le droit d'exiger des lois moins injustes à son égard et une liberté d'action plus conforme aux saines doctrines du droit commun. Que penser, en effet, Messieurs, des nombreuses formalités d'enregistrement, d'hypothèque, de procédure, qui n'atteignent que la propriété foncière et laissent indemne le capital commercial et le capital mobilier? Est-ce de l'égalité? Est-ce seulement de la justice?...

En second lieu, il semble à beaucoup de bons esprits que le grand domaine n'occupant et ne faisant vivre en apparence que onze à douze familles, a moins de mérite que le petit, qui, à surface égale, en occuperait vingt-cinq. Il est possible, est-on porté à dire, qu'elles vivent alors moins bien, qu'elles aient une situation plus précaire; mais qu'importe ce plus ou moins de bien-être? leur existence seule n'est-elle donc pas un bienfait social?

Je ferai d'abord remarquer aux partisans de cet argument que la grande propriété mise en cause entretient non seulement onze à douze familles, mais encore nourrit et utilise un certain nombre de têtes de bœufs qui ont incontestablement une très haute importance pour l'alimentation publique et pour le maintien de la fertilité du sol. Je leur ferai remarquer ensuite que l'objection procède d'une manière de raisonner toute spéciale aux choses de l'agriculture. Dans aucune autre branche de l'industrie, on ne songerait à soulever un semblable argument. Toute entreprise soigneuse de ses intérêts se préoccupe avant tout de diminuer le prix de revient de ses produits, en réduisant le plus possible les frais de main-d'œuvre. Une machine nouvelle, un procédé d'organisation qui amène ce résultat, est considéré comme un progrès et adopté sans aucun scrupule. Et, véritablement, je crois que cette manière d'agir est la meilleure. Dans nos sociétés modernes, l'homme est une force; son travail, un élément de richesse qu'on ne doit pas plus prodiguer que le capital servant de mise en œuvre ou de moyen d'action. Vouloir arriver à un but déterminé en prodiguant la force de l'homme, me semble une atteinte à la richesse publique, tout aussi regrettable qu'en arrivant à ce but en gaspillant des capitaux par des dépenses inutiles. Si, avec vingt-cinq familles utilisées par le système de la grande culture, on peut produire, suivant nos calculs, 160 tonneaux de vin de meilleure qualité ou d'un plus haut prix, est-ce logique, est-ce faire un emploi intelligent des forces de la société, que d'organiser ce même nombre de travailleurs de manière à n'obtenir que 100 tonneaux de vin d'une valeur moindre, et cela avec un travail plus pénible? Si la terre manquait au travailleur, on pour-

rait, à la rigueur, comprendre un semblable système; ce
serait alors, par nécessité, mettre de la philanthropie agricole en lieu et place de la science sociale; mais, grâce à
Dieu, il est loin d'en être ainsi. Aujourd'hui, c'est le travailleur qui manque à la terre, et, avant tout, ce sont des
bras qu'il s'agit de donner à nos exploitations.

Les deux arguments qui pouvaient arrêter vos convictions n'ont donc pas une grande importance, Messieurs, et
l'on peut, je crois, sans scrupule, se demander s'il est sage,
s'il est opportun que l'esprit public et que nos institutions
continuent à favoriser le morcellement de notre sol, c'est-à-
dire continuent à développer un mode de culture dans
lequel le travail le plus opiniâtre est presque toujours moins
rétribué que la moyenne du travail environnant; on peut
se demander aussi s'il est raisonnable de sacrifier aux pas-
sions et aux théories sociales d'un autre âge les ressources
actuelles de nos campagnes au point d'y créer bénévolement des foyers de privations, d'ignorance et de jalousie,
et de faire du voisinage une source continuelle de dépréda-
tion et d'antagonisme. On peut se demander enfin s'il est
loisible, aux yeux de la conscience sociale, d'abuser systématiquement de la force humaine et de prodiguer à la terre
d'inutiles sueurs.

Ce serait une faute grave de croire, Messieurs, que les
adeptes du morcellement puissent s'abriter complètement
ici sous le grand et salutaire principe de la liberté individuelle, et l'invoquer comme une barrière infranchissable,
comme une fin absolue de non-recevoir; car, en thèse
générale, le travail n'est pas libre de sa nature, il s'impose
à l'humanité, sous peine de misère et de destruction. Par
conséquent, la société est dans son droit strict de légitime
défense en veillant au bon emploi de ses ressources et en
assurant le plus possible la moralité et la fécondité du

travail agricole. Par conséquent aussi, c'est un devoir pour elle d'arrêter l'abus ou le gaspillage systématique qu'on voudrait maintenir sous quelque prétexte que ce soit.

Je bornerai là, Messieurs, l'examen des objections que présente la théorie du morcellement. On pourrait encore en signaler bien d'autres. Ainsi, par exemple, ne faudrait-il pas rendre le régime actuel responsable de la constitution vicieuse de la plupart de nos propriétés, qui presque toutes aujourd'hui sont formées de pièces détachées, placées à de grandes distances les unes des autres? Une pareille disposition est évidemment nuisible à l'économie de la culture, à la surveillance du travail, et elle entraîne, sans qu'on y songe, une perte considérable de force et de temps. Et puis, que de terrains se trouvent ainsi sacrifiés en passages communs! Que de servitudes inutiles! Que de causes permanentes de contestations et de procès!...

Mais examiner ces points spéciaux et beaucoup d'autres analogues serait entrer dans un ordre d'idées tout différent ; d'ailleurs, j'en ai l'espoir, vous trouverez les précédentes considérations assez importantes pour tenir votre esprit en garde contre la moralité douteuse et les tristes conséquences du morcellement exagéré de notre sol. Puissiez-vous aussi les trouver suffisantes pour en faire dans votre opinion le point de départ d'une sérieuse extension de la richesse agricole, et la base indispensable au développement de la prospérité de notre pays!

III

La comparaison qu'il nous reste à faire entre les résultats financiers fournis par les types de la grande et de la moyenne propriété vinicole, donne à penser, au premier

abord, que les conditions économiques de cette dernière
sont les meilleures, puisque, à égalité de surface comme à
égalité de capital, elle procure un bénéfice net un peu plus
élevé.

En effet, si l'on suppose notre grand domaine divisé en
cinq moyens de 32 journaux chacun, on observe que le
capital mis en œuvre de cette manière reste à peu près le
même et produit la même somme d'intérêt, que le travail
est tout aussi bien rétribué ; mais que le bénéfice probable,
devant être de cinq fois 1,175 fr. ou de 5,875 fr., est en
réalité de 855 fr. plus élevé dans cette hypothèse que dans
le cas du vignoble non divisé. Il semble donc que la propriété d'étendue moyenne est intrinsèquement plus avantageuse, plus productive de richesse que la grande. Mais
un examen attentif fera voir que cet avantage est en grande
partie contestable.

D'abord, ne faudrait-il pas tenir compte de l'accroissement de dépense qu'aurait à subir le petit cultivateur
pour le travail des portions de terre de moins bonne qualité
qui se trouvent englobées dans le grand domaine, ces terres
exigeant des fumages exceptionnels ; n'aurait-il pas des
achats très dispendieux d'engrais à faire pour arriver à la
production moyenne d'un tonneau par journal, établie dans
nos calculs !

Puis, la plus-value sur le prix des vins que procure à la
vente un grand chai en meilleure position dans le marché
local, ne suffit-elle pas pour compenser, et au delà, la faible
différence trouvée dans les bénéfices ?

Ensuite, le possesseur du grand domaine, n'étant pas
soumis à un travail manuel et continu comme son compé-
titeur de la moyenne propriété, peut, dans bien des cas,
utiliser son temps ou ses moments de loisir à diriger d'autres affaires. Rien ne l'empêche de remplir une fonction

quelconque dans le voisinage ; et pourvu qu'il retire ou
crée chaque année, par ses occupations extérieures, une
valeur de 855 fr., on doit reconnaître qu'au point de vue
de la richesse générale, sa situation économique est au
moins égale. En outre, le grand propriétaire, par la surveillance spéciale qu'il exerce, peut mieux que tout autre
se livrer à des observations, à des expériences, à des perfectionnements dans le succès desquels la société trouve
largement son compte. Et bien plus, son éducation supérieure n'assure-t-elle pas à nos populations rurales l'aide et
le concours d'une force intellectuelle dont elles seraient
privées sans lui?

Mais ce n'est pas tout. Vienne l'état de maladie ou de
vieillesse, et alors les résultats et les situations changent
considérablement. Le petit cultivateur, privé de ses forces
physiques, est obligé de se faire aider ou remplacer dans
les travaux pénibles qu'il exécutait lui-même, et de consacrer 5 à 600 fr. à cet objet; son bénéfice net est ainsi
diminué de près de moitié; tandis que le propriétaire-
capitaliste peut, jusque dans une vieillesse très avancée,
continuer le travail de contrôle qu'il a mission d'exercer,
sans qu'aucune dépense nouvelle surgisse et réduise le
revenu de son domaine.

Puis, encore, viennent les grandes catastrophes, les
années malheureuses où, par une grêle, par une gelée tar-
dive, toute la récolte, tout le résultat du travail est enlevé.
Le possesseur d'un grand domaine souffre beaucoup sans
doute, il perd ses frais de culture, c'est-à-dire un capital de
10,000 fr.; mais il ne perd pas, comme le petit cultivateur,
toute la valeur de son temps et de son travail. Quelle
perspective, Messieurs : voir la force de ses bras dépensée
en pure perte, et toutes les sueurs de son front ne pas même
donner le pain du lendemain! Quel avenir redoutable à

affronter! Quelle dure dépendance! Remarquez que tous
les travailleurs d'un grand domaine sont affranchis d'aussi
cruelles éventualités. Le capital qu'ils font fructifier les
protège; grâce à lui et à la force morale qui préside à son
emploi, ils se trouvent, dans leur soi-disant dépendance, à
l'abri des caprices et des rigueurs de la nature; abri tutélaire, mécanisme précieux de moralité et de civilisation,
qu'il est fort triste de voir si souvent incompris et méconnu!

IV

Quoi qu'il en soit, la conclusion définitive à tirer de l'ensemble de nos observations et de nos calculs me paraît
être que le moyen vignoble de nos contrées, cultivé à la
charrue, favorise le bien-être du cultivateur et le progrès
de la société; mais que le grand domaine, réduit aux proportions modestes que nous avons indiquées, assure davantage l'exploitation des terrains de médiocre qualité, le perfectionnement de la culture, la sécurité du travailleur, et la
richesse de l'agriculture et du pays. Quant au petit vignoble
cultivé à bras, il n'a pas chez nous sa raison d'être, et les
lois, les institutions sociales, les préjugés qui favorisent
son extension nuisent non-seulement à l'individu, mais
encore nuisent au développement de la richesse publique.

Tels sont, Messieurs, les aperçus d'économie agricole
sur lesquels je m'étais proposé d'attirer votre attention. Je
ne suppose nullement cette étude exempte d'erreurs ni à
l'abri de rectifications partielles; néanmoins, à cause de sa
forme hypothétique, je crois qu'elle n'est guère apte à fournir à la Société un utile sujet de discussion, et qu'il vau-

drait mieux lui conserver le caractère d'une simple communication.

Cependant une chose me paraîtrait utile et bonne, ce serait l'exposé d'autres études du même ordre, d'autres calculs soit sur des bases contraires, soit pour des localités ou des cultures différentes. Et alors chacun de nous, mieux éclairé par la comparaison des faits et des idées serait en mesure d'accepter les solutions les plus conformes à la vérité et les plus favorables à l'intérêt commun.

Veuillez me permettre en terminant, Messieurs, de vous remercier de la bienveillante et longue attention que vous m'avez accordée, et permettez-moi en même temps de confier à votre précieuse sympathie les diverses considérations que je viens d'avoir l'honneur de vous soumettre.

APPENDICE

Le morcellement du sol est, aux yeux de bien des gens, un mal irrémédiable et, dès lors, s'apitoyer sur ses funestes conséquences c'est, pour eux, faire une dépense de philanthropie tout à fait inutile.

Je ne partage pas cette manière de voir ; je crois au contraire très possible, sans recourir à un bouleversement social, de réagir contre un tel abus et de le réduire à des limites à peu près raisonnables.

Pour atteindre ce but, le premier soin devrait être de modifier quelques points de nos lois de succession. Actuellement, elles provoquent le partage indéfini des terres et l'émiettement du sol, assez souvent même au détriment des intéressés. Il faudrait tout simplement agir, pour la propriété rurale bien agencée, comme on le fait pour une maison en ville ou une usine quelconque. Les héritiers ne songent pas à morceler une maison ; ils la vendent ou l'attribuent à l'un d'eux au profit de tous ; ils ne partagent que la valeur. Pourquoi ne pas opérer de la même manière pour les biens ruraux ? Cela serait logique et ne présenterait certainement pas de difficultés insurmontables.

L'extension indéfinie du morcellement étant ainsi enrayée, il ne resterait plus qu'à agir contre celui déjà existant ; il faudrait trouver le moyen d'étendre les limites des champs sans faire violence aux intéressés. De prime abord, aucun moyen simple, si ce n'est la contrainte, ne se présente à l'esprit ; mais la réflexion nous montre une voie facile. Je vais brièvement essayer de l'indiquer.

Le cadastre a très heureusement divisé les terrains ruraux en sections, composées chacune de plusieurs agglomérations de parcelles contiguës. L'ensemble de chacune d'elles est désigné sous le nom de *lieuxdits*. Les parcelles réunies sont toujours placées dans des conditions topographiques semblables, et leur ensemble ou *lieuxdits* a toujours des limites naturelles bien déterminées. L'examen d'un plan cadastral suffit pour édifier à cet égard. Ces intelligentes agglomérations occupent une surface assez variable. On trouve des *lieuxdits* de trente hectares, on en trouve de cent et au delà, quand le terrain est peu accidenté et de peu de valeur. Mais ces lieuxdits constituent ordinairement des étendues très convenables pour l'exploitation d'une ferme, ou la constitution d'une propriété moyenne. C'est cette heureuse disposition cadastrale qu'il s'agit d'utiliser.

Dans ce but, les mesures fiscales et administratives suivantes devraient être appliquées. Tout propriétaire d'un lieudit complet sans en excepter une seule parcelle, aurait la faculté de réclamer à l'administration cadastrale un titre sur papier durable, établissant sa possession et portant toutes les indications nécessaires. Un plan contrôlé sur place pourrait y être annexé.

La délivrance de ce titre donnerait lieu au paiement d'une somme fixe (peut-être 100 à 200 francs par chaque lieudit). Une fois en possession de son ou de ses titres, le propriétaire pourrait vendre, transmettre ou engager ses domaines par un simple endos fait devant notaire, moyennant un droit minime de 5 ou 10 francs. Les purges d'hypothèques pourraient continuer à se faire sur les bases actuelles. Tout en prenant ces dispositions en faveur des possesseurs de lieuxdits, rien ne serait changé à l'égard des détenteurs de parcelles ; ils auraient toujours à supporter les mêmes charges fiscales et continueraient de payer à l'enregistrement 8 à 10 pour cent de la valeur en cas de vente, de donation ou de succession.

N'est-il pas évident que sous l'action de cette pression indirecte, avant peu d'années la généralité des titres de propriété serait transformée, et le morcellement du sol considérablement atténué ? Un obstacle cependant pourrait entraver une prompte transformation. On rencontre, hélas ! trop souvent, chez les petits propriétaires, un esprit de routine et de mauvais vouloir capable de les porter à pâtir en conservant leur parcelle, plutôt que de s'entendre avec profit avec leurs voisins. Mais il ne serait pas impossible de lever la difficulté. Il faudrait recourir à une disposition législative des plus rationnelles, que l'intérêt social réclame. Il faudrait étendre à l'intérêt privé dûment constaté, le droit d'expropriation admis pour cause d'utilité publique. Il est facile de comprendre que l'intérêt public, après tout, n'est autre chose que la réunion des intérêts particuliers, et que favoriser ce dernier c'est travailler utilement pour l'autre.

Dans l'application il faudrait simplifier les formalités habituelles et ne viser que les parcelles non bâties. Tout propriétaire ou association de propriétaires entourant une de ces parcelles, aurait le droit d'expropriation. Elle se ferait à dire d'experts régulièrement nommés, et la valeur reconnue et établie serait augmentée d'une indemnité de déplacement à déterminer. On pourrait, je crois, la maintenir dans les limites de 15 à 25 pour cent de la valeur totale. Les choses ainsi réglées, il n'y a pas d'objection sérieuse contre l'adoption d'une telle mesure. L'exproprié aurait-il à se plaindre de recevoir une valeur d'un quart plus grande que celle dont il est privé, ce qui lui permettrait de faire un autre placement plus avantageux? Est-il en outre raisonnable de faire du sentiment en pareille matière et de s'apitoyer sur le changement des détenteurs du sol? Dans l'esprit positiviste de notre époque, la terre est purement et simplement un instrument de travail que le plus apte doit posséder au profit de tous et rien ne peut être objecté à cette considération utilitaire, car l'amour passionné de la terre n'est pas, après tout, indispensable à son exploitation.

Les avantages d'un pareil système, ne se borneraient pas à une meilleure possession et exploitation de notre sol. La propriété rurale ainsi réorganisée prendrait enfin rang dans la répartition générale du crédit. Sans effort, *de plano*, la grosse question du crédit agricole se trouverait résolue; on en parle depuis bien des années sans avoir rien organisé de sérieux. Il est notoire que les établissements financiers créés dans ce but n'ont eu jusqu'ici d'agricole que le nom. Le Crédit Foncier lui-même, malgré les privilèges dont il dispose, tend à réduire le plus qu'il peut ses avances à l'agriculture et, au fond, ne lui rend que des services trop chèrement payés et ruineux en fin de compte. Tandis qu'avec les dispositions proposées, le propriétaire d'un *lieudit* pourra déposer son titre à la Banque, le donner en garantie comme cela se fait couramment pour les actions et obligations industrielles, et trouver ainsi, de suite, les capitaux nécessaires à l'extention de ses travaux. On lui refuse des capitaux aujourd'hui, non seulement à cause de l'état précaire des affaires agricoles, mais aussi à cause des frais judiciaires de toutes sortes dont la transmission du sol est grevée.

La perspective d'arriver si facilement à de tels avantages mérite bien que la question soit mûrement étudiée. J'estime qu'on y trouvera un aide puissant à l'exploitation lucrative de notre sol et à la conservation de notre agriculture ruinée.

Je ferai remarquer que le titre pourrait fort bien ne pas porter trace des emprunts contractés. Une simple déclaration notariée remise en le déposant entre les mains du prêteur donnerait toute facilité à cet égard.

Je ne nie pas qu'on puisse trouver mieux, mais ce mieux ne devrait pas indéfiniment se faire attendre. Il faut marcher.

RAPPORT

SUR UN

PROJET D'AMÉLIORATION DES LANDES

(1864)

RAPPORT

PRÉSENTÉ AU NOM DE LA COMMISSION DU GÉNIE RURAL

SUR UN

PROJET D'AMÉLIORATION DES LANDES

SOUMIS PAR M. DUPONCHEL

A LA SOCIÉTÉ D'AGRICULTURE DE LA GIRONDE

———

(1884)

————

Messieurs,

L'idée contenue dans le mémoire soumis à notre examen nous a paru devoir, par sa réalisation, devenir une des
plus grandes, une des plus fécondes de notre époque. Si elle
a assez de force pour vaincre les obstacles dont toute con-
ception nouvelle est environnée, si elle a assez de bonheur
pour atteindre le but qu'elle signale à l'humanité, elle
prendra date dans l'histoire de la civilisation des peuples,
et contribuera dans une large mesure à l'extension progressive de leur bien-être matériel.

Cette idée, dans toute sa simplicité, dans toute sa grandeur, consiste à faire servir les montagnes, ces immenses
amas de terre improductive, et les nombreux torrents qui
les dévastent, à la fertilisation des terres incultes situées
dans leur voisinage, et spécialement à la création d'un sol
fertile à la surface des Landes de Gascogne. — C'est quel-

que chose de semblable, ou plutôt du même ordre physique que ces périodiques inondations du Nil, apportant par leur limon, la fécondité et la richesse sur les sables brûlants et improductifs de l'Égypte. Par extension, les mêmes principes pourraient servir non seulement à la formation de riches alluvions artificielles, mais encore à l'assainissement du sol, en permettant de combler, de niveler promptement les lagunes et les marais insalubres.

Ils pourraient même, sur certains points, remplacer les procédés coûteux de l'industrie actuelle dans les grands travaux de nivellement et de remblais, en fournissant les moyens de déplacer à peu de frais des masses énormes de terrain.

Enfin, comme conséquence secondaire, ils rendraient possible la recherche des parcelles d'or que tous les terrains diluviens des montagnes contiennent en plus ou moins grande quantité.

L'auteur du mémoire, pénétré des grandes aspirations de la science moderne, présente, sur l'ensemble de son idée et de ses projets, des réflexions que nous ne pouvons résister au plaisir de vous faire connaître :

« Si fiers que nous soyons de nos œuvres, reconnaissons
« plutôt que ce que nous avons fait n'est rien en compa-
« raison de ce qui nous reste à faire ; que ces gigantesques
« travaux publics produits de notre siècle, routes, ports et
« canaux, chemins de fer et télégraphes électriques, ne nous
« ont pas donné le monde, nous ont tout au plus fourni les
« moyens d'en connaître et d'en mesurer l'étendue, d'en
« apprécier la puissance productive ! Pour prendre une
« comparaison dans notre sujet même, ces travaux ne
« constituent pour nous que l'œuvre préliminaire, la prise
« de possession provisoire d'un agriculteur de nos jours,
« qui, arrivant pour la première fois sur un nouvel héri-

« tage, hésite avant d'entreprendre d'en régénérer la cul-
« ture, étudiant patiemment ses ressources, analysant le
« sol, s'informant du climat, des débouchés, de la valeur
« et de la quantité des produits qu'il peut en espérer. Tel
« doit être le rôle de l'humanité! A peine assis sur ce globe,
« que nous avons reçu en domaine à l'état brut, ébauché
« par les convulsions souterraines et l'action des courants
« diluviens, il nous faudra sans doute encore quelque
« temps d'études préparatoires pour le parcourir et le con-
« naître. Notre installation ne sera complète et définitive
« que le jour où nous saurons mettre en valeur, appro-
« prier à nos besoins ce squelette décharné, aux flancs
« duquel nous aurons, avant toute chose, à rendre la chair
« et les muscles, la terre végétale, dont la prévoyante
« nature a mis avec tant de profusion les éléments cons-
« titutifs à notre portée. »

Vous avez dû remarquer, Messieurs, dans cette citation le beau rôle attribué simultanément à l'agriculture et
à l'humanité, toutes deux s'aidant, se prêtant un mutuel
appui pour conquérir le monde, et faisant servir à cette
conquête industrielle toutes les forces de l'intelligence et
du travail. C'est bien là le rôle et la mission que nous vou-
drions voir remplir par notre agriculture; c'est bien la
place que nous lui désirons dans le mouvement civilisateur
de notre époque.

L'application des idées de M. Duponchel aux Landes
de Gascogne nous intéresse particulièrement par le voisinage de ces terres, et par les intérêts de toute nature qui
lient Bordeaux à leur prospérité. — Nous avons donc
examiné son projet avec soin, mais en portant principalement notre attention sur les intérêts agricoles et économiques qui s'y rattachent. Nous avons laissé aux hommes
de science plus autorisés que nous le soin de discuter et

d'apprécier à fond la partie mécanique, les moyens pratiques d'exécution ; aussi, nous nous bornons, dans ce rapport, à vous présenter seulement un aperçu de l'ensemble de ces moyens.

La ligne de faîte des Landes, celle qui passe par les points les plus élevés de ces terrains, suit, d'après les observations de M. Duponchel, « une pente à peu près régulière de 0,73 par kilomètre, pente double ou triple de celle des canaux de colmatage ordinaire. » — Cette ligne part de la petite ville de Gabarret, à la cote de 160 mètres au-dessus du niveau de la mer, et s'infléchit d'un côté vers la Pointe-de-Grave, et de l'autre vers Morceux, entre le bassin de la Leyre et celui de la Midouze. De Gabarret, commencement des grandes Landes, au plateau de Lannemezan, près des Pyrénées, situé à la cote de 600 mètres, existe une autre ligne de faîte, régulière et continue, traversant des terrains de diverses natures sur une longueur de 120 kilomètres environ.

Le projet consiste à établir sur ces lignes de faîtes successives un canal de limonage pouvant débiter 7 à 8 mètres cubes d'eau par seconde, à l'alimenter par le torrent de la Neste, un des principaux des Pyrénées, et à conduire ces eaux dans les Landes, après les avoir fortement chargées de limons terreux. La proportion indiquée par l'auteur est élevée jusqu'à 10 parties de limon pour 100 parties d'eau.

Déjà le torrent de la Neste a été détourné, et ses eaux amenées sur le plateau de Lannemezan par un canal d'irrigation non encore utilisé, en sorte qu'une partie très importante du travail est exécutée. — Le limon terreux serait fourni par le vaste plateau de Lannemezan, formé de plusieurs centaines de millions de mètres cubes d'argile compacte, dominant d'une épaisseur de 80 mètres le niveau du canal projeté. — Ces argiles seraient délayées et entraînées par des jets d'eau puissants, convenablement disposés à leur base, et agissant à peu près comme ceux dont les mineurs californiens se servent avec le plus grand succès pour l'éboulement et le lavage des terrains aurifères des montagnes américaines.

Une complication, mais une complication utile de ce travail, consisterait à faire un autre canal de moindre dimension, partant d'Areau, village situé dans les Pyrénées, à la cote de 700 mètres, passant sur des terrains calcaires, et venant rejoindre le canal principal un peu après le plateau de Lannemezan. Il aurait une longueur de 46 kilomètres. Ce canal, dit de trituration, aurait pour but d'entraîner et de broyer les roches calcaires ou phosphatées qui se trouveraient ou seraient portées sur son passage, afin que ces éléments ne fassent pas défaut aux limons entraînés par la dérivation principale. On pourrait ainsi modifier à volonté la composition et la nature chimique des alluvions déposées sur les landes, et les former de la manière la plus favorable à une bonne végétation.

Le broyage des roches calcaires par l'action continue des courants d'eau est la partie la plus nouvelle, la plus hardie du projet que nous examinons. L'auteur affirme, en se basant sur ses propres observations dans les rivières torrentielles de la contrée, « qu'il n'est pas de moellon calcaire, si dur qu'il soit, qui puisse parcourir 30 kilomètres dans un courant d'eau rapide, sans être réduit en bouillie impalpable. » Il offre, du reste, à la page 84 de son mémoire, de faire des essais préliminaires pour établir sa théorie d'une manière irréfutable. C'est, en effet, un point qui nous a semblé nécessiter la confirmation souveraine de l'expérience.

La distribution des eaux et des limons que la rapidité de la course maintiendrait en dissolution, serait faite par

des canaux secondaires, dérivés du grand canal de limonage et suivant les lignes de faîte latérales. Puis, de ces
canaux secondaires, elle serait continuée vers les terrains
particuliers à colmater par des canaux mobiles en planches,
disposés à un kilomètre de distance les uns des autres.

La dépense totale est évaluée, dans le mémoire, à 13 ou
14,000,000 de francs, et le prix de revient d'un mètre cube
d'alluvion rendu à destination est calculé devoir être de
0,06 c., soit 60 francs par hectare pour un limonage de
1,000 mètres cubes, ou de 10 centimètres d'épaisseur. Le
prix de revient se réduirait à 40 fr. par hectare, si l'opéra-
tion était bornée seulement à la zone centrale des Landes.
Les travaux projetés, en rapport avec le volume d'eau dont
on peut disposer, permettraient le colmatage annuel de
20,000 hectares environ, et il existe 1,200,000 hectares de
landes susceptibles de recevoir cette amélioration.   .

Tel est, Messieurs, l'ensemble de ce vaste projet; il
nous a paru s'appuyer sur des faits et des considérations
de premier ordre, et ne pas devoir présenter, dans l'exécution, des obstacles que la science de l'ingénieur ne puisse
vaincre et surmonter; mais, en ce qui concerne le chiffre
présumé des dépenses, nous faisons nos réserves les plus
expresses, et, malgré les assertions consciencieuses du
mémoire et nos faibles moyens d'appréciation personnelle,
notre sentiment est que le chiffre de 14 millions pourrait
être de beaucoup dépassé.

L'étude de la partie agricole et économique de ce projet nous a portés à examiner particulièrement les trois
points suivants :

D'abord, l'effet spécial qu'il pourrait produire dans la
condition économique des Landes ;

Puis, l'effet particulier des alluvions artificielles sur le
sol, sur les récoltes, sur la valeur des terrains améliorés ;

Et, enfin, l'effet général qui pourrait résulter de l'exécution de ce projet sur l'agriculture, son avenir et les intérêts qu'elle représente.

Sur le premier point, nous pensons qu'alors même que la culture des pins, dans les Landes, continuerait à être, comme elle l'est aujourd'hui, une culture prospère bien rémunérée, il serait d'une grande utilité économique pour ces contrées de pouvoir créer et diss.miner, au milieu des forêts de pins, de bonnes terres araLies et des prairies fertiles; cette création devant faciliter beaucoup l'exploitation même des forêts, soit en fournissant les grains, le bétail, les fourrages et jusqu'à l'eau potable nécessaires au pays, soit en donnant aux familles de résiniers la possibilité d'utiliser tout leur temps et même leurs loisirs par des occupations agricoles fructueuses. La faculté remarquable de borner le colmatage aux landes d'un accès facile et non ensemencées en pin, de déterminer le lieu et l'étendue de ces colmatages, permettrait de créer, avec une économie relative, un ensemble agricole des mieux organisés, où chaque culture se prêterait un mutuel appui. Nous pensons donc que la condition actuelle des Landes serait fort améliorée, non seulement par leur transformation partielle en terres très productives, mais encore par la meilleure condition donnée à l'exploitation fructueuse des pins.

Sur le second point, relatif au sol et aux récoltes, nous croyons que le colmatage à $0^m,10$ et même à 15 ou 20 centimètres d'épaisseur ne pourrait pas dispenser de l'assainissement général des Landes; que toute amélioration du sol serait incertaine, précaire, sans un écoulement assuré des eaux d'hiver, soit par des drainages souterrains, soit par des nivellements et des fosses à ciel ouvert. Cette condition remplie, une couche de $0^m,10$ d'alluvion nous paraît suffisante pour modifier de la manière la plus heureuse la nature et la fertilité du terrain ; cependant, pour cultiver sur les alluvions mêmes, en dehors de tout mélange avec le sol actuel, il faudrait porter l'épaisseur de cette couche à $0^m,20$ ou $0^m,25$ au moins.

En ce qui concerne la puissance de fertilité des alluvions artificielles, nous la reconnaissons, avec M. Duponchel, supérieure à celle de terrains diluviens de même composition ; — l'état de désagrégation des molécules à la transformation en particules impalpables des masses compactes et agglomérées des terrains ordinaires, est éminemment favorable à l'assimilation végétale, à la facilité de pénétration des racines des plantes, et doit nécessairement présenter des effets de végétation supérieure. — Cependant, nous ne pensons pas que la fertilité des alluvions artificielles puisse égaler complètement celle des alluvions de nos rivières. Les eaux de rivière contiennent toujours en dissolution des matières organiques entraînées par le passage des eaux de pluies sur les terrains cultivés; elles doivent donc en imprégner les limons qu'elles déposent, tandis que les eaux torrentielles des montagnes, jouissant de cet avantage à un bien moindre degré, nous semblent ne pas pouvoir communiquer des principes de fertilité aussi puissants. Mais la possibilité de composer des alluvions artificielles de substances minérales choisies, et de les créer à l'abri des inondations présente un avantage certain dont l'expérience seule pourra faire connaître toute l'importance.

Nous nous sommes occupés aussi, Messieurs, d'apprécier quelle valeur et quelles récoltes le sol des Landes ainsi transformé pourrait obtenir. Nos appréciations diffèrent beaucoup de celles du mémoire. — La valeur du sol y est estimée devoir arriver à 8 ou 10,000 fr. l'hectare; nous ne pensons pas qu'elle puisse dépasser 2,000 fr., en 'nous basant sur ce fait que la valeur actuelle des riches alluvions du Bas-Médoc, connues sous le nom de mattes, est de 3,000 fr. seulement; et remarquons, en outre, que les derniers frais de distribution des alluvions, ceux de mise en culture et de construction de bâtiments dont les terrains nouvellement créés seraient dépourvus, représenteraient bien une dépense ou une moins-value de 1,000 fr. par hectare. — La production en froment, jugée sur celle de la plaine abritée et exceptionnellement fertile d'Aiguillon, est espérée devoir être de 40 hectolitres par hectare; nous croyons plus probable et plus sûr de la fixer modestement à 15 ou 20 hectolitres, car les mattes du Bas-Médoc, qui présentent certainement toutes les conditions de fertilité et d'exposition qu'il serait possible d'obtenir dans les Landes, ne donnent qu'une production moyenne de 17 hectolitres dans les terrains bien cultivés. — La production de la vigne est portée au beau chiffre de 250 hect. (28 tonn. 1/2) de vin par hectare; nous l'estimons seulement à 20 ou 25 hectolitres. Nous avons pensé que la production ne pourrait être qu'à peu près égale à celle obtenue aujourd'hui dans les terres voisines et semblables du Médoc, parce qu'une couche d'alluvion de 0^m,10, même dans le cas d'un défoncement profond, ne pourra transformer que faiblement la nature du sous-sol, dont l'influence est dominante dans la végétation de la vigne.

Aux yeux de votre Commission, Messieurs, la culture la plus profitable, la plus sûre de beaux succès sur cette couche limoneuse étendue uniformément à la surface des sables, serait celle des prairies naturelles permanentes, et cela avec d'autant plus de certitude qu'une partie des eaux du canal pourrait être réservée l'été pour l'irrigation de ces prairies.

Malgré les grandes divergences d'appréciation que nous

venons de vous signaler, le projet de M. Duponchel n'offre pas moins une marge considérable dans les résultats et surtout dans les bénéfices à espérer. Car, en portant à 100 fr. les frais de colmatage d'un hectare, appréciés à 60 fr. par les calculs suivis de l'auteur, et en estimant à 100 fr. la valeur actuelle d'un hectare de landes, qui, sur plusieurs points, n'est que de 75 fr., on arrive à ce merveilleux résultat qu'un capital de 200 fr. peut acquérir, par l'exécution du projet, une valeur de 2,000 fr., et cela possible sur une surface immense de plus de cinq cent mille hectares !

Sur le troisième et dernier point que nous avons examiné, relatif à l'effet économique produit sur l'agriculture en général, nous n'avons pu faire d'autres appréciations que celles de l'auteur lui-même, et voici comment il les exprime :

« Ce n'est rien moins qu'un nouveau monde qui s'offre
« à l'activité de l'homme ; nouveau monde dont la conquête
« ne lui coûtera ni expatriation, ni fatigues, ni périls ; que
« chacun peut trouver à sa porte, dans les limites de
« l'étroit et stérile domaine qu'il tient de ses pères ou de
« son travail.

« Ce que nous proposons n'est pas une simple amélioration agricole, une augmentation momentanée du bien-
« être de chacun ; ce n'est pas seulement la vie à bon marché, le pain à deux sous, la viande à cinq sous la livre ;
« c'est le progrès matériel pour ainsi dire indéfini ; la terre
« méritant désormais son nom de bonne nourricière, assu-
« rant une vie facile et abondante à tous ses enfants, quel
« qu'en soit le nombre ; c'est, en un mot, la réfutation la
« plus explicite que le fait puisse opposer aux immondes
« doctrines de Malthus et de ses disciples, parquant l'hu-
« manité dans le cercle restreint d'une stérilité volontaire. »

Nous nous associons, Messieurs, à cette généreuse espérance, à cette belle perspective de l'extension indéfinie de la population, en présence d'une production agricole indéfinie, et cela obtenu sans conquêtes territoriales étrangères, sans périls, sans expatriation; nous nous associons aussi à la réprobation si énergiquement exprimée des doctrines attribuées à Malthus et à ses disciples, tristes doctrines qui arrêtent le développement de la population dans notre beau pays, plus que dans aucune autre contrée du monde, et nous préparent ainsi une infériorité relative dans l'avenir. En ce qui concerne la réduction possible du prix du pain à deux sous et de la viande à cinq sous la livre, nous n'avons pas pensé qu'elle puisse en rien troubler ou compromettre les intérêts agricoles que nous représentons. Cette perspective de réduction de prix est trop générale, trop éventuelle; elle n'a pas assez le caractère de la certitude pour avoir à nous préoccuper. D'ailleurs, l'obligation d'amener sur les terrains fertilisés les capitaux, les hommes, le bétail, les instruments nécessaires à leur exploitation, ne peut manquer d'établir une pondération suffisante pour sauvegarder tous les intérêts.

Enfin, ce grand projet de M. Duponchel, si remarquable sous toutes ses faces, dût-il néanmoins, en échouant dans ses principales promesses, ne réussir qu'à amener dans les Landes et jusqu'aux portes de Bordeaux une quantité considérable d'eau potable dont ces terrains sont dépourvus, que la dépense de 14 millions présumée nécessaire à l'exécution du projet aurait produit les meilleurs, les plus profitables résultats. Nous n'hésitons donc pas à le recommander à votre attention spéciale et à celle de tout homme jaloux de travailler au bien-être et à l'amélioration matérielle de l'humanité. Cette amélioration matérielle après tout, Messieurs, est la première, la plus utile de toutes, car elle porte en principe, et en principe pratique, tous les perfectionnements moraux et intellectuels que l'esprit et le cœur peuvent seulement concevoir ou rêver.

Aussi, nous éprouvons une satisfaction réelle à vous apprendre qu'une commission, composée d'hommes éminents, vient d'être désignée par l'Empereur lui-même pour étudier et approfondir cette belle question. Et, comme témoignage de l'intérêt particulier qu'elle vous inspire, nous vous proposons d'émettre le vœu que les essais préliminaires et restreints proposés par l'auteur du mémoire pour établir ses théories d'une manière irrécusable, soient exécutés sans délais, même aux frais du pays. Ces essais satisfaisants, nul doute que l'idée si riche et si grande de M. Duponchel, poursuivant sa marche, écartant tous les obstacles, n'obtienne, par les seules ressources de l'industrie privée, sa complète, sa désirable réalisation.

Dans la séance du 6 juillet 1864, M. Seignouret donne lecture, en réponse aux observations présentées par M. Maldant, dans la dernière séance, de la note suivante, qui est la réponse de la commission dont il est l'organe :

Messieurs,

Votre commission du génie rural s'est réunie le 15 juin dernier, pour examiner de nouveau le projet de colmatage des landes de M. Duponchel. Les observations produites dans la dernière séance par M. Maldant, ont été surtout l'objet de son attention. Après examen, les objections principales de l'honorable membre n'ont pas paru suffisamment établies pour modifier l'expression du vœu qui vous a précédemment été soumis.

M. Maldant pense que des pentes de 1 à 4 millimètres par mètre ne donneront aux eaux du canal de colmatage qu'une vitesse moyenne au-dessous de $0^m,20$ par seconde. Cependant les formules hydrauliques et l'expérience d'ingénieurs habiles confirment les chiffres avancés par M. Duponchel, et assurent une vitesse de $1^m,50$ à 2 mètres par seconde. Cette seule différence d'appréciation invalide naturellement une grande partie des objections produites. Avec une vitesse huit ou dix fois plus grande, ce n'est plus quinze jours qu'il faudrait aux eaux de Lannemezan pour se rendre à destination, c'est deux jours environ. Ce n'est plus un litre et quart de limon par mètre cube que les eaux pourraient transporter, c'est une quantité certainement plus forte ; car une plus grande agitation des eaux ne peut qu'augmenter de beaucoup leur faculté de suspension et d'entraînement.

D'ailleurs, en admettant avec M. Maldant que la quantité de limon transportée par un mètre cube d'eau soit égale seulement à un litre et quart, et en conservant le prix de revient de 0 fr. 06 pour un mètre cube de limon rendu à destination, on ne trouve pas comme lui, pour frais de colmatage d'un hectare, le chiffre inabordable de 4,800 fr., mais bien celui de 480 francs qui, à la rigueur, ne serait pas un obstacle à la réalisation du projet. La différence provient de ce que M. Maldant a calculé à six centimes le prix du mètre cube d'eau limoneuse, au lieu du mètre cube de limon, et que, dans le projet, un mètre cube de limon coûtant six centimes représente 10 mètres cubes d'eau transportés.

En ce qui concerne les considérations générales, votre commission, Messieurs, en vous proposant d'émettre le vœu « que les essais préliminaires et restreints proposés « par M. Duponchel pour établir ses théories d'une ma-

« nière irrécusable soient exécutés sans délais, même aux
« frais du pays », n'a pas pensé à engager notre Société à
approuver ou à admettre tous les chiffres et toutes les espérances du mémoire. Le rapport présenté en son nom constate qu'elle n'a discuté avec soin que la partie purement
agricole et économique, et qu'elle a fait ses réserves
expresses en ce qui concerne les moyens pratiques et les
dépenses présumées d'exécution. Il n'est donc pas exact
de dire que la Société s'engagerait à la légère, en accédant
au vœu de la commission ; il vaudrait mieux reconnaître,
au contraire, qu'elle ne serait que très faiblement ou très
légèrement engagée.

Considérez aussi, Messieurs, que les inventions les
plus utiles, que les idées les plus sérieuses, ont presque
toutes, à leur début, soulevé des critiques et des objections
très justifiées. La raison en est simple. Les idées nouvelles
manquent forcément des enseignements de l'expérience,
qui peut seule, par des modifications et des perfectionnements successifs, faire arriver à l'utilité pratique. Il peut
en être de même du projet qui nous occupe ; il est probable
qu'une étude approfondie pourra le modifier sur plusieurs
points, le rectifier sur d'autres, et sans doute finir par le
rendre pratique et acceptable pour tous.

Si vous remarquez, d'ailleurs, que les personnes qui
lui sont le plus contraires reconnaissent cependant que son
but est séduisant et grandiose ; si vous remarquez que les
moyens d'exécution sont clairement et consciencieusement
indiqués, et que, s'ils sont désapprouvés par quelques
ingénieurs, ils sont considérés comme possibles et praticables
bles par d'autres, vous n'hésiterez pas à accorder l'appui
de votre bonne influence et l'expression de vos sympathies
à une idée conforme à la tendance générale de notre épo-

que, conforme à notre désir commun d'augmenter le bien-être matériel de nos contrées.

Dans le vœu que nous vous soumettons, nous disons que les expériences devraient être faites *même* aux frais du pays, c'est-à-dire faites par le pays dans le cas extrême où elles ne pourraient l'être autrement. Est-ce trop demander ?

Parmi les emplois utiles qu'on doit faire des ressources publiques, n'est-il pas d'une habile économie de consacrer dans une modeste proportion des fonds à l'étude des grandes idées, des grandes conceptions qui peuvent se produire et qui, souvent, faute d'être aidées, sont ajournées ou perdues, au grand dommage du progrès de l'humanité ?

Votre commission persévère donc, Messieurs, à vous demander l'adoption des conclusions de son rapporteur, qui, personnellement, serait heureux de votre approbation.

TABLE DES MATIÈRES

Pages.

Préface.   v

La liberté du travail dans la conduite des intérêts de la Société   3

La Démocratie, la banque et le taux de l'intérêt   13

De l'influence nuisible des emprunts d'État sur le développement
de la richesse sociale   29

Du libre-échange et de ses rapports économiques avec l'agriculture   71

Notes sur la question des céréales présentées à la Société d'économie politique de la Gironde   95

Etude sur le commerce de la boulangerie et de la boucherie. .   119

Note sur la dépopulation des campagnes, présentée à la Société d'agriculture de la Gironde   175

Les souffrances de l'agriculture et les vices de son organisation
devant la Société et le droit commun.   187

Etude sur le morcellement de la propriété foncière. Comparaison entre les résultats économiques d'un petit, d'un moyen et
d'un grand vignoble.   233

Rapport présenté au nom de la Commission du génie rural
sur un projet d'amélioration des Landes soumis par M. Duponchel à la Société d'agriculture de la Gironde. . . .   285